CUFE
LAW REVIEW

第十三卷

中财法律评论

中央财经大学法学院 / 主办

任妍姣 / 主编

中国法制出版社
CHINA LEGAL PUBLISHING HOUSE

图书在版编目（CIP）数据

中财法律评论．第十三卷／任妍姣主编．—北京：中国法制出版社，2022.3

ISBN 978-7-5216-2184-6

Ⅰ．①中…　Ⅱ．①任…　Ⅲ．①法律-文集　Ⅳ．①D9-53

中国版本图书馆 CIP 数据核字（2021）第 198293 号

责任编辑　周琼妮（zqn-zqn@ 126. com）　　封面设计　杨泽江

中财法律评论（第十三卷）

ZHONGCAI FALÜ PINGLUN (DI-SHISAN JUAN)

主编/任妍姣

经销/新华书店

印刷/北京虎彩文化传播有限公司

开本/710 毫米×1000 毫米　16 开　　印张/ 18.5　字数/ 266 千

版次/2022 年 3 月第 1 版　　2022 年 3 月第 1 次印刷

中国法制出版社出版

书号 ISBN 978-7-5216-2184-6　　定价：78.00 元

北京市西城区西便门西里甲 16 号西便门办公区

邮政编码：100053　　传真：010-63141600

网址：http：//www. zgfzs. com　　**编辑部电话：010-63141807**

市场营销部电话：010-63141612　　**印务部电话：010-63141606**

（如有印装质量问题，请与本社印务部联系。）

目　录

contents

主题研讨：聚焦《民法典》

ZHUTI YANTAO：
JUJIAO
《MINFADIAN》

由诉讼标的理论看《民法典》第 186 条规范

陈界融*

摘　要： 国内民法学界基于请求权竞合理论、诉讼标的理论将《民法典》第 186 条的法律性质作不同的学理解释，争议不断，尚无令各方信服的权威观点。《最高人民法院关于适用〈中华人民共和国民事诉讼法〉的解释》第 233 条等条文中首次使用“诉讼标的”一词，但未言明采旧诉讼标的理论或新诉讼标的理论，更加引发《民法典》第 186 条适用困难和理论争议。建议将《民法典》第 186 条改造为：因当事人一方的违约行为，损害对方人身权益、财产权益的，受损害方有权请求其承担违约责任和侵权责任，法官审酌一切情事，除惩罚性赔偿外，以能够填补受害人损害的责任方式和责任范围，判决当事人承担相应的违约责任或者侵权责任，或同时承担违约责任和侵权责任。如此规范，可有效避免当事人因诉讼标的或请求权竞合选择错误而致实体请求权落空所产生的重复起诉或申诉信访事件，更利于纠纷的一次性解决，还能将请求权竞合或民事责任竞合、旧诉讼标的理论与新诉讼标的理论困境全部解决。

关键词： 民法典；诉讼标的；请求权竞合

诉讼标的理论与诉因理论是大陆法系与英美法系诉的构建之基础理论。诉讼标的是当事人主张的、要求法院加以裁判的权利或法律关系。旧诉讼标的理论认为，《民事诉讼法》上的诉权本身为实体法上保护请求权的另一种形态，该权利保护请求权就是诉讼标的，当事人一项请求权被驳回，再以他项请求权为由提起诉讼。新诉讼标的理论认为，当事人将纷争起诉到法院，所希望达到

* 陈界融，法学博士，四川大学法学院教授、博士生导师。本文是四川大学“从 0 到 1 创新研究项目”（项目号：2020CXQ04）的阶段性成果。

的法律效果（法律上的地位或资格）就是诉讼标的，如遇同一法律效果源自数个原因事实，仍为一个诉讼标的，但原因事实仍须列明，法官应充分行使阐明权、诉讼指挥权，在整个法秩序内适用法律。作为诉讼审理客体的诉讼标的，向来都是存在争议的，有学者言，“诉讼标的理论是由‘请求权竞合’问题引发的一个理论‘怪圈’”①。探究诉讼标的理论与请求权竞合理论的历史顺序，略显陈微。《民法典》第186条移自原《民法总则》第186条，又源自原《合同法》第122条，其法律性质存在请求权竞合说、责任竞合说等争论。竞合说理论来自以德国为代表的大陆法系刑法学理论观点，立论基础为犯罪构成要件该当性理论和一切有利于被告人之刑事法律政策。但我国刑法学犯罪构成要件采四要件说和宽严相济等刑事政策，不采该当性原理和此等刑事政策，那么将大陆法系刑法学竞合理论移植到我国民法学民事责任法律制度中，有无“水土不服”现象？另外，2015年《最高人民法院关于适用〈中华人民共和国民事诉讼法〉的解释》（以下简称《民诉法解释》）第233条、第247条、第256条等均使用“诉讼标的”一词，如果《民事诉讼法》采诉讼标的理论，那么《民法典》对此如何因应？法理依据何在？有无改造必要？此等问题，皆潜伏在《民法典》第186条。本文以诉讼标的理论为视角，对《民法典》第186条的法理依据、规范理论及适用困境等学术问题进行学理探讨，求教法学同人。

一、解读诉讼标的理论

（一）诉讼标的理论之诞生

《德国民法典》第194条规定请求他人作为或不作为的权利即请求权，其体系结构建立在温德沙伊德（Windscheid）教授的请求权（Anspruch）这一概念之上，延续至今。换言之，今天民法上的请求权概念是相对于既存的实体法上的权利而言的，并非诉讼法上的请求权（Prozessualer Anspruch）即诉讼标的（Streitgegenstand）（新诉讼标的理论下的诉讼标的概念）。因为民法上的请求权

① 吴英姿：《诉讼标的理论“内卷化”批判》，载《中国法学》2011年第2期，第177页。

系由法律规定，是一种客观且既存的权利状态，而诉讼法上的请求权是原告个人主观上向被告主张的权利和法律关系，尚需得到法院判决支持，才能成为真正的实体权利，故而在客观上未必真实存在，常发生法院驳回原告诉讼请求的情况即是，特别是在确认之诉中，原告在诉讼上所主张的并非民法上的给付请求权，而是民法上的形成权。① 见仁见智，很有必要对诉讼标的理论起源作一探究。

诉讼标的（Streitgegenstand）理论起源于德国，有新旧二说。旧诉讼标的理论认为，诉讼标的是当事人所主张的实体法上的权利或法律关系，也称为传统诉讼目标理论或旧说；新诉讼标的理论是在指摘旧诉讼标的理论所内含的诉之选择的合并、二重判决、重复诉讼、一部胜诉一部败诉、再诉可能性等矛盾和不合理处而产生的一种理论，一改旧理论之说，主张诉讼标的与实体法的法条无关，是诉讼法上的请求权而非实体法上的请求权。② 据此，可以给诉讼标的下一个统合概念：当事人以诉（或反诉）主张或否定某种权利或法律关系，要求法院加以裁判，以实现其诉讼目的，此种主张或否定的权利或法律关系即诉讼标的。③ 原因在于，私权争执方有诉讼，为确定私权而以诉的形式向法院申明其私权请求，请求法院对之依法裁判，裁判对象即权利义务主张，其基础为具体的权利义务关系，即法律所规定的权利主体之人对于人或物的关系，此即法律关系，故而诉讼标的就是法律关系。法律规定诉讼标的，其意义或作用在于确定诉的管辖、诉所适用的程序、诉讼费用、二重诉讼的禁止以及既判力的客观范围。④ 它回答的是诉讼的主题问题，决定当事人的诉讼对象和法官的审理对象，因为不同的诉讼标的，当事人有不同的攻击、防御方法与策略，法官有不同的审理对象，只有当诉讼标的明确，法庭的审理才能有程序和秩序保

---

① 参见陈宗荣：《民事程序法与诉讼标的论》，台湾大学法律系法学丛书编辑委员会编，1977 年自版发行，第 331-332 页。

② 参见骆永家：《票据债权与原因债权竞合时之诉讼标的与举证责任》，载《台大法学论丛》第 8 卷第 2 期（1979 年），第 247-260 页。

③ 参见王甲乙：《从诉讼标的新理论谈请求权竞合》，载《法令月刊》第 17 卷第 6 期（1966 年）。

④ 参见王甲乙等：《请求损害赔偿之诉讼标的》，载民事诉讼法研究基金会编：《民事诉讼法之研讨（四）》，三民书局有限公司 2001 年版，第 307 页。

障。[①] 1877年旧《德国民事诉讼法》（ZPO）使用了请求权（Anspruch）一词，意指实体法上的请求权。将实体法上的权利主张适用于诉讼法上的权利保护的声请暴露理论缺陷，并引发实体法上的请求权与诉讼法上的请求权之争，却创新出诉讼标的概念。首创诉讼标的理论的是威瓦哈教授，他将私法中的民法上请求权概念移植到公法中的民事诉讼法领域，1885年在其各项著作中认为民事诉讼法的诉权不过为民事权利保护请求权的另一形态，《德国民事诉讼法》（ZPO）中的请求权（Anspruch）在性质上应当以诉讼法的视角理解而非实体法的立场观察。这样，公法诉权说取代私法诉权说，诉讼标的可以被定义为通过诉的声请与生活事实共同决定的裁判要求。换言之，民事权利保护请求权就是诉讼标的。在此背景下，通过诉讼标的概念的构建，为诉的客观合并的构成与否、诉的变更、是否违反重复起诉原则及既判力四个诉讼制度提供了一贯的、稳定的判断标准与操作模式。但是，对于当事人数项诉求，如何判断是否属于同一诉讼标的，究竟是依实体法或诉讼法，甚或并用两种观念来确定是否为同一诉，或为两个以上的诉，至今还很难说已有定论。[②] 诉讼标的理论的理解与适用，至今仍在争论中。将1877年《德国民事诉讼法》（ZPO）中的请求权（Anspruch）由实体法上的请求权解释为诉讼法上的请求权，为新诉讼标的理论的萌芽或开始，或成为与旧诉讼标的理论的分水岭。

（二）新诉讼标的理论的发展

德国赫尔威（Hellwig）教授作为诉讼标的理论的集大成者，在继承威瓦哈教授学理主张的基础之上，将实体法上请求权与诉讼法上请求权的概念予以区别。他从1900年起发表的各项著作中，认为司法上的请求权为既存的实体权利，无关当事人承认与否，而诉讼法上请求权则为原告在诉讼程序中所提出的权利主张，即要求将原告在起诉时所主张的法律关系作为法院的裁判对象，当事人如果不主张，就不会产生某一诉讼法上的请求权。原告在诉讼程序中必须将实体法上的权利或法律关系，具体而确定地加以主张：于确认之诉，主张权利或法律关系存在或不存在；于给付之诉，主张究竟是基于何项实体法上的请

---

① 参见严仁群：《诉讼标的之本土路径》，载《法学研究》2013年第3期，第91页。

② 参见陈伟佑：《诉讼标的概念与重复起诉禁止原则——从德国法对诉讼标的概念的反省谈起》，载《政大法学评论》第127期（2012年）。

求权；于形成之诉，则主张基于实体法上何项权利，可以请求法院判决设立、变更、消灭其法律关系，此理论依据为诉讼标的之内容，应当按照实体法所能识别的标准加以区别。因此，同一事实常因法律观点的评价不同，而有不同的实体法上请求权，不同的请求权在诉讼法上形成不同的诉讼标的，此即盛行50年之久的旧诉讼标的理论，亦称诉讼标的旧理论或传统理论。①

根据旧诉讼标的理论，给付之诉的诉讼标的为当事人以诉主张的实体法上的请求权，确认之诉的诉讼标的为当事人以诉求确定其存在或不存在的实体法上的权利或法律关系，形成之诉的诉讼标的为当事人以诉主张的实体法上的形成权。② 不同的权利或法律关系为不同的诉讼标的，当事人未在诉讼程序中主张的权利和法律关系不属法院裁判对象，也不属既判力所及的范围。这样，在客观上为同一事件却有不同的诉讼标的，如原告的甲请求被驳回，再以乙请求继续诉讼，被驳回，再以丙请求诉讼，原告多次起诉，被告多次应诉，法院多次审理，虽然最后可能获得胜诉判决，但有精疲力竭之感，社会大众多有感叹：聪明的人类难道要受制于自己创制的理论而由先哲们在坟墓中遥控世人如何诉讼？岂非作茧自缚而无他途吗？这可能是旧诉讼标的理论的“致命伤”。

理论与实务都在思考旧诉讼标的理论的利弊。到了1931年，民事诉讼法学家麦耶（Mayer）、尼克旭（Nikisch）、罗森贝克（Rosenberg）等，在对旧诉讼标的理论反思的基础上创立出新诉讼标的理论。其中，罗森贝克教授在其著作《民事诉讼法上法律观点之变更》与论文《诉讼标的》中，将诉讼标的与实体法结合，认为原告在诉讼上所关心的是诉讼结果，以及法院能否令被告为如何给付或形成何种法律上的效果，并非请求权或形成权在法律上有如何的性质，故原告只需将所希望的法律效果加以主张即可，而不需将实体法上的权利或法律关系加以主张。如何适用实体法上的权利或法律关系，属法院在判决时所依据的判决理由与法律见解而为的法院之事，不是当事人的主张。③ 该理论观点对旧诉讼标的理论加以挑战，一经发表，引发轰动，之后逐渐形成了新的理论

---

① 参见杨建华主编：《民事诉讼法论文选辑》，五南图书出版公司1984年版，第419-423页。

② 参见王甲乙：《从诉讼标的的新理论谈请求权竞合》，载《法令月刊》第17卷第6期（1966年）。

③ 参见杨建华：《民事诉讼法论文选辑》，五南图书出版公司1984年版，第419-423页。

并在德国逐渐取得决定性的胜利，该修正后的诉讼标的理论就被称为新诉讼标的理论。

（三）诉讼标的之识别

学者总结新诉讼标的理论的具体内容：给付诉讼的诉讼标的为可以请求被告为特定给付的存在法律上地位的权利主张；确认之诉的诉讼标的为原告在应受判决事项的声请中所表示的一定权利或法律关系存在（或不存在）的权利主张；形成之诉的诉讼标的为原告为形成法律上地位的存在而诉求裁判的权利主张。[①] 知易行难，个案中诉讼标的应如何辨别？能否以诉的声请为其辨别标准？有两种不同的见解：一派主张诉的声请即为辨别诉讼标的之标准，即诉的声请即为诉讼标的，此为德国学者须瓦布所主张；另一派主张诉讼标的之辨别标准，除诉的声请外，还需与原告主张的事实结合，诉的声请并不等于诉讼标的，诉的声请与原告所主张的事实结合在一起，才能作为辨别诉讼标的之标准，此说以德国学者哈布塞得为代表，[②] 并成为通说。

新诉讼标的理论与旧诉讼标的理论在运用上的区别也是很明显的。例如，当事人诉的声请在旧诉讼标的理论可以为诉讼标的，而在新诉讼标的理论，诉的声请与诉讼标的都是民事诉讼的要素，在一事不再理、诉的变更追加、诉的客观合并、判决的既判力等方面与旧诉讼标的理论显有重大区别。再如，在旧诉讼标的理论中，以原告的形成权为形成之诉的诉讼标的，即使在再审诉讼中，也认为其诉讼标的是要求法院将确定判决予以撤销的一种诉讼法上的形成权。[③] 而在新诉讼标的理论，（有多数的）形成权只认为是（多数的）攻击防御方法，而非不同的诉讼标的。由此观之，诉讼标的之识别必然会摆在应用者面前。

不可否认，不同性质、类型案件的诉讼标的有不同的识别方法。在给付诉讼中，如果原告诉求的是给付特定物，或为特定的作为或不作为的请求，该给付之诉即表示请求交付的特定物或应为的作为或不作为，此时诉讼标的即属特

---

① 参见王甲乙等：《民事诉讼法新论》，三民书局有限公司 2009 年版，第 265 页。

② 参见杨建华：《民事诉讼标的之新旧理论》，载《法令月刊》第 41 卷第 10 期（1990 年）；张卫平：《论诉讼标的及识别标准》，载《法学研究》1997 年第 4 期，第 62 页。

③ 参见邱联恭：《口述民事诉讼法讲义（二）》，许士宜整理，2015 年笔记版，第 167 页。

定或可辨别。故该诉求中，原告应当受判决事项声请表明，该诉讼标的即给付特定物或为特定作为或不作为的主张。例如，甲在自家院屋顶养信鸽，鸽粪常坠落在邻居乙阳光房玻璃顶上或其头上，邻居乙向法院起诉，诉求甲不得在自家屋顶上养信鸽，其请求不为特定行为即为本案的诉讼标的，至于究竟是基于相邻关系或侵权关系而为此项请求，与诉讼标的之辨认无关。如果原告诉求属种类物或代替物的给付，如给付金钱或代物清偿，此类给付属一定数量的请求，无法仅从该给付之诉的事实主张和诉讼请求中辨别诉讼标的，因为在同一当事人之间可能有数个事实关系（如前例中的相邻事实和侵权事实等），发生内容两次以上的给付义务（如前例中基于相邻关系而消除危险，基于侵权行为而给予玻璃清洗、停止侵害等损害赔偿义务）。此时，单凭诉的声请无法辨别其请求的内容为哪一种债权，当然也就无法辨别诉讼标的，而应当与其主张的原因事实相结合，才能进行诉讼标的辨别。例如，二原告诉求被告给付其东莞长安等8个镇的电子警察项目收入合作款项共计5137万元和3956万元，[①] 仅凭原告诉的声请，无法辨别其诉讼请求为哪一项事实以及产生的哪一项债权，更不能辨别其诉讼标的。须根据其数个原因事实，如长安镇、东坑镇的电子警察项目，投资、建设、管理、移交等产生多少收入，能分到多少利润，最终才能确定长安镇、东坑镇给付多少万元等，该案诉讼标的即8个镇项目建设收入分配相加总和的给付请求。由于该诉讼标的为单一诉讼标的，是多个原因事实叠加所产生的法律效果，原告须一次性将所有请求主张完毕，根据新诉讼标的理论事实与一事不再理原则，原告未请求的原因事实所产生的分项法律效果，不得再行诉讼，而在旧诉讼标的理论，仍可再行诉讼。

在确认之诉中，原告确认何种法律关系存在或不存在，已在诉的声请中表明出来，其诉讼标的据此已可辨识，诉讼标的即以诉的声请为准，至于其请求原因则仅为攻击或防御的方法而已。例如，原告起诉被告，请求确定特定房屋

---

① 参见陈某、北京金满大地科技发展有限公司诉北京天地信达科技发展有限公司、东莞元亨电子技术服务有限公司合作经营纠纷案，广东省高级人民法院民事判决书（2010）粤高法民二初2号；陈某、北京金满大地科技发展有限公司诉北京天地信达科技发展有限公司、东莞元亨电子技术服务有限公司一般经营合同纠纷上诉案，最高人民法院民事裁定书（2011）民二终第58号。

为原告所有，① 从该诉的声请中，就能辨识和确定本案的诉讼标的即该特定房屋为原告所有的确认请求，至于原告所诉求的借名买房、交付房款、实际居住等原因事实，皆为诉讼中当事人攻击或防御的方法，非为本案诉讼标的。

在形成之诉中，原告诉求法院以形成判决的形式，使当事人之间的法律关系或权利发生变动（产生、变更或消灭），原告诉的声请仅为所欲形成的法律上效果，原告以形成之诉要求法院解决纷争的本质，不是确定其某一形成权是否存在，而是主张所声请的形成效果是否有理由，故形成之诉的诉讼标的为原告诉求所欲实现的法律上的地位或资格。由此，根据形成之诉的诉的声请即可辨明其诉讼标的，与确认之诉完全相同。② 例如，原告起诉被告，该特定股东会仅通知与董事长关系好的数位股东，并没有通知全体股东，以被告公司未履行股东会召开通知义务，违背股东会召开法定程序为由，诉求撤销该次股东会决议，③ 本案诉讼标的即消灭该股东会决议的法律效力，实现该股东会决议在法律上不发生效力的地位。假如该股东会决议有三项内容：一、以公司一处不动产为担保，向银行贷款 8000 万元；二、为第三人公司贷款提供担保；三、在广州市设立分公司。按照旧诉讼标的理论，每一项内容即可产生一形成权，构成一项形成之诉，本案即有数个形成权而产生数个不同的诉讼标的；按照新诉讼标的理论，则只有一个诉讼标的。

二、诉讼标的理论在我国的传播与再审视

（一）诉讼标的理论在我国的传播

诉讼标的理论先传至日本，再经日本传到我国。清末民初我国民事诉讼立法，深受当时日本《民事诉讼法》及其母法 1877 年《德国民事诉讼法》

---

① 参见史某诉张某所有权确认纠纷案，成都市锦江区人民法院民事裁定书（2012）锦江民初第 4156 号。

② 参见王甲乙等：《民事诉讼法新论》，三民书局有限公司 2009 年版，第 265 页；杨建华：《民事诉讼标的之新旧理论》，载《法令月刊》第 41 卷第 10 期（1990 年）。

③ 参见深圳长达顺企业管理咨询有限公司等诉深圳奥康德集团股份有限公司公司决议撤销纠纷案，广东省深圳市罗湖区人民法院民事判决书（2017）粤 0303 民初 8537 号。

（ZPO）的影响，将当事人之间的诉讼关系称为诉讼物，到民国《民事诉讼条例》起草时方称为诉讼标的。日本明治23年《民事诉讼法》又继受1877年《德国民事诉讼法》（ZPO），故而中国法关于诉讼标的理论直接受日本法影响，间接受德国法影响。《德国民事诉讼法》（ZPO）立法为表示本案诉讼（审判）对象，采用与实体法上请求权（Anspruch）相同的请求（Anspruch）一词，此乃日本与我国《民事诉讼法》都用“请求权”或“请求”一词的由来，或详称实体法上的请求权与诉讼法上的请求权，以示区别。

其实在1877年制定《德国民事诉讼法》时，私法上的诉权论处于支配地位，认为诉讼是实体法上权利行使的一种方式，而诉讼（审判）的对象就是实体法上的请求权，此项理论观点也为立法者所认同，也就沿用实体法上请求权的概念。其后，随着公法上的诉权说成为支配性的理论学说，诉讼上请求（诉讼审判的对象）即实体法上请求权的观点就开始改变。最明显的标志显现于确认之诉与形成之诉已被承认为各自独立的诉讼类型后，实体法上请求权与诉讼法上请求权的对应关系荡然无存，因为确认之诉的审判对象是特定的法律关系或权利义务的存在与否，而非仅为请求权；形成之诉的审判对象则是形成权或形成要件的存在与否，并非仅为请求权；即使在给付之诉中，每一个实体法上请求权可以分别构成一个诉讼标的之见解（旧诉讼标的理论）并不能解决请求权竞合的问题，就诉讼上请求的概念，面临从诉讼法上观念变换其含义的局面。基于此等观点，引发学界展开新诉讼标的理论的讨论，正面处理如何重新界定诉讼标的概念、既判力的客观范围等问题，[①] 唯其如此，新诉讼标的理论才有了市场。

我国《民事诉讼法》借鉴并继受日本法、德国法的往昔，正处于诉讼标的理论的混沌期，学界曾为诉讼标的理论的优缺点、如何继受等问题喋喋不休，立法也是一个渐进的过程，今天我国台湾地区所谓“民事诉讼法”第53条等内容就是这一过程的体现或反映。2015年《民诉法解释》在第233条、第247条、第256条等使用“诉讼标的”一词，虽是我国法律规范中的第一次，却未具体定义诉讼标的内容，更未言明所采旧诉讼标的理论或新诉讼标的理论。在

---

① 参见邱联恭：《口述民事诉讼法讲义（二）》，许士宦整理，2015年笔记版，第125-126页。

旧诉讼标的理论中，诉讼标的是实体法上请求权这一实体权利在诉讼法上的体现，新诉讼标的理论则将诉讼标的从实体法中分离出来，成为《民事诉讼法》中的一项具体制度，特别是在一个行为引发多个法律关系并存的情形下，如何识别或选择诉讼标的，这是一个争议相当大的话题，《民法典》第186条规定交由当事人选择行使民事权利请求权，而该司法解释也规定诉讼标的，纵使二者统合理解，亦很难断定我国当前采何种诉讼标的理论，因为当事人诉的声请与诉讼标的同为民事诉讼的要素，在诉的变更追加、诉的客观合并、一事不再理原则、判决的既判力范围等方面，都因新旧诉讼标的理论的不同而有重大实质区别。

（二）新旧诉讼标的理论的冷观察

旧诉讼标的理论认为，实体法上有不同的请求权就有不同的诉讼标的，诉讼法上同一事件的辨认标准，通常在当事人、诉讼标的、诉的声请等方面加以区别。对于实体法上不同的请求权，就一标的物而为权利请求，可以分别提起诉讼，不受一事不再理的拘束，这样同一事件可能会有数个判决并存，毫无疑问会增加当事人的诉累与法院案件数量，诉讼成本较大，反而不利于诉讼功能的实现。然而，旧诉讼标的理论的优点不容否认，诉讼标的是当事人在诉讼程序中对实体法上权利或法律关系而为具体、一定的主张，法院只需就此加以裁判，其未主张的实体法上权利或法律关系不属诉讼标的事项，根据当事人进行主义及辩论主义原则，非法院裁判对象不得予以审究，法院对该事件的审判范围具体明确，诉讼程序因之顺畅进行，也便于当事人攻击防御并明确既判力的客观范围。① 这样的诉讼简单明了，利于司法大众化的实现和当事人权利的保护。

旧诉讼标的理论将实体法上请求权与诉讼标的相牵涉，一体两面。然而在新诉讼标的理论看来，诉讼标的概念不但不应受实体法上请求权概念的限制，而且应将其从实体法关系中分离出来，成为纯粹的诉讼法上的概念。原告提起诉讼，只需主张其所希望的法律效果，而非主张实体法上的权利，如果同一法律效果是基于数种不同的原因事实而产生，该数种原因事实仍须当事人悉数主

---

① 参见杨建华：《民事诉讼标的之新旧理论》，载《法令月刊》第41卷第10期（1990年）。

张，未主张的，法院应行使阐明权要求当事人主张，但所主张的事实为自然的历史事实，并不构成数个法律关系。数个原因事实产生同一法律效果情形，仍属单一的诉讼标的，而非数个诉讼标的。① 例如，原告将自己藏有的张大千画作一幅原件借给被告展览一周，同被告约定于 2019 年 7 月 22 日交付、2019 年 7 月 30 日交还，被告未于约定日期返还，经催查，被告因场地租赁纠纷，展览物被场地出租人留置，原告将借用人（被告一）、场地出租人（被告二）一并告上法庭。基于同一占有画作行为，原告有数个原因事实，产生数个法律关系：原告主张两被告返还画作（法律效果），原因事实（1）是被告一基于借用合同关系而占有画作，放置展览场地内，为被告二事实占有；原因事实（2）是被告一基于著作权展览权使用合同关系而占有画作，放置展览场地内，为被告二事实占有；原因事实（3）是被告一、被告二共同占有原告画作（物），该画作（物）为原告所有，产生物上请求权法律关系，二被告有返还义务等。如上三个原因事实，皆为自然历史事实，根据旧诉讼标的理论，原告必须明确具体地陈述其究竟是基于借用物返还请求权、展览物返还请求权还是物上请求权而主张返还该画作。亦即原告是以哪一个法律关系为诉讼标的？或两个（借用合同、展览权使用合同）或三个一并主张而为客观的诉的合并（竞合的合并），如果一个被驳回，再诉另一个，直到所有原因事实用尽。

根据新诉讼标的理论，原告既已表明其所有画作展览与两被告之间所产生的、存在过的自然历史事实，主张画作原物返还等损害赔偿，无须原告声请其主张是行使借用物返还请求权、展览物返还请求权、物上请求权等。基于法官被推定为懂法律的专家，法院应对原告主张的事实，在全法域内或在整个法秩序内，对可能产生的各种法律关系进行法律选择与法律评价，审究原告的诉求在整个法秩序内是否有理由，而非合同纠纷只在合同法内审酌，著作权纠纷仅在著作权法内审查，物权纠纷须在物权法内审查，等等。由是，原告主张的同一个自然历史事实，即使可以产生实体法上的数个法律关系，在新诉讼标的理论视野下也只是一个诉讼标的。

两种理论各存优劣，一种理论的优点既不能吸收或化解另一种理论的优点，

---

① 参见杨建华：《民事诉讼标的之新旧理论》，载《法令月刊》第 41 卷第 10 期（1990 年）。

也不能涵盖或解决另一理论的缺点。两种理论，优点与缺点并存一体，既不能相互替代或吸收，也不能在一个案件中同时适用，是分别独立、平行存在的理论学说，只不过产生时间有先后，但有一点是肯定的，民事诉讼以及时公正解决当事人私权争执为目的，当事人私权争执能否及时、公正地一次性彻底解决、案结事了，或能否容许就不同的法律上观点做多次起诉，完全属于诉讼标的理论如何确定的问题。在旧诉讼标的理论中，一个实体法上的权利请求就是一个诉讼标的，“东方不亮西方亮”，A 请求权被驳回，再主张 B 请求权，期望总会有一个请求权获得支持，但对非法律专家或与法官对该案法律问题的主观认识或裁判倾向不合的当事人极为不利，因为当事人正确地选择诉讼标的，可以一次性获得胜诉判决，省却相当多的成本支出；而对法院的裁判则较容易，你诉什么，我审什么，一个案件一个诉讼标的，“不服，你再起诉”，反正我的审判心理你也不清楚，充其量，恰当行使阐明权，告知当事人可否主张他项请求权，即使当事人与法官专业素质不高也能胜任诉讼，不存在一事不再理原则，错了再诉一次，对当事人不会有“致命伤”。新诉讼标的理论则否，一旦涉诉，与该基础事实有关联的所有实体民事权利义务关系全部被视为审理过的，不允许当事人再行起诉。

（三）诉讼标的理论应用的实证分析

在谭某诉乌恰县祥达世纪建设有限公司、新疆祥达世纪建设有限公司劳务合同纠纷案中，当事人口头约定，原告挂靠在被告名下，以被告之名投标政府边境铁丝网工程（铁丝网、水泥桩“甲供”，乙方仅提供劳务、吊车安装和部分辅料），被告提取 2%管理费。中标后，原告在合同书“乙方”处签字并加盖被告公章，原告持有合同书原件并组织施工，政府依约将部分工程款 500 万元划被告账上，被告只给原告 60 万元。原告诉至法院，法院口头告知，虽然有原告组织施工、垫付人员工资、餐费、油料款及施工人员证言等证据，但原被告之间没有建设工程合同书或挂靠施工合同书之类的证据，即没有证据能够证明存在建设工程施工合同关系，故不接受立案材料（不受理）。原告根据法院意思，又将《起诉状》改成劳务合同纠纷立案。一审认为，没有证据证明原被告之间存在劳务合同关系，将诉讼请求驳回。二审判决认为，尽管上诉人提交 13 组证据，因证据缺乏关联性，无论一审立案案由或二审主张的施工合同等其他法律关系，都不足以支持上诉人的诉讼主张，判决驳回上诉。① 本案裁判结果，完全可以得出法官根据新诉讼标的理论而非旧诉讼标的理论（旧实体法说）②进行审理的结论，或者法官根本没有新诉讼标的理论或旧诉讼标的理论的主观意识，只是审判权运作的结果落入新诉讼标的理论范畴。

根据新诉讼标的理论，如果原告诉求的是给付特定物，或为特定的作为或不作为的请求，该给付之诉的诉讼标的即交付特定物或所应为的作为或不作为请求的主张。如果是单纯的劳务合同纠纷，须存在劳务合同关系事实证据，劳务合同关系成立、生效的事实有证据在案，法官仅作法律适用判断，即可认定劳务合同成立、生效或无效，诉讼标的为劳务费用的给付主张。本案原告诉的声请有点特殊，没有书面建设工程施工合同或挂靠合同，仅有一方陈述而为对方否认的口头陈述（证据），更无可资定案的合同主要内容或意思表示一致的证据（一方主张，对方否认），仅凭自己是实际施工人、自己持有而被告未持有的被告与甲方签订的建设工程发包合同书原件且自己在该合同被告盖章处签字、自己实际组织施工等证据。在立案审查制度下，对于没有可以证明存在建设工程施工合同关系的情形，法院会要求当事人更改案由或不接收材料，本案就是这样，将建设工程施工合同关系改为直接以为涉案工程提供劳务（材料甲供）为由，声请劳务费用给付。如果是劳务法律关系，原告垫付的工程款、部分材料费、油料费等费用，便不属于劳务法律关系裁判对象，要么另案再诉，要么并案审理。基于牵连关系或因果关系，劳务合同关系存在与否的事实必须作为审理（裁判）对象，之后才能适用法律，决定该合同关系成立、生效与否，履行与否，何方违约，方有给付之诉的诉讼标的存在。

在诉讼标的理论规范下，当事人会本于举证能力和损害赔偿范围最大化原则确定诉的性质和内容。无论是建设工程施工合同还是劳务合同甚或不当得利关系，皆须当事人举证以达初步表面可信情形，才有此等法律关系成立的事实

① 参见谭某诉乌恰县祥达世纪建设有限公司、新疆祥达世纪建设有限公司劳务合同纠纷案，新疆维吾尔自治区乌恰县人民法院民事判决书（2019）新3024民初527号；谭某诉新疆祥达世纪建设有限公司、乌恰县祥达世纪建设有限公司劳务合同纠纷上诉案，新疆维吾尔自治区克孜勒苏柯尔克孜自治州中级人民法院民事判决书（2020）新30民终88号。

② 参见《最高人民法院民事诉讼法司法解释理论与适用》，人民法院出版社2013年版，第634-635页。

基础，反之，则有以存在该等法律关系为诉的声请的确认之诉先行存在为前提，即某一法律关系存否为争点事实时，必然会先存在一个确认之诉，而非以包含确认之诉（诉讼标的）内容的给付之诉“覆盖”或“吸收”先前本应存在的确认之诉。毫无疑问，本案存在确认之诉与给付之诉两个诉讼标的，本于因果律而有诉讼标的之法定合并情形，法庭须将两个诉讼标的合并审理。即先有构成要件该当性，然后才能进行行为合法性和有责性判断。对确认之诉的审理，假设原告提出确认当事人之间存在建设工程施工合同关系，如果法院审理认为，原告提供的施工行为证据不能证明原被告之间存在建设工程施工合同关系，则应以原、被告之间不存在建设工程施工合同关系为由驳回原告的诉讼请求，后续的给付之诉或变更之诉项下的诉讼标的事项则不存在，即因“该工程与你没关系”而驳回起诉。同理，假设原告诉求给付建设工程劳务费（给付之诉），被告抗辩不存在劳务合同关系，法院审理后支持被告的抗辩请求，给付建设工程劳务费的给付之诉的诉讼标的不存在，不具备诉的要素而不成立诉，应当裁定驳回起诉①而非驳回诉讼请求，这是因为原告给付之诉的声请不符合《民事诉讼法》第 119 条第 1 项“原告是与本案有直接利害关系的公民、法人和其他组织”的规定。只有原告确认之诉的诉讼请求获得法院判决支持，给付之诉（无论建设工程施工合同项下的工程款或劳务合同项下的劳务费的给付）才能产生。换言之，在诸多诉讼请求中，只要法官将当事人之间是否存在某一法律关系列为争点事实或争议事项，就意味着本案存在一个前置的确认之诉，只有该诉讼标的经本院裁判后，才能启动其他诉讼请求权项下的给付之诉或变更之诉的审理，对这两个或数个诉讼标的之审理称为法定的诉的合并审理，也称诉讼标的合并。

互为因果的两个以上关联事实项下的法律关系作为被合并审理的前后两个诉讼标的。前者作为基础事实、原因事实所应产生的法律关系如果被裁判否定而不存在，作为依据事实、结果事实的后者所应产生的另一法律关系也不存在，其诉讼标的即不存在，由于无诉的利益，该诉讼变得毫无意义，当事人如果坚持诉讼，会被裁定不予受理或驳回起诉。只有先前的或基础的确认之诉的诉讼标的获得支持裁判，之后的给付之诉或变更之诉才有诉的利益而有推进必要。

---

① 参见黄海涛：《民事立案条件审查的实体化现象分析——以 100 件裁定驳回起诉案件为样本》，载《民事程序法研究》第 15 辑，清华大学出版社 2016 年版，第 154 页。

将该判例扩展讨论，确认之诉获得裁判支持，存在建设工程施工合同或劳务合同法律关系的诉讼标的确定在案，当事人争执该法律关系所产生的给付或变更权利义务的诉讼才有诉的利益，此等建设工程施工合同或劳务合同法律关系存在的诉讼标的确定在案，对当事人和法院发生既判力，给付工程款或劳务费的诉讼标的纳入后续裁判，即使对先存在和后存在的数个诉讼标的在裁判文书中不作区分或集中体现在同一裁判文书内，也不能否定法官心证形成过程的历史性和逻辑性。

基于因果律而产生法定的两个或数个诉讼标的合并的情形下，必须是当事人对确认之诉的诉讼标的有争议并被法庭作为争点事实或焦点事实，否则只有单一的给付之诉或变更之诉而无在先的确认之诉存在，更无诉讼标的合并。既然存在法定的诉讼标的合并情形，原告既可以一案起诉也可以分案起诉，在分案起诉的情形下，原告后存的给付之诉或变更之诉项下的诉讼请求一旦被驳回，无论新旧诉讼标的理论，原告还可以另行起诉。如果先行的确认之诉的诉讼标的项下的诉讼请求被驳回，则无后续的给付之诉或变更之诉的诉讼标的存在，当事人不能再以后续的诉讼标的另案起诉，否则不予受理或驳回起诉。

在该案中，如果基于旧诉讼标的理论，若劳务合同关系被驳回，可以基于建设工程合同关系起诉，再度被驳回还可以基于不当得利关系起诉，依旧被驳回又可以提起不同法律关系的确认之诉；如果基于新诉讼标的理论，为建设工程提供劳务的法律关系主张被驳回，其他未纳入裁判的建设工程施工合同关系，或建设工程施工挂靠合同关系，或不当得利法律关系所产生的（实际施工工程款）不当得利返还请求权甚至确认之诉等法律关系被拟制审理，一并终结。可见，基于旧诉讼标的理论和新诉讼标的理论进行诉讼，法律后果有着本质的区别。

司法解释本应解释法律，以解其意，以释其理，不可能再发布关于某一“司法解释的解释”来解决司法解释中的歧义！《民诉法解释》虽然使用“诉讼标的”字样，但未具体明确采旧诉讼标的理论或新诉讼标的理论，从起草者后续著作理解，明确采旧实体法说即旧诉讼标的理论，[①] 虽然该书的观点仍为学理解释，但其作者皆为执掌司法大权的法官，姑且为“有权解释”，既如此，

---

① 参见《最高人民法院民事诉讼法司法解释理论与适用》，人民法院出版社2013年版，第635页。

何不直接使用不存争议的“实体法上权利义务”或“法律关系”一语，何故使用观点各异、争执不断的“诉讼标的”一词？从司法个案、笔者所参与的数案中可知，法院皆采新诉讼标的理论处断，尚未收集到根据旧诉讼标的作出的判例，甚至也曾尝试旧诉讼标的理论诉讼，皆获不予受理。即如本案，以建设工程施工合同立案，法院不受理，改成劳务合同纠纷，法院终审驳回诉讼请求，再以不当得利纠纷立案，法院以一事不再理为由不予受理，司法实践并不采旧诉讼标的理论。

从《民诉法解释》第247条第3项“后诉与前诉的诉讼标的相同”所规定的广义理解，此处体现的应当是新诉讼标的理论。因为在旧诉讼标的理论中，虽然理论上可以存在“后诉与前诉的诉讼标的相同”情形，但客观上理性的当事人不可能前案以劳务合同纠纷（法律关系）为由被驳回，后案再以劳务合同纠纷起诉！肯定得“换个马甲”以建设工程合同纠纷或不当得利合同纠纷之类的法律关系起诉。只有新诉讼标的理论，不仅在理论上而且在实践上有“后诉与前诉的诉讼标的相同”的情形。据此，根据该司法解释，本案原告（上诉人）基于劳务合同或施工合同诉讼请求一旦被驳回，关于该施工工程款法律关系、不当得利诉讼悉数终结，原告对该工程辅料购买、机械使用雇用费、油料费、雇用农民工工资与餐费等数百万元的投入将责任自负，无从收回。而被告（被上诉人）没投入一分钱的工程款，没有组织施工，只是在与发包方（甲方）的合同上加盖印章，即收到此项工程绝大多数工程款546.84万元，特别是原告基于不当得利的诉讼请求权也一并终结。判决理由似乎也很“充分”：没有劳务合同书、没有施工合同书（挂靠），被告也不承认有此等法律关系，能够连接原、被告之间关系的证据仅是四个间接证据——被告与甲方的合同书上被告加盖公章处有原告签名、合同书原件为原告持有而被告不持有、被告曾支付过原告60万元工程款、被告没有施工等。而原告也很“冤枉”：根据行业惯例，持有与甲方的招标（发包）合同书原件即证明挂靠法律关系，以规避签订书面挂靠合同招致违法发包的行政处罚；自己持有该合同书原件而被告没有持有的客观事实，即证明当事人之间有施工合同关系；自己在该合同书上签字、自己垫资施工而被告没有施工，更没有为工程投资一分钱，出过一分力，却坐收数百万元收益而不当得利。毫无疑问，新诉讼标的适用可能导致案结事未了。对法学研究而言，此解须破。

三、诉讼标的理论与请求权竞合说的偶遇

（一）“违约-侵权”责任体系下的请求权竞合说

大陆法系传统民法民事责任采“违约—侵权”双轨责任体系，违约责任与侵权责任二者之间存有明显差异。其一，合同法是特定人对特定人的责任法，保障相对人权益；侵权责任法是一般人对一般人的责任法，保障一般人权益，如果违约符合侵权行为构成要件，可另成立侵权行为，与债务不履行发生竞合并存关系，债权人可以合并或选择其中的法律关系主张。其二，合同上请求权是把当事人的意思自治、自我拘束当作行为正当化的基础，以保护当事人之间信赖与期待；侵权行为则是把违反一般人都能认知的、可实践的、最低注意程度的行为规范作为行为正当化基础，以调和行为自由与权利保护之间的冲突。其三，合同属性不能缺少自由性与目的积极性两个要素，侵权责任不能缺少侵犯的权利性和行为的违法性。其四，违约责任重在权利的充实性，保护的客体主要是债权人的给付利益（履行利益），行为人与被害人之间须具有特别关系即合同义务关系；侵权责任保护的客体主要是被害人的固有利益或称持有利益或完整利益，即权利神圣不可侵犯，任何人不得侵犯他人权利，该义务是对于一般人所负担的一般义务。其五，从举证责任谈，主张违约责任对原告有利，在严格责任或无过错责任中，行为人或第三人的故意过失、违约金、定金罚等存在正当化事由（事实）的举证责任都由被告承担，不能证明正当化事由存在的，即承担违约责任；从赔偿范围看，主张侵权责任对原告有利，赔偿范围大，还可以主张精神损害等非物质损害赔偿，有时还可以主张惩罚性赔偿，根据权利人与原因事实之间的情感亲疏程度等情形，其范围可以做到宽大无边，而对违约行为不得主张精神损害赔偿，等等。①

在“违约—侵权”双轨责任下，每一种责任皆有规范对象，不可僭越。一方面，面对当事人的一个行为事实，基于实体法上法律关系可产生多项权利主

---

① 参见林大洋：《侵权责任与违约责任之分与合》，载《法令月刊》第67卷第10期（2016年）。

张时，从权源上存在多个法条可资引用，必然产生请求权竞合或聚合现象。另一方面，如果一个行为引发多个权利受损，特别是当事人既可以根据合同关系主张违约责任，又可以根据侵权责任关系主张侵权责任，上述两种情形进入诉讼程序后，基于同一行为事实，产生数个可资引用的法条，有违约责任与侵权责任皆可主张，同样也会产生民事责任竞合或聚合现象。如此，多个法条可否悉数援引个案而适用？二元责任可否一并提起主张而并存？数百年来国内外学术与实务众说纷纭，莫衷一是，至今仍无定论。例如，甲将自己未发表的美术作品一幅交乙装裱，乙却拿到该市秋季文玩会上展览、出售掉，乙既违约又侵权，侵犯甲的发表权、展览权、著作物所有权等人格权与财产权。再如，甲被乙欺诈1万元，当前在我国既可以根据侵犯财产权的《民法典》侵权责任编（以下简称侵权责任编）主张侵权责任，也可以根据《民法典》合同编（以下简称合同编）而主张蒙受欺诈，撤销合同，返还原物，还可以根据不当得利法理主张债法上的不当得利返还责任。此等司法现实问题，有待学理厘定清楚，解释明白。

依据今天的学理，侵权责任的适用领域有逐渐扩张的趋势。例如，将交易安全保障义务纳入保护他人权利的专门法律中；将纯粹经济上损失纳入侵权行为体系的权利保护中；合同编中的违约行为造成当事人人格权损害的，也产生人格权侵权精神损害赔偿责任，而该责任先前专属于侵权责任编；将诸如姓名权使用约定等人格利益合同，也纳入侵权责任编中，产生“违约即侵权”现象等，大有合同编淹没于侵权责任编汪洋大海中的趋势。而合同编既不示弱也不会“束手就擒”，反将诸如基于诚实信用原则而产生的随附义务、后期约义务、说明义务、缔约过失责任等传统交易行为前或交易行为后或交易过程中，当事人没有约定的甚至本不属于合同法规范的情事，尽囊其中。特别是区块链交易过程中的智能合约也纳入其麾下，因为智能合约完全是通过人工智能根据使用者缔约目的等代其缔约，虽称其为合约，在没有当事人产生、变更或解除合同之类的明确而具体的意思表示的情形下，能够产生合同法上的权利义务生变效果。此等合同编庞杂之处也摆在世人面前，产生侵权责任与违约责任在法律规范上相互重叠与勾连的奇特法律现象。人们也许会问，区分违约责任与侵权责任的理论意义何在？对该问题的回答恐怕也非意定责任与法定责任这么简单！

就法理言，违约责任也是合同法所规定的一种责任，或是法律授权当事人通过事先约定而确定的、当事人意思自治优先的一种“法定”责任，甚至有些合同权利义务或责任以载于合同编的形式强行进入合同条款，即使当事人没有约定或在合同中明确约定排除，也产生成为合同内容条款的法律效果。从另一侧面观察，法定侵权责任也可以通过保险合同约定承担，再辅以代位权制度、不当得利制度等理论，也能实现与违约责任殊途同归的法律效果。而实务界向来很务实，不管甲说乙说，只要能妥善解决当事人的纷争就是好学说，运行的结果导致判例显现交相辉映的多元化景势。在此，将民事责任严格区分为违约责任和侵权责任，虽然理论意义异常明显，但是实践意义日渐消退，大有走向死亡之趋势，特别是在请求权竞合或责任竞合情形下，当事人通常会于诉讼中选择主张侵权责任，如果被驳回，受既判力羁束违约责任一并消失，自古罗马法以来的“有损害就有救济”法理落空，当事人诉求回到了原点，争议问题并没有解决，定分止争的司法功能并未实现，这种运行结果于法于理于情皆为不合！

（二）诉讼标的理论与请求权竞合说的相互关联

诉讼标的理论将诉讼标的定义为法律关系（地位）或法律关系的主张（声请），因而对诉讼标的定义存在法律关系说与主张说两种观点，前者为传统诉讼标的学说所采，当事人诉求法院，请求裁判的私法上的权利或法律关系就是诉讼标的；后者为新诉讼标的理论所采，将当事人诉求法院，请求裁判的法律关系的主张定义为诉讼标的。二者的区别在于，前者以无形的拘束力（权利或法律关系）为对象，后者以原告有形的具体行为（主张）为对象。① 但是，司法实践中客观存在的同一事实可以引发多个法律关系，或当事人可以提出数个法律关系的主张，即一个案件中的复数法律关系或复数主张，当事人只能主张一个法律关系或是可以悉数主张？在主观上是可能的，能否意味着一个案件有数个诉讼标的？

有理论观点认为，如果原告为同一请求提出多个实体法上的理由，国内的法院往往认为这是不可接受的，尤其不能接受原告为金钱赔偿请求同时主张合同法和侵权法上理由的起诉方式，通常会要求原告做单一的选择。② 根据侵权

---

① 参见吕太郎：《民事诉讼之基本理论》，中国政法大学出版社2003年版，第150-151页。

② 参见严仁群：《诉讼标的之本土路径》，载《法学研究》2013年第3期，第105页。

责任与违约责任竞合时所建立的判断基准，债务人因债务不履行所侵害的，如果仅为债权人的债权时，应采法条竞合说；如果债务人所侵害的除债权外，还有债权人的固有利益，如人格权，则债务不履行损害赔偿请求权与侵权行为损害赔偿请求权应独立并存，采请求权自由竞合说，交当事人自由选择。① 亦即在后一种情形中，违约损害赔偿请求权与侵权损害赔偿请求权实属独立并存，除债权人债权（给付利益）外，债务人所侵害的还有债权人固有利益，应采请求权竞合说，交由债权人在违约与侵权之间选择行使其权利，才能符合立法规范意旨。② 但也有观点认为，“从世界范围来看，请求权自由竞合理论已基本上无追随者，而相互影响的请求权竞合理论，实质上又在往统一请求权理论方向上接近，那种竞合的复数请求权往往有名无实”。③ 该观点虽然言过其实，但也不无道理，请求权竞合论之类的观点不能很好解决司法实践中当事人的诉求问题，此时理论在一定程度上也未能指导并服务实践。

在诉讼标的理论与竞合说理论偶遇时，到底是诉讼标的理论为解决请求权竞合应运而生，还是请求权竞合为解决诉讼标的理论困境相伴而行？无人能将之说清道明。大陆法系借由诉讼标的理论规范数个请求权的单复、异同，④ 这个倒是客观的，而“诉讼标的理论是由‘请求权竞合’问题引发的一个理论怪圈”⑤，此类担忧博人同情。我们很想知道，请求权竞合和诉讼标的理论到底解决什么问题或有什么实践功用？如果纷争及时公正解决了，再无法律依据可资援引，理性的当事人还会再行起诉吗？“在民事诉讼的各种理论与制度中，与诉讼标的关系最为密切的，是重复起诉的禁止、客观的诉的合并、诉的变更以及既判力客观范围四项。”⑥ 此等理论与制度都与当事人请求权的单复、异同有

---

① 参见林大洋：《侵权责任与契约责任之分与合》，载《法令月刊》第 67 卷第 10 期（2016 年）。

② 参见林大洋：《债务不履行与侵权行为竞合适用之基准——实物上相关见解之探索与辨正》，载《法令月刊》第 61 卷第 3 期（2010 年）。

③ 叶名怡：《违约与侵权竞合实益之反思》，载《法学家》2015 年第 3 期，第 137 页。

④ 同上注。

⑤ 吴英姿：《诉讼标的理论“内卷化”批判》，载《中国法学》2011 年第 2 期，第 177 页。

⑥ 江伟等：《请求权竞合与诉讼标的理论之关系重述》，载《法学家》2003 年第 4 期，第 74 页。

关，最终归结到既判力的客观范围。判决实质上确定力也称既判力，既判力的客观范围，简言之即判决对事的效力范围，对哪些事项产生既判力，其内容为诉讼标的之法律关系，在确定终局判决经裁判者，当事人不得再以该法律关系为标的提起新诉讼，当事人也不得为与确定判决意旨相反的主张，就确定终局判决中已经裁判的法律关系，另提起诉讼或反诉。该当事人双方如为既判力所及的人，其诉即为欠缺诉讼成立要件，法院应认其为不合法并以裁定驳回，此即一事不再理原则。此规定不仅适用于判决的既判力，也适用于其执行力，本于确定判决为强制执行时，有权请求执行的人及执行的相对人，也以既判力判决主观范围为准。① 根据既判力规则，如果判决书所载当事人死亡，经继承人申请，法院可裁定继承人为强制执行申请人，或强制执行申请人取得法院强制执行债权文书后，可将该文书转让，经法院裁判后受让人为强制执行申请人。② 逆向思考，既判力客观范围确定后，重复起诉或一事不再理相应确定，业经裁判的诉讼标的确定在案，与之相关的诉的合并等一并处断。据此观察，请求权竞合之类的竞合说理论在纷争解决上看似实意不大。

概言之，请求权竞合与诉讼标的理论为两个不能互换或替代的制度。民法学通说将《民法典》第186条定性为请求权竞合，经由当事人在发动民事诉讼时根据举证能力、损害赔偿范围等具体情形，选择自认为能够最大限度实现其民事诉讼目的之诉讼策略进行诉讼，其目的根源仍为民事责任填补损害、防止通过民事责任而获得损害之外的不当得利的社会功能，从而防止当事人通过诉讼“发家致富”。在诉讼标的理论中，诉讼意义大于社会功能目的，甚或除法律功能外很少能看出它有社会功能，它的存在目的或理论意义在于强调对当事人诉的行为的指引性，在于规范法官裁判权的范围和裁判行为对人、对事的效力性，从而利于当事人诉权和法官裁判权的行使并将其纳入法律和秩序范畴内，使得诉讼能够在具体的时间内得到终局裁判。

---

① 参见陈世荣：《诉讼标的与请求标的物之区别》，载《法令月刊》第16卷第7期（1965年）。

② 参见陈界融：《裁判文书买卖合同法律性质之法理分析》，载《北京航空航天大学学报（社会科学版）》2014年第2期，第36页。

四、发掘《民法典》第186条规范困境

（一）诉讼标的理论不能解决其司法困境

《民法典》第186条规定："因当事人一方的违约行为，损害对方人身权益、财产权益的，受损害方有权选择请求其承担违约责任或者侵权责任。"一个行为引发多重法律关系，如果引入旧诉讼标的理论，当事人选择请求其承担侵权责任，未获得法院判决支持后，还可以选择请求其承担违约责任。如果引入新诉讼标的理论，本条的规定即属赘语，因为给付之诉、确认之诉、形成之诉都有不同的诉讼标的，无论何种类型的诉讼，基于同一行为事实产生复数法律关系，法官充分行使阐明权、诉讼指挥权，在整个法秩序内适用法律，审定当事人的诉讼有无理由，确定行为法律性质和所表彰的法律关系为法官适用法律职权，更须行使阐明权、诉讼指挥权，以实现当事人辩论权等程序保障权。《民诉法解释》引入诉讼标的概念，未明晰所采旧诉讼标的理论或新诉讼标的理论，不经意间造成该解释与《民法典》第186条之间的缠斗，最终司法沉珂泛起。例如，在梁某诉中央芭蕾舞团芭蕾舞剧《红色娘子军》著作权侵权纠纷案中，① 原告梁某以自己许可被告中央芭蕾舞团改编其电影文学剧本《红色娘子军》的期限至2003年6月26日，之后并未续约，被告却仍在改编使用自己的作品为由，主张被告侵犯其改编权，且在许可期限内使用作品时未按约定为其署名，侵犯其署名权。被告答辩，1962年改编完成之后再无改编行为，更不存在侵犯改编权的侵权行为；1993年6月26日《协议书》是表演改编作品时原作者报酬获得权转让合同，另据《协议书》约定，中央芭蕾舞团在今后演出芭蕾舞剧《红色娘子军》的节目单，海报等宣传资料中注明"根据梁某同名电影文学剧本改编"字样，以保护原著之署名权，原告根据此条不产生署名权，仅有人格利益合同请求权，因为在宣传资料上"注明"约定的内容，充其量仅为署名权保护之类的人格利益保护合同，与著作

---

① 参见梁某诉中央芭蕾舞团著作权侵权纠纷案，北京市西城区人民法院民事判决书(2012)西民初第1240号。

权法所定义的作者在作品上署名的权利即署名权，风马牛不相及，[①] 辩请驳回原告诉讼请求。

如果按照旧诉讼标的理论，此案有三个诉讼标的——改编权侵权法律关系、署名权侵权法律关系、人格利益保护合同违约法律关系，一个诉讼标的一案，可以分案起诉；如果按照新诉讼标的理论，一个合同行为产生数个法律关系，当事人须一案合并提出具体诉讼请求，受既决事项不得再议规则约束，案结事了，如果一个行为既可构成违约，又可构成侵权，当事人只能选择违约或侵权。从法院对本案审理结果看，既没有遵守旧诉讼标的理论，也未适用新诉讼标的理论，而是不考察原因行为与法律关系的多寡，不区分违约责任与侵权责任，只要是同一当事人之间基于关联行为引发的法律关系，法院悉数一案审理，一案判决，似乎采英美法系诉因理论（the cause of action）（诉因理论问题将另文探讨）。

诉讼标的理论不管新说还是旧说均有缺点，“诉讼标的的概念也并不是静止的，它随着时间空间在一定国家或地区的诉讼目的等司法政策的指引下，在具体问题的解决上会发生‘变形’，凸显其相对性和指示性的功能”。[②] 比如，诉讼标的理论在德国又发展出二分肢说（又称二项说或二节的诉讼标的理论，即原告诉的声明和原因事实）、法条竞合说、新实体法说、诉讼标的相对论（在诉讼前阶段应采一分肢说，这样可以扩大审理范围，以求诉讼的经济，避免裁判矛盾；在诉讼后阶段应采二分肢说，这样可以缩小既判力的范围，以维护当事人的程序利益），以及旧诉讼标的理论的内部争论，在日本又发展出一分肢说（一项说或声明说，即原告诉的声明）等就是明证。[③]

众所周知，法官必须在当事人主张的范围内裁判，应当界定在事实主张范围内，即当事人行为的该当性（生活事实或原因事实）的事实主张，羁束法官事实认定权，当事人基于该事实而产生的法律关系（实体法律关系或实体权利

---

① 参见陈界融：《事实证明之一般原理在知识产权司法审判中的适用——以〈红色娘子军〉著作权案为例》，载《知识产权》2018 年第 11 期，第 35-36 页。

② 张悦：《日本诉讼标的的争论回顾——兼论诉讼标的概念的体系性与相对性》，载《民事程序法研究》第 18 辑，清华大学出版社 2017 年版，第 240 页。

③ 参见陈玮佑：《诉讼标的概念与重复起诉禁止原则——从德国法对诉讼标的概念的反省谈起》，载《政大法学评论》第 127 期（2012 年）。

保护请求权）为当事人法律适用请求权，诉讼上的权利请求（诉讼请求权内容）为当事人裁判请求权，除事实主张权项下的事实认定法官可以本于经验法则、数理法则等自由心证外，其他两项权能的实现绝对不能自由心证。即使是事实认定权，法官也只能在当事人举证到案的证据和法官职权调查取得的证据范围内，根据法庭调查辩论全旨，依自由心证作出事实认定（裁判）。法官在事实认定的基础上，能动地在整个法规范中寻找法律，找出本案可资适用的法律规范而不受制于当事人法律适用主张，此即法官的法律适用权。事实认定、法律适用，最终体现在责任方式与责任范围的判定上，通过该判定，检验当事人诉讼请求合理（与所认定事实的符合度）、合法（与可资援用的法律规范的符合度）与否，并将裁判心证及形成，寻法过程及结果等，在裁判文书中公开，如此裁判乃法官本业与操守所在。面对诉讼标的理论困境，立法最好不要轻易把一种争议不断、尚无定论、不能悉数保障个案公正的理论上升到立法。民诉法解释条文直接以“诉讼标的”称之，却未限定旧诉讼标的理论或新诉讼标的理论的适用范围，存有争议即在情理之中。

司法最好或最理想的办法是设法在诉讼过程中让原告、被告（不管站在新说也好，旧说也罢），都能针对原告主张的标的事实存在与否以及依据该事实而产生的数个实体权利请求权，做充分的攻击防御，也可让法官详尽地加以审理，裁判认为 A 请求权无理由时，应阐明其可否主张 B 请求权或是否有其他法律适用理由提出等，而非机械化、格式化审理，更不能“你主张什么法律关系，我就审什么法律关系”，“你没主张的法律规范，我一概不考虑”，否则即为“超标的裁判”（越权）！何况，行为性质以及该行为能够产生什么样的法律关系属法律适用范畴，乃法官适用法律的义务，法官应当充分厘定该标的事实可能产生的法律关系和实体权利请求权，在整个法秩序中寻找据以适用的法律规范，如此审理愈加详尽，法律适用群即越滚越大，越有可能将诉讼标的有关的各种观点和法律规范尽囊其中，实现纷争及时、公正地一次性解决的目的，这才能称得上高素质审理案件。

（二）请求权竞合说不能解决其法理困境

《民法典》第 186 条（原《合同法》第 122 条）的性质被国内学理解释为

请求权竞合或民事责任竞合之类的竞合说等，[①] 当一个行为产生违约与侵权责任时，即存在违约（责任）请求权与侵权（责任）请求权两个请示权，当事人只能择一行使，既然是请求权，当为当事人的权利，立法为何限制权利而只准选择其中的一个行使？法理何在？问题的重点是，如果选择侵权，诉讼请求被驳回，案结事了，违约请求权被视为一并行使，违约损害赔偿请求权即归消灭，当事人不能再行使违约损害赔偿请求权，这似乎有点赌博的思想情节，法律规范因当事人主观选择而消失、不能适用，这当然不是法律规范对人或对事效力的应有内容，“病灶”何在？当从竞合说源头寻起。

刑法学上的竞合说是民法学竞合说的鼻祖，即一个行为触犯两个以上罪名，[②] 就产生了行为人的一个行为触犯数罪的竞合情形。在此情形下，“法院是否必须在犯罪的宣告上将其所触犯的各罪全部罗列，还是只要宣告其中一个罪名？若是肯定宣告数个罪名，是否必须将所有宣告的罪名依照各罪名的法定刑宣告其刑，还是仅就其中一个罪名的法定刑裁量宣告其刑？又若肯定必须就数个罪名的法定刑宣告其刑时，又应如何将各罪所宣告的刑定出应执行的刑罚？”[③] 这就是刑法学竞合说所欲解决的法律问题。一个行为同时触犯数个罪刑的构成要件时如何决定刑罚，为竞合说的核心任务。是否必须在犯罪宣告上，将行为人所犯的各罪全部罗列，还是有选择地只宣告其中一个罪名的刑罚，对其他所触犯的罪名视为一并处罚完毕？国家刑罚权一并消灭？当然，应当区别对待。

刑法学上的竞合区分为想象竞合与实质竞合，[④] 其中，想象竞合的刑罚原则是以行为人所犯数罪中最重法定刑处罚。在个案中，法官应以较重的法定刑

---

① 参见周清林：《理性的困惑：请求权竞合理论解构》，载《现代法学》2003 年第 1 期；徐晓峰：《责任竞合与诉讼标的理论》，载《法律科学》2004 年第 1 期；段厚省：《请求权竞合研究》，载《法学评论》2005 年第 2 期；傅鼎生：《赔偿责任竞合研究》，载《政治与法律》2008 年第 11 期；朱晓喆：《瑕疵担保、加害给付与请求权竞合》，载《中外法学》2015 年第 5 期；叶名怡：《〈合同法〉第 122 条（责任竞合）评注》，载《法学家》2019 年第 2 期等。

② 参见［日］大谷实：《刑法讲义总论》（第 2 版），中国人民大学出版社 2008 年版，第 440 页。

③ 林山田：《刑法通论》（下册），北京大学出版社 2014 年版，第 184 页。

④ 参见柯耀程：《刑法的思与辨》，元照出版公司 2003 年版，第 373 页。

宣告行为人的具体刑罚，较轻的罪名和刑罚一并视为处理。实质竞合的刑罚原则是对行为人所犯的数罪都宣告其具体刑罚，然后决定其应执行的整体刑，量刑结果必须重于对行为人所宣告的最重具体刑罚。在个案中，应在数罪所应罚各刑总和以下、最重单个刑以上，决定具体刑罚。由之，刑法学上的竞合，将一个行为认定在案（定罪），确定触犯数个罪名（量刑），这是适用竞合规则的前提。如果是想象竞合，则会列明数个罪名并明确哪个刑罚是最重的，据此确定该案名和刑罚；如果是实质竞合，会将数个罪名及各罪刑罚悉数列明，之后，算出刑罚总和及单个最重的刑罚，在二者之间决定该案刑罚。① 无论是哪种情形，都要将数罪列明，之后，再选择数罪中最重刑罚作为宣告刑，或数罪刑罚总和之下、最重刑罚之上，择一具体刑罚作为宣告刑，罪名的选择权及刑罚的决定权在法院，而非公诉方（原告）!

如果民法学理论不加系统考察或全面分析直接植入刑法学竞合说，既不区分想象竞合与实质竞合，也不在违约和侵权责任之间选择最重的责任形式，或在最重责任承担之上、两责任之和之下选择责任范围，更不会交由法院选择（而由原告选择），完全背离了刑法竞合说的理论架构与“无罪推定”“一切有利于被告人”之类的核心立法价值（限于篇幅，对之将另文探讨），恐将导致民事司法个案以竞合之名行灭权之实，司法诉求演化成赌博下注。

如果民法学民事责任法真切“原汁原味”地引入刑法学竞合说，其一，应当区分想象竞合与实质竞合，分别探讨，采取不同法律适用规则；其二，应当由法院而非原告选择决定被告承担侵权责任或违约责任；其三，对责任范围，想象竞合情形应当在侵权责任与违约责任两种责任范围精确计算之后，基于不当得利法理，选择最重的责任承担方式进行判决。如果为实质竞合情形，就应当在两种责任范围之和之下，最重责任之上，基于不当得利法理，由法院酌定具体责任范围进行判决，此乃法定的酌定赔偿责任。可见，《民法典》第186条与竞合说法理与应用场景皆有不合，当有检讨与修正之必要。

---

① 参见林山田：《刑法通论》（下册），北京大学出版社2014年版，第184-185页。

五、直面《民法典》第186条规范困境

（一）我国司法不具备诉讼标的理论适用条件

我国《民事诉讼法》没有规定诉讼标的制度，在《民诉法司法解释》中却体现并直接使用“诉讼标的”一词，而新诉讼标的理论与旧诉讼标的理论有着本质区别，争论延续至今，二者在司法中适用各有优劣，加之新诉讼标的理论的适用必须有其他法律制度相配套，特别需要训练有素的专门法律人才执业，才能正确适用并发挥应有理论优势，否则适用起来会走样，反而不利于司法文明与司法公正。旧诉讼标的理论将实体法上的请求权与诉讼法上的请求权不加区分一体化呈现，利弊参半。无论如何必须明白，适用新诉讼标的理论，如果法官疏于或者怠于行使阐明权，纷争非但未予解决，反而更容易发生程序保障不充分后果，加之新诉讼标的理论所产生的一事不再理、既判力等超强法律后果，如果不能将当事人一个诉讼标的产生的数项实体权利请求权悉数审理，则会产生法律规范空置社会后果，无异司法废法。① 真还不如倡行旧诉讼标的理论，给当事人更多程序选择权，以诉讼费、律师费规制或调节当事人诉讼行为。

无论是新诉讼标的理论还是旧诉讼标的理论，我国都不具备适用条件。采旧诉讼标的理论，直接审理案件的法官整体比较年轻，经验不足，可能有的会怠于行使阐明权，当事人疲于一案多诉现象很难克服，加之诉讼费制度，打官司是一种劳神伤财的事，这种司法运行结果不是司法文明所应具有的内容。采新诉讼标的理论，我国法学学院教育和法律职业教育区区数十年，在如此短的时间内，很难教育和培养出整体优秀或杰出的法官队伍，更难形成适应现代诉讼的司法文化，对同一法律问题的司法判断，法官“十人九面”现象严重，加之律师与法官在同一问题上判断差异化现象客观存在，因法律人主观方面的原因，导致当事人权利遮断现象严重，发生律师或当事人与法官主观认识或主观判断相异情形，当事人权利难以得到有力保障，若审级制度功能不彰，更不利

① 参见邱联恭：《口述民事诉讼法讲义（二）》，许士宦整理，2015年笔记版，第142-143页。

于当事人权利维护与司法公正。最佳策略可能就是把该理论中国化，把两个理论的优点糅合在一起，将《民法典》第186条改造为：因当事人一方的违约行为，损害对方人身权益、财产权益的，受损害方有权一并请求其承担违约责任和侵权责任，法官审酌一切情事，除惩罚性赔偿外，以能够填补受害人损害的责任方式和责任范围，判决当事人承担相应的违约责任或者侵权责任，或同时承担违约责任和侵权责任。如此，将现行法律规定交由当事人起诉时选择（请求权竞合），改为交由法官判决时基于不当得利法则在违约责任与侵权责任间选择，既可回避当事人因请求权选择主观判断失误而选择错误，或审理法官知识结构不足等意志外因素而输掉判决，导致诉讼上终结纷争而客观上没有解决纠纷之窘境，又可以实现纠纷一次性解决。特建议法官积极行使阐明权、诉讼指挥权，是基于辩论主义；法官认定事实、适用法律，应当为当事人提供攻击防御方法辩论空间；当事人辩论权行使结果，反过来更利于法官正确认定事实，准确适用法律，及时公正裁判。

（二）诉讼标的理论背离“司法为民”宗旨

就法律逻辑言，《民法典》第186条既然承认当事人有违约责任请求权、侵权责任请求权，而这一请求权也有合同编与侵权责任编作为依据，显然这都是当事人的权利，为什么要限制当事人对这些权利的行使范围、行使方式或种类？如果基于填补损害，禁止当事人损害范围外谋利的理由，应当是结果规制而非行为规制，当赔偿结果造成当事人损害结果之外得利时，则由法官而非当事人基于不当得利法则调整或处断，选择并决定实现哪个请求权更公正、更合理。因为实体法上请求权的行使，只是当事人主观愿望，而并非法院客观判断。现行民法学请求权竞合论或责任竞合论剥夺当事人实体法上请求权的行使，特别是在选择某一请求权后的行使结果，未得到法院支持时，导致没有选择的请求权在既判力上视同一并主张，以及一并审判的既决事项不得再议或再诉的司法后果。实体法规范上当事人有两个请求权，司法裁判结果“西瓜”“芝麻”两大皆空，哪个都没捡到，这样裁判结果既违背立法精神，又违背客观现实，当事人恐怕无法接受。举重以明轻，《刑事诉讼法》第101条规定：“被害人由于被告人的犯罪行为而遭受物质损失的，在刑事诉讼过程中，有权提起附带民事诉讼。被害人死亡或者丧失行为能力的，被害人的法定代理人、近亲属有权提起附带民事诉讼。如果是国家财产、集体财产遭受损失的，人民检察院在提起公诉的时候，可以提起附带民事诉讼。”一个行为既侵害公法益（虚拟法益），又侵犯私法益（在刑事自诉案件中，此情也存在），既侵犯人格权，又侵犯财产权，可以一并起诉法院审理，一个被驳回，并不必然导致另一个请求权视为被审理、被驳回的司法结果。可见，《民法典》第186条的规定，放在法律逻辑和国家整个法秩序内观察，的确有检讨必要。

客观而论，民事实体法与程序法千头万绪，诉讼标的理论、请求权竞合等学说引入立法，需要律师强制代理制度、法官职业化制度等其他相关外围制度配套，否则很难有效运行。在司法中，如何在诉讼程序中作最有效与最有力的运用，是一门很深的学问，需要经过学院教育的、通过严酷执业资格考试的、有司法实践经验的法律人“操刀”，才能有效展开，普通当事人很难胜任，特别是在采当事人进行主义与辩论主义的民事诉讼中，当事人败诉往往是由于在诉讼中不知道或没意识到自己在法律上是否作最有效、最有利的权利主张，为自己胜败之关键。在具体个案中，面对一次诉讼常有数个请求权，各请求权在实体法上的要件与时效期间各有不同，加之法官审判心理与知识结构不同，当事人主张某一请求权可能胜诉，主张另一请求权则可能败诉，但在大多情形下当事人不知法官知识结构、理论倾向，十人九面，也就未能作出符合法官心证的适当主张。而法官虽然知道当事人应当如何主张能够胜诉，如此主张则必败诉，除了阐明权、诉讼指挥权等充分正确行使以外，只能闭着眼睛给当事人一个败诉判决，一方面当事人的纷争不能合理而彻底地解决，当事人无休止地缠诉甚至信访，另一方面客观错误的案件也会影响社会公共利益，危害社会安全。①

一个私法行为产生一个私法后果，这是理论上的理想状态；争执发生，当事人只想分清是非，受有损害的权益得以救济或“争口气”而恢复生活常态，这是现实生活中的理想状态。法律生活是人的社会生活之一种，每个现实生活中的人不可能是法律专家，但却时时“消费”法律，即使法律专家，面对请求权竞合、旧诉讼标的理论、新诉讼标的理论……云雾缭绕，法学大咖们时而“拨云见日”，时而“不为浮云遮望眼”，小咖们只能望云兴叹，自叹弗如！法

---

① 参见杨建华：《民事诉讼标的之新旧理论》，载《法令月刊》第41卷第10期（1990年）。

学研究和立法越晦涩、深邃，法律就越难理解与适用，遑论法律的学习与传播！法律“奢侈品化”倾向越严重，越与我国国情、民间需求和发展阶段不相匹配，法律实行成本的高昂与效率的低下就是必然结果。所以，法学研究与立法有必要“大众化”“社会化”“中国化”，就应当以公正及时解决民间纠纷之司法为民为我国法律社会问题的目标，采约定俗成的、成为通说的、反复实践并行之有效的理论指导立法和司法解释，用当事人能够听得懂的、把握得住的语言立法、司法与执法。

（三）诉讼标的理论应用的司法条件

新诉讼标的理论，想要追求和实现一个纷争一次诉讼解决的理想，贯彻一次性解决纠纷原则，需要健全周边配套制度，否则有“小牛拉大车”之嫌。因新诉讼标的理论对自然的历史事实仍需当事人主张，法官必须从法律上明了原告诉的声请可能会产生诸多实体法上的请求权，虽然这些请求权作为攻击防御方法存在，但法官也必须在整个法秩序内，对可能产生的不同观点进行研究，以决定原告的诉讼是否有理由，如此必然要加重法官行使阐明权、诉讼指挥权的负担。如果法官的水平参差不齐，不擅于或不适当行使阐明权、诉讼指挥权，无法告知当事人对标的事实悉数主张，或不能在整个法规范秩序和法律体系中，从多种法律观点中研究原告的诉求是否有理由；再加之受一事不再理原则、既判力等相应制度规制，判决一旦确定之后，诉讼标的所表彰的法律关系在实体法上的请求权均成为前讼的法律观点和攻击防御方法，当事人诉讼权利用尽，全部发生遮断、失权效而不得再行起诉。此种情况下，便导致在具体个案中，一旦主张错误，为法院驳回，基于其他法律关系产生的请求权被拟制审理，一并终结。

采新诉讼标的理论，对非法律专业的当事人有利，但法院的裁判负担较重，与之相配套的是，必须有专业水准相当高、审判经验相当丰富的法官队伍和业务精湛的律师群体配合，新诉讼标的理论才能产生正向功用。但在司法人员和律师素质不高的情形下，新诉讼标的理论反而会给当事人造成更大的危害，如未顾及此点，即强调实行新诉讼标的理论，实属罔顾现实。反面理解，新诉讼标的理论的贡献应当引起各界对于提高司法审判水平的关注，在强调践行新诉讼标的理论的同时，应当提升律师制度的健全度，① 如此，理论服务社会实践、司法为民的目的才有可能实现。

六、结语

不可否认，民法学竞合说源自刑法学竞合论，刑法学竞合论是在一个行为符合数个犯罪构成要件时，如何适用刑罚的理论。竞合有想象竞合与实质竞合之别，前者以数罪中最高刑的刑罚为标准定罪量刑，后者则同时宣告数罪，以数罪刑罚之和以下，最高刑以上宣告刑罚。民法学民事责任法引入刑法学竞合说时，不能只引其皮毛，背离其合理内核，应当作如下构建：其一，民事责任竞合同样应当区分想象竞合与实质竞合。其二，发生责任竞合情形，应当由法院而非原告选择决定被告所要承担的侵权责任或违约责任，或者二者兼具。其三，对责任范围，想象竞合情形下应当由法院在侵权责任与违约责任两种责任范围内，选择决定被告承担较重的违约责任或侵权责任；如果为实质竞合情形，法院就应当在被告所应承担的所有责任之和之下与最重责任之上，基于不当得利、公平正义等法理，酌定具体责任范围进行判决。这种责任承担性质为法定的酌定赔偿责任，但无论哪种情形，均是由法院而非当事人选择决定，决定的理由为竞合说原理。

就《民法典》第186条规定而论，作为当事人，特别是原告，将涉案的行为事实陈述清楚，尽其所能举出证据，将支持自己主张的法律依据全部提出，积极进行法庭调查与辩论，而不问诉讼标的是新的理论还是旧的理论，也不论是请求权竞合还是责任竞合，更不问请求权竞合不竞合，使法庭能够根据证据证明事实，根据事实厘定法律关系，在整个法秩序中选择适用法律。当事人主张到位，举证到位，辩论到位，把所能举证的证据悉数向法庭提交，将自认为诉求正当的理由向法庭陈述完备与清楚，本案所要适用的法律规定全部罗列出来，由法官审定诉讼是否有理，进而作出公正及时的裁判，这就是当事人的正当法律要求，立法和理论就要满足这一基本需求，供给相应法律制度，此乃解

① 参见杨建华：《民事诉讼标的之新旧理论》，载《法令月刊》第41卷第10期（1990年）；邱联恭：《口述民事诉讼法讲义（二）》，许士宦整理，2015年笔记版，第144-145页。

决之道。基于如上分析，建议将《民法典》第 186 条改造为：因当事人一方的违约行为，损害对方人身权益、财产权益的，受损害方有权请求其承担违约责任和侵权责任，法官审酌一切情事，除惩罚性赔偿外，以能够填补受害人损害的责任方式和责任范围，判决当事人承担相应的违约责任或者侵权责任，或同时承担违约责任和侵权责任。如此，司法个案中，当事人悉数主张、积极举证，法官本于事实和法律，依不当得利法则处断，辅以诉讼费制度，有效避免因诉讼标的或请求权竞合选择错误而致实体请求权落空所产生的重复起诉或申诉信访事件，更利于纠纷的一次性解决，还能将请求权竞合或民事责任竞合、旧诉讼标的理论与新诉讼标的理论困境悉数解决。

（初审：周远洋；校对：陈怡文）

《民法典》视角下委托合同任意解除的教义学展开

刘 昶*

摘 要：相较与之债务中强调人对物的信赖，为之债务更强调人与人之间的信赖。因人与人之信赖具有高度主观性，为摆脱继续合作之痛苦、避免损失进一步扩大，委托人享有任意解除权具有较强的正当性。即便委托合同为无偿合同，当委托合同亦包含受托人报酬利益以外之其他利益时，因此类利益难以被损害赔偿弥补，故应排除委托人的任意解除权。因受托人所从事债务种类属于为之债务，此类债务不可通过直接强制的方法得到强制执行，故选择赋予或者不赋予受托人任意解除权，委托人均仅可主张替代给付的损害赔偿。当委托人解除无偿合同时，仅需支付垫付费用即可；在合同为有偿合同时，若委托人解除合同，损害赔偿规则应先于风险负担规则适用。当受托人解除无偿委托合同时，因于主观责任之成立已赋予其优待，故于损害赔偿范围上不应再施于优惠。受托人解除的合同若为有偿合同，委托人亦可基于完全赔偿原则主张可得利益的赔偿。

关键词：委托合同；任意解除；为之债务；损害赔偿范围

一、问题的提出

区别于财产转移型合同与财产利用型合同，服务业的迅猛发展催生了以提供劳务为核心的服务合同的发展。因原《合同法》仍采小服务主义的立法模式，仅于原《合同法》分则将个别服务合同作为典型合同加以规定，仍未涵摄

---

* 刘昶，中南财经政法大学法学院2019级民商法学硕士研究生。本文是中南财经政法大学中央高校基本科研业务费专项资金资助项目“《民法典》视角下委托合同任意解除权研究”（项目编号：202110639）的阶段性成果。

出服务合同的共同规则，故有学者主张应改采“中服务主义”的立法模式，法典除了应于分则中特别规定具有典型性的服务合同以外，亦应设立服务合同总则，达到区别于以买卖合同与租赁合同为典型财产转移型合同与财产利用型合同的目的，通过提取共性的方式为服务合同创设共通规则。① 遗憾的是，《民法典》并未创设服务合同的一般规则，仅对物业服务合同采取有名化的处理措施。总体而言，服务合同仍可被划分为两大类：以物为中心的承揽服务合同和以处理事务为中心的委托服务合同。前者强调工作成果的完成，倘工作成果的实现于定作人而言并无利益，其可行使任意解除权解除合同。后者以委托合同为典型，《民法典》第933条规定委托人与受托人均可行使任意解除权。② 不同于承揽型服务合同仅赋予服务受领人以任意解除权，以处理事务为中心的委托服务合同中，服务提供者与服务受领人均可享有任意解除权。然此类任意解除权的行使并未于所有事务处理型服务合同中得到贯彻，《最高人民法院关于审理旅游合同纠纷案件适用法律问题的若干解释》（以下简称《旅游合同解释》）第12条仅明确赋予作为服务受领者的旅游者以合同任意解除权；物业服务合同本质系混合合同，既包括以物为中心的承揽型服务合同（如修缮设施），亦包括以处理事务为中心的委托服务合同（如管理修缮共有部分资金、维护社区秩序等），然《民法典》第944条并未区分不同情形，统一赋予服务受领人（业主）以任意解除权。

因委托合同具有极为广泛的外延，若在其外延包括的任何合同中均赋予双方以任意解除权，将会对其磋商与订立产生巨大负面影响，故《民法典》以及相关司法解释均通过设立新的典型合同限缩任意解除权的行使主体。值得思考的问题是，为何委托服务合同不同于财产转移型合同及财产利用型合同，双方当事人之间签订合同之稳定性竟然如此松动？同时赋予委托人以及受托人双方以合同解除权的法理基础究竟何在？委托服务合同任意解除权的行使是否必然毫无限制？对于委托人与受托人而言，此类限制的法理基础是否完全相同？另外，在委托服务合同被行使任意解除权解除以后，《民法典》第933条又为此类

① 参见周江洪：《作为典型合同之服务合同的未来——再论服务合同典型化之必要性和可行性》，《武汉大学学报（哲学社会科学版）》2020年第1期，第85-86页。

② 参见朱虎：《分合之间：民法典中的合同任意解除权》，载《中外法学》2020年第4期，第9页。

合同创设了损害赔偿的特别规则，此类规则是否合理，能否于所有个案中实现公平正义，仍系需要认真探讨的问题。笔者试图对此作一并讨论，以期对司法实务有所裨益。

二、委托合同任意解除权行使的基础与限制

（一）行使任意解除权的法理基础：为之债务的固有属性

意欲分析委托人的任意解除权是否应当予以限制，首先需要解决的问题是：委托人为何具有任意解除合同之权利？学界对此多以信赖关系进行解释，当委托人对受托人的信赖不复存在时，自然可以从合同束缚中脱离。① 信赖关系实乃任何合同订立、存续之基石，倘仅因信赖关系不复存在，委托人即可解除合同，则似可得出所有合同皆可因信赖关系之破裂而解除。不过，仅将信赖关系之消灭作为委托合同可任意解除的理由，法理上的正当性并不充分。故有学者指出，委托人之所以可以任意解除委托合同，实因委托人基于利益考量，认为继续履行委托合同对其并无利益而言，抑或因为对特定事项不了解而产生救济权。② 然而，此理由仍然不够充分。对于买卖合同等财产转移性合同而言，亦可能出现继续买受标的物于买受人来讲并无任何利益的情形，如在合同已经订立但尚未履行的情形下，因婚礼取消导致购买戒指的合同目的无法实现，为何法律并不赋予此类合同中的买受人以合同任意解除权？换句话说，法律区别对待买受人与服务受领人的目的何在？

事实上，信赖关系与服务受领人对委托合同的利益依赖，都并非服务合同的独有特征，无论是财产移转型合同，抑或财产利用型合同，此类信赖关系抑或利益依赖都存于买受人（承租人）身上，并不能仅基于信赖关系的破裂抑或

---

① 参见邱聪智：《新订债法各论》（中册），中国人民大学出版社 2006 年版，第 182 页；林诚二：《民法债编各论》（中册），中国人民大学出版社 2007 年版，第 187 页；崔建远：《合同法学》，法律出版社 2015 年版，第 501 页；蔡恒、骆电：《我国〈合同法〉上任意解除权的理解与适用》，载《法律适用》2014 年第 12 期，第 109 页；王文军：《论继续性合同的解除》，载《法商研究》2019 年第 2 期，第 164 页。

② 参见周江洪：《委托合同任意解除的损害赔偿》，载《法学研究》2017 年第 3 期，第 78 页。

合同订立后客观情况的变化而轻易解除合同。以德国为例，对于财产转移型合同而言，除一般规定外，《德国民法典》债法总则并未赋予买受人特别的合同解除权，买受人并不能仅基于对出卖人的不信任而解除合同，也不能仅凭非构成情势变更的客观情况的变化而主张合同解除；[①] 对于财产利用型合同而言，因其往往系继续性合同，当存在重大事由时，权利人可根据《德国民法典》第314条行使合同解除权。法律对继续性合同设立特则，往往是因为根据诚信原则不能苛求一方当事人继续履行合同，双方当事人的信赖关系遭到破坏，合同关系难以维系，从而赋予权利人解除合同的权利。考虑到继续履行合同可能给双方当事人带来利益的失衡与合作的痛苦，法律特别为此类长期性的继续合同配置了特别的合同解除权。[②] 但此类合同解除权的行使亦与委托合同不同，其受有较大的限制，只有存在重大事由时，权利人才可主张解除合同。

笔者认为，之所以赋予委托合同中的委托人以合同解除权，关键在于委托合同依靠人与人间信赖的为之债务，而非人对物之信赖的与之债务。为之债务乃以债务人完成特定行为为合同内容之债务，与之债务则系由债务人交付特定标的物为合同内容之债务。无论是财产转移型合同，抑或财产利用型合同，在订立合同以后，义务人的个人品质、服务态度往往并不重要，交付标的物给他人使用才为合同的首要目的，也即首先要考虑的是人对物的信赖，强调合同标的按照合同约定的时间与质量标准交付，只要顺利履行交付义务，交易即告完成。于即时性交易中，出卖人的品行善恶、行业水准往往并不重要。买受人与出卖人建立的人格品质、办事水准的信赖较弱，反倒是人与标的物建立起来的信赖较强：由于对物的信赖可做到量化、客观化（以是否存在质量与权利瑕疵为判断标准），只要标的物并不存在瑕疵，就无买受人解除合同的可能，人对物之信赖亦未被打破。但在以委托合同为代表的为之债务中，债务人应当按照合同约定处理事务，合同的维系极其依赖双方的互相信赖，人与人之间的信赖系极为主观的，人际关系遂为复杂而又脆弱的，倘委托人不再信赖受托人，强令合同继续履行下去往往是痛苦的。另外，在合同义务完成前，受托人于合同履

---

① 当然，若满足情势变更的构成要件，则可依据《德国民法典》第313条的规定调整或解除合同。

② 参见［德］罗歇尔德斯：《德国债法总论》，沈小军、张金海译，中国人民大学出版社2014年版，第286页。

行过程中是否存在瑕疵不易证明，倘委托人无法证明受托人根本违约从而不能解除合同，将有可能带来损失的进一步扩大，故应当承认委托人拥有任意解除权。

值得一提的是，继续性合同既可能包含为之债务，亦可能包含与之债务，当系为之债务时，亦应当肯定为之债务中服务受领人的任意解除权。① 但当系与之债务时，因此类合同的双方当事人需要长期交易，除了物的品质，人之品格亦至关重要。如当合同双方签订长期供货协议且约定合作年限时，出卖人多次延迟货物交付时间，尽管每次都经催告后履行义务，但均为买受人带来迟延损害时，根据《德国民法典》第 314 条的规定，买受人可以依据重大事由解除继续性合同。此种继续性合同除了包含人对物的信赖，亦具有浓厚的双方协作、互相对对方人格信赖的性质，故法律特设第 314 条，为当事人从继续性合同中解放提供手段。由此可得，人的因素对于合同继续履行越重要，赋予解除权的事由就越正当。

针对受托人为何享有任意解除权，有观点认为，受托人可以通过解除委托合同的方式从合同束缚中脱离，原因在于无偿合同中受托人的义务被弱化，有偿委托中受托人提供的服务无法得到强制执行，倒不如以损害赔偿责任代替原先委托义务的履行。② 对此，笔者不能完全赞同。若按照此种观点，受托人可以任意解除所有为之债务。然而，《民法典》第 787 条并未赋予承揽合同中的承揽人以任意解除权。由于所有合同关系都以信赖为基石，为何区别对待承揽合同与委托合同中服务提供者的信赖，传统的信赖理论不能作出合理解释，法理上似无正当理由。合同的无偿性亦只能解释无偿委托合同中受托人的任意解除权之正当性，无法解释有偿委托以及其他实质上为受托人利益之委托中受托人为何仍可享有解除权。事实上，基于为之债务无法作直接强制，即使受托人不履行原给付义务，委托人亦无可奈何。③ 如此一来，受托人是否行使合同解除

---

① 委托合同可能为继续性合同，也可能为非继续性合同。但无论其性质如何，都不应当适用合同法总论中合同解除后溯及既往的规则。具体可参见王文军：《论继续性合同的解除》，载《法商研究》2019 年第 2 期，第 164 页。

② 参见周江洪：《委托合同任意解除的损害赔偿》，载《法学研究》2017 年第 3 期，第 78 页。

③ 参见韩世远：《合同法总论》，法律出版社 2018 年版，第 762 页。

权实则变得无关紧要。委托合同本就以提供劳务为内容，为之债务拥有劳动属性不得被强制执行，因此委托人无法强制受托人处理事务，只能请求替代给付的损害赔偿，纵使无法达到意图实现的合同目的，委托人也别无他法。

既然如此，《民法典》第787条与第933条为何仍要区别对待承揽合同与委托合同中的服务提供人，赋予后者以任意解除权呢？为何不作与承揽合同的同等处理，不赋予受托人以任意解除权，仅当其不履行义务时，由委托人主张替代给付的损害赔偿？笔者认为，基于人身债务不得直接强制之理念，强制执行本身即存在较大障碍，法律区别对待同属为之债务的承揽服务合同与委托服务合同毫无实益。赋予承揽合同中的承揽人以积极解除合同之权利，使其可尽快从合同义务中解脱出来亦无不可，毕竟最终都将走向替代给付的损害赔偿。倘若赋予承揽人以合同解除权，反倒能使收到解除通知的债权人尽快采取措施阻止损害进一步扩大。是故，笔者认为，所有为之债务皆应得到统一对待，通过赋予服务提供者以任意解除权，令其从合同义务中解脱，代之以替代给付的损害赔偿。毕竟，任意解除权的通知与到达，反倒可令服务受领者积极采取措施，以期谋求损害最小化。

（二）行使任意解除权的必要限制

1. 针对委托人的行使限制：替代给付损害赔偿效用之局限

由上可得，因人对人的信赖具有高度主观化的特征，当委托人对受托人的信赖不复存在时，其可以通过行使任意解除权解除合同。然问题在于，任意解除权的行使是否就必然毫无界限？如前所述，委托人享有合同解除权的原因在于，委托合同对服务提供人的能力、品质甚至性格的要求都具有极高的主观性，合同是否维系很大程度上取决于委托人的个人好恶。一般而言，委托合同始终都是为委托人的利益而服务的，接受他人的服务实系委托人个人的权利而非义务。所以，当委托人与受托人关系恶化而自愿放弃此类权利时，其自然可以行使任意解除权，无须再令合同履行下去，免受与受托人继续合作之痛苦。但当委托合同系有偿合同，抑或包含受托人的利益时，委托人能否仅基于信赖关系的恶化而解除合同存有争议。根据《民法典》第933条可以随时解除之文义，委托人的合同解除权似乎并没有限制，但学理上不乏予以限制的主张。有观点认为，当委托合同系商事合同时，受托人往往会为委托事项的完成付出巨大的努力，故委托人不能任意解除合同。① 亦有观点主张，重要的并非合同的有偿性抑或无偿性，当委托合同中存在受托人报酬利益以外的其他利益时，因此种利益并非简单的损害赔偿所能弥补，故应当限制委托人的任意解除权。② 并且司法实践亦未形成统一共识。有的法院认为，当构成混合合同时，委托合同的任意解除权应得到限制。③ 例如，法院倾向认为，演艺经纪类合同不单系委托合同，实为混合合同，委托人不具有任意解除权。④ 当然，亦有法院认为，即使受托人在委托合同中享有报酬利益以外的其他利益，委托人亦得解除合同。⑤

笔者认为，当受托人的损失无法通过损害赔偿规则得到弥补时，应当限制委托人根据《民法典》第933条行使任意解除权。具体原因主要包括如下三点：

首先，委托人仅能放弃自己的权利。基于委托合同高度主观化的信赖，当委托人不再信赖服务提供人时，自然可以通过解除合同的方式拒绝接受服务，即使委托合同为有偿合同，合同解除的正当性也不应存在疑问。道理在于，委托人可通过损害赔偿的方式赔付受托人的损失，此时受托人的权利虽由原请求权转化为次请求权，但报酬损失往往可通过履行利益的赔偿得到弥补，只不过

---

① 参见吕巧珍：《委托合同中任意解除权的限制》，载《法学》2006年第9期，第80页。

② 参见朱虎：《分合之间：民法典中的合同任意解除权》，载《中外法学》2020年第4期，第12页。

③ 参见南京某房地产经纪有限公司诉南京某置业有限公司等商品房委托代理销售合同纠纷案，最高人民法院（2015）民申第1410号民事裁定书；廖某诉李某等合同纠纷案，最高人民法院（2016）最高法民申2703号民事裁定书；江西某商业投资管理有限公司诉张某、林某合同纠纷案，江西省上饶市中级人民法院（2018）赣11民终2199号民事判决书。

④ 参见上海某娱乐有限公司诉张某演艺合同纠纷案，上海市中级人民法院（2008）沪二中民一（民）终第1830号民事判决书；贾某诉上海某文化传播有限公司其他合同纠纷案，上海市高级人民法院（2014）沪高民一（民）再提第8号民事判决书。

⑤ 参见北京某节能技术有限公司诉北京市大兴区采育镇人民政府合同纠纷案，北京市第二中级人民法院（2019）京02民终7552号民事判决书。该案中，法院认为双方当事人签订的合同系混合合同，委托经营部分可任意解除。债务承担、资产买卖等部分虽然不能任意解除，但因委托合同的解除将会一并导致债务承担与资产买卖变得毫无意义，故解除权行使的范围应及于此部分。类似判决还包括上海某贸易有限公司诉某工业（大连）有限公司委托合同纠纷案，最高人民法院（2005）民二终第143号民事判决书；深圳市某环保工程有限公司诉青岛某电子商务有限公司网络服务合同纠纷案，山东省青岛市中级人民法院（2019）鲁02民终2984号民事判决书。

基于损益相抵的法理，应当从损害赔偿中剔除因合同义务未继续履行而获得减免的费用。因于有偿合同中往往存在对应的报酬，故受托人不难证明损害的存在与大小。亦言之，因完全赔偿原则之存在，即使受托人向委托人作出利益让步，也不会对其造成过多不便。虽然《德国民法典》第649条规定只有无偿合同中的委托人才能行使任意解除权，但当适用承揽规则成立有偿委托时，服务受领人亦可行使任意解除权，只不过服务提供人得请求约定之报酬。是故，即使委托合同被任意解除，服务提供人越可获得接近于合同未解除时的利益，则服务受领人解除合同的正当性越强。但当合同成立雇佣性委托时，因雇佣合同之存续往往影响到受雇人之生存利益（尤其当雇佣合同构成劳动合同时），单纯的损害赔偿请求并不能使受雇人的利益状态基本恢复到未解除之状态，故《德国民法典》第626条规定只能依重大事由解除雇佣型委托。事实上，对于雇佣合同是否仍应被囊括于服务合同之中，已有学者质疑。雇佣合同强调人身依附性，具有强势地位的服务受领人（雇主）享有任意解除权的正当性本就较弱，将其排除于服务合同之外，以消费者型服务合同构建服务合同的体系，或不失为明智的选择。对于作为服务受领人的消费者而言，其自愿放弃服务，享有任意解除权或许更具有正当性。①

依照以上分析思路，单纯的损害赔偿不足以弥补服务提供人（受托人）的损失时，委托人是否仍能行使合同解除权？有学者持反对观点，认为当受托人对继续履行合同具有较强的利益时，单纯的损害赔偿不足以弥补受托人损失，应当限制委托人的任意解除权。② 笔者对此亦表示赞同。委托人享有任意解除权的原因之一在于其本系权利人，可以通过解除合同的方式拒绝受托人继续为自己提供服务，即使成立有偿委托，履行利益的损害赔偿一般足以弥补受托人的损失。但倘委托合同不以为委托人提供服务为主要（或唯一）目的，委托人自然不能放弃本就不属于自己的利益，往往难以通过赔偿履行利益弥补或证明受托人的损失。例如，于演艺经纪合同中，一方面，除了代理签约的经纪服务、经理人服务，亦包含艺人肖像姓名的权利许可约定、具有较强依附属性的公司

---

① 参见战东升：《民法典编纂视野下的服务合同立法——日本立法经验及其借鉴》，载《法商研究》2017年第2期，第132页。

② 参见朱虎：《分合之间：民法典中的合同任意解除权》，载《中外法学》2020年第4期，第12页。

管理约定，以及经纪公司对标表型人格权的使用利益等其他利益，艺人不能仅因演艺经纪合同包含委托合同的成分而主张解除合同；另一方面，继续履行合同将会为经纪公司带来远超报酬的其他经济利益，此类可得利益的损失实难为经纪公司举证证明，且委托合同部分与其他部分紧密相连为不可分割之整体，仅解除委托部分亦为不可。① 此外，实践中多存在委托代理担保登记等协议，如A与B订立买卖合同后，倘A以房产作抵押向银行申请贷款，并委托银行替自己办理抵押登记，其中的担保利益亦无法通过损害赔偿得到弥补。这是因为若委托合同可被任意解除，作为受托人之银行无法通过履行抵押登记义务获得附有优先受偿权的物上保证，仅具有债法功能的损害赔偿无法弥补物权性质的担保利益。受托人无法通过赔偿履行利益获得约等于委托合同未被解除时的利益，委托人任意解除合同便不再具有正当性，此时并非仅以委托人提供服务为唯一目的，委托人不能放弃并不属于自己的利益。

其次，在比较法上并不存在真正不受限制的任意解除权。委托合同一般被认为是为了实现委托人的履行利益，若委托人认为某种利益的实现对其并无实益，可通过行使任意解除权的手段从合同束缚中摆脱。因处理事务系受托人之义务，故受托人原则上不能行使任意解除权，但若其对解除合同具有正常理由，亦可通过解除合同的方式从合同束缚中摆脱。当代多确认委托合同中双方当事人的任意解除权，但适用范围并不一致。《法国民法典》不以有偿或无偿作为界定委托合同性质的标准，第2004条规定委托人得任意解除委托（代理），②第2007条又规定受托人亦可主张合同解除，但给委托人的利益带来损害的应当承担损害赔偿责任，除非其继续从事委托事务会对自身利益产生重大损害。③我国“台湾地区民法典”第571条亦规定委托合同中合同双方的任意解除权。学理上通说亦认为，无论委托合同系有偿还是无偿，因委托合同以信赖关系的维系为原则，当信赖关系不复存在时，双方当事人即可选择随时解除合同。④

---

① 参见刘承韪：《论演艺经纪合同的解除》，载《清华法学》2019年第4期，第138页。

② 法国民法并不认可授权行为的独立性，往往将代理行为与委托行为混为一谈。

③ 参见《法国民法典》，罗结珍译，北京大学出版社2010年版，第470-471页。

④ 参见邱聪智：《新订债法各论》（中册），中国人民大学出版社2006年版，第182页；林诚二：《民法债编各论》（中册），中国人民大学出版社2007年版，第187页。

以上实为：委托合同任意解除立场。

然而，此类立场并未得到严格贯彻。法国判例认为，为了维护受托人与第三人的共同利益或委托人与受托人的共同利益，委托合同的任意解除权应当得到限制。① 从法条文义来看，《日本民法典》第651条亦承认委托合同中的任意解除权，但司法判例发展出受托人利益、第三人利益、混合合同等规则来限制委托人的任意解除权。当不仅是为了实现委托人的利益，其中亦夹杂着受托人的利益时（一般是报酬利益以外的其他利益），不能根据《日本民法典》第651条解除委托合同。②《德国民法典》则选择继续承继罗马法传统，于第671条规定了委托人与受托人的任意解除权，于第675条逆向确定合同的无偿性为委托合同的构成要件。倘合同系有偿委托，准用雇佣契约与定作契约的相关规则，第671条规定的任意解除权不再适用。《德国民法典》仅承认无偿委托中委托人的任意解除权，其间的考量为，结束无偿合同总是较为容易的，一般并不会为受托人带来损害。③ 以上实为：无偿委托任意解除立场。

鉴于无偿委托任意解除立场的客观存在，任意解除权实则在比较法上受到一定程度的限制。由此可见，当受托人于委托合同中具有利益（德国系报酬利益，法、日系报酬利益以外的其他利益），且此类利益无法被损害赔偿所填补时，任意解除权就有可能得到限制。具体而言，尽管通过完全赔偿原则可以弥补受托人的报酬利益，但当有偿合同或无偿合同中存在担保利益等其他利益时，处于报酬利益之外的其他利益无法得到真正填补。是故，合同是否有偿、无偿本身并不重要，关键在于受托人之合同利益能否通过填补赔偿得到完全实现，否则即应当否定任意解除权的行使。据此，法国、日本判例法中的做法更为正当，不应采德国一刀切之手段。

最后，有观点提出，委托合同履行完毕亦为委托人的合同解除权消灭的要件。④

---

① 参见武腾：《委托合同任意解除与违约责任》，载《现代法学》2020年第2期，第66页。

② 参见崔建远、龙俊：《委托合同的任意解除权及其限制——“上海盘起诉盘起工业案”判决的评释》，载《法学研究》2008年第6期，第77-80页。

③ 参见［德］迪特尔·梅迪库斯：《德国债法分论》，杜景林、卢谌译，法律出版社2007年版，第344页。

④ 参见朱虎：《分合之间：民法典中的合同任意解除权》，载《中外法学》2020年第4期，第12页。

笔者认为，对此可从风险负担原理出发加以解释。委托事项处理完毕，即可视为委托合同价金风险负担转移之时，由委托人承担此类风险的后果在于：其必须承担支付价金的义务，不得通过解除合同之方式声称因合同不存在而导致价金给付义务不存在。因法律并未就服务合同的风险负担规则作出规定，此处首先以已有明确规定的买卖合同论之。一并进行论证的正当性在于：两者皆面临合同义务履行完毕后，因债权人不及时受领标的（服务）所产生的价金风险分配问题。在买卖合同中，出卖人按照约定交付标的物即告义务履行完毕，此时给付风险与价金风险均归于买受人，即使出卖人没有依照合同约定受领，出卖人的履行义务亦宣告完成，此时给付风险与价金风险均归买受人，买受人并不能通过解除合同的方式逃避价金义务的履行。① 同理，在委托合同中，当受托人按照合同约定处理事务完毕，表明其合同义务亦履行完毕，构成所谓履行之提供，等同于买卖合同中的给付行为。自此时起价金风险归属于委托人，任意解除权应当归于消灭，委托人不能通过解除合同的方式规避价金给付义务。否则，委托人亦可轻易通过解除合同之方式规避价金义务之履行。②

2. 针对个别受托人的行使限制：道德义务之考量

根据法律及相关司法解释的规定，并非所有委托合同中的受托人都具有任意解除权。例如，在旅游合同与物业服务合同中，《旅游合同解释》第 12 条、《民法典》第 946 条均只规定服务受领者的任意解除权，相应地服务提供者根据反对解释似无任意解除权。在医疗服务合同中，亦似仅承认服务受领者（患者）的解除权，③ 医院作为服务提供者不应享有合同解除权，否则将会对患者的生存利益产生巨大负面影响。笔者认为，此时不赋予受托人以合同解除权，实系出于道德义务之考量。

事实上，在以上合同中，尽管不赋予受托人以合同解除权，倘其不想履行

---

① 关于对待给付风险转移后买受人合同解除权的消灭，参见周江洪：《风险负担规则与合同解除》，载《法学研究》2010 年第 1 期，第 74-88 页。

② 关于服务合同风险负担规则的构想，参见周江洪：《服务合同在我国民法典中的定位及其制度构建》，载《法学》2008 年第 1 期，第 82 页。

③ 参见韩世远：《医疗服务合同的不完全履行及其救济》，载《法学研究》2005 年第 6 期，第 103 页。

债务，委托人仍对其无可奈何。三类合同皆为一方系消费者的合同,[①] 通过支付对价接受服务实系消费者之权益，相较从事服务经营的经营者而言，消费者本身即处于弱势地位，倘仍认为此类合同中的服务提供者可以随时解除合同，既会使得经营者处于过于优势的法律地位，亦会为此类合同的订立带来巨大的负外部性：消费者因担心服务合同任意解除而怯于订立此类合同，由此对服务经济的增长产生消极影响，亦不契合《消费者权益保护法》第 1 条保护消费者合法权益的立法目的，应当限制此类委托合同中受托人的任意解除权，此乃维系消费者权益之特别考量。笔者认为，对此可作超越法律的法续造,[②] 根据上述三类委托服务合同排除受托人的任意解除权，得出当委托合同中的委托人属于消费者时，应当排除受托人合同解除权的结论。除此之外，当成立无偿委托时，受托人从义务履行中无法取得任何利益，故承认其有任意解除权亦无不可。但如前所述，委托合同与承揽合同皆属于为之债务，对此类债务通常无法实施直接强制，无论是否赋予受托人以合同解除权，不论受托人是否主张解除合同，债务不履行责任皆系替代给付的损害赔偿之债，承揽合同中的承揽人与委托合同中的受托人在法律地位上无本质差异。因而笔者认为，未来在修正《民法典》时，应当对所有为之债务中受托人的合同解除权作统一规定，要么一并赋予，要么一并排除，但无论如何处理都无法避免此类任意解除权功能效用之低下。即使是消费者参与的委托合同，亦仅基于维护消费者利益这一道德义务之考量，本质上也无法解决受托人拒绝履行义务时无法实现委托利益的问题。

三、委托合同任意解除的损害赔偿范围

不同于原《合同法》模糊处理任意解除权行使后的损害赔偿范围，《民法典》第 933 条区别对待无偿合同与有偿合同，规定前者仅赔偿因解除时间不当

① 当然，医疗合同是否能纳入消费者合同，受到消费者权益保护法保护仍然存在争议。笔者对此持肯定观点。相关讨论参见韩世远：《合同法总论》，法律出版社 2018 年版，第 908 页。

② 黄茂荣老师亦称其为创制性的补充。参见黄茂荣：《法学方法与现代民法》（第 5 版），法律出版社 2007 年版，第 503 页。

而造成的直接损失，后者则需要赔偿直接损失与所失利益。首先需要厘清的是，直接损失与所失利益并非同一位阶的概念。依照汉语法学界观点，直接损失与所失利益非对等概念且内涵有二，其一着眼于因果关系之观念，强调其系损害事故直接所引发之损害，其二着眼于损害事故直接损及之标的。① 此处直接损失所指称者，实系所受损失，即违约行为招致受害人现有权利之减少，由此才可实现与所失利益（应增加却未增加之财产）概念之对应。

值得思考的问题是，无偿合同中的损害赔偿范围是否必然限于《民法典》第933条规定的直接损失？其他损失是否一概不予赔付？《民法典》第921条中委托人支付处理事务费用的性质究竟如何？有偿合同中所受利益的赔偿范围如何，究竟是否继续适用完全赔偿的基本原则？笔者将分别以委托人以及受托人解除合同为视角，在二者解除合同的语境中对上述问题进行分析讨论。

（一）委托人解除合同的损害赔偿责任

1. 无偿合同：损害赔偿义务之豁免与例外

委托人解除无偿合同之后，是否应当承担损害赔偿责任？崔建远、龙俊认为受托人实际上无损失可言，并不需要承担任何损害赔偿责任。② 周江洪亦持相似观点，认为无偿委托中原则上解除合同后受托人并无损失，但当委托合同的内容包含了受托人报酬利益以外的其他利益时，受托人的损失亦可得到赔偿。③ 笔者认为，如前所述，包含受托人利益的委托合同，应当排除在委托人任意解除权行使范围之外，故一般无所谓损害赔偿问题。但若需委托人配合委托事项而其拒绝时，受托人的利益无法得到实现，其有权基于违约责任的完全赔偿原则主张可得利益之损失，弥补委托人违约导致合同目的不能实现所产生的损害。此时合同未被委托人任意解除，受托人应当根据《民法典》第584条主张损害赔偿请求权。

---

① 因区分所谓直接损失与间接损失意义不大，曾世雄主张废弃直接损失与间接损失之区别。参见曾世雄：《损害赔偿法原理》，中国政法大学出版社2001年版，第137页。

② 参见崔建远、龙俊：《委托合同的任意解除权及其限制——“上海盘起诉盘起工业案”判决的评释》，载《法学研究》2008年第6期，第82页。

③ 参见周江洪：《委托合同任意解除的损害赔偿》，载《法学研究》2017年第3期，第81页。

笔者认为，探讨委托人在无偿合同中的损害赔偿责任，需要建立在《民法典》第921条的定性之上。无论合同性质如何，亦无论合同有偿抑或无偿，合同义务人为履行义务往往会支出费用，此费用实系信赖合同继续履行之支出，一般即信赖合同终将履行所需付出之成本，往往会被履行利益所吸收。故有学者指出，信赖利益于此情形下实为履行利益之部分，毕竟利润之计算必须建立在成本之上。① 上述结论亦在《民法典》中得到证实，如第952条关于行纪合同的规定、第963条关于中介合同的规定等。值得注意的是，并非所有费用皆是为了实现受托人的履行利益，其中不乏受托人仍可请求委托人返还的垫付费用。如甲给予乙一份佣金，请求其代自己垫付车款，此时的车款费用即为垫付费用，并不被报酬所包含，乙可基于《民法典》第921条请求甲返还。将此例更换为无偿委托亦然，② 若将履行利益视为合同依约履行后受托人所处的圆满状态，无偿合同中的受托人亦存在履行利益，但垫付费用仍与履行利益（圆满状态）无关，实仅系受托人自身义务之履行，受托人亦可依据《民法典》第921条请求委托人返还此类费用。即使委托人解除无偿合同，由于垫付费用的支付与损害赔偿无关，无论委托人是否行使任意解除权，皆需要支付此类费用。况且，垫付费用既不属于履行利益之赔偿，因受托人的履行利益于无偿委托中，从经济角度出发实际为零；亦不属于信赖利益之赔偿，信赖损失指的是为有效信赖合同所支出的费用（如差旅费等），于无偿委托中乃自愿支付不求回报，但受托人本就可期待委托人返还垫付费用，毕竟受托人出于助人之目的订立无偿委托合同，不等于其愿意帮助委托人完全承担针对第三人之债法义务。

值得思考的问题是，若委托人解除无偿合同，受托人是否亦无法主张信赖利益之赔偿？笔者认为，答案应当是肯定的，因为此时受托人处理事务本就系出于慷慨与无私。即使委托人没有解除合同，除却垫付费用，受托人于处理事务完成后亦不可向委托人主张任何权利。纵然中途委托人于任意时间解除合同，受托人实质上并未遭受任何损害，费用之支出皆系自愿所为，其无主张损害赔

① 参见许德风：《论合同法上信赖利益的概念及对成本费用的损害赔偿》，载《北大法律评论》第6卷第2辑，法律出版社2005年版，第703-704页。

② 值得一提的是，此无偿合同为纯粹的无偿合同，即不包含受托人报酬利益以外的其他利益。相关判例参见重庆某物流有限公司诉魏某委托合同纠纷案，重庆市巴南区人民法院（2019）渝0113民初15774号民事判决书。

偿请求权之可能。尽管如此，仍不能否认受托人于个别情形下具有所受损失之可能。如A与B约定，由B代其以B之名义向C购得汽车，委托合同仍系无偿合同且因此不构成行纪。若A后反悔，通过行使解除权的方式拒绝向B给付车之货款，导致B因违约而向C支付违约金。此时B仍然因任意解除产生直接损失，此类损害赔偿虽与履行利益状态之圆满无涉，仅系委托人之违约行为额外造就的直接损失，但满足事实因果关系与可预见性之要件，B仍可以向A主张赔偿。[①]

综上，当委托人解除无偿合同时，其原则上不应当向受托人承担损害赔偿责任，但仍然要支付垫付费用。另外，倘若解除合同导致受托人遭受履行利益及信赖利益之外的其他纯粹经济损失，委托人应当承担损害填补之义务。

2. 有偿合同：损害赔偿规则之适用

对于有偿合同，《民法典》第933条规定委托人应当向受托人赔付直接损失与所失利益。依前述分析可得，此处的直接损失亦应为履行利益以外的所受损失，因费用的支出作为成本被报酬所囊括，其可化为报酬之部分，并作为所失利益由受托人请求损害赔偿。周江洪教授提出，倘委托人解除合同系出于可归责于自己之原因，风险负担规则不失为一种问题解决方案，由委托人承担对待给付风险即可，即委托人仍然负有支付报酬之义务。[②] 然而笔者则认为，相比风险负担规则，更宜适用损害赔偿规则确定解除有偿委托后的损害赔偿范围。

委托人解除有偿合同后，原给付义务已不复存在，故针对报酬的原给付请求权只得转化为针对损害赔偿的次级请求权。事实上，若采风险负担规则，受托人可获得所有的报酬，再根据损益相抵规则减免数额，与直接运用损害赔偿规则并无根本不同，因为受托人的履行利益损失即为报酬，且两者都要适用损益相抵规则，都将面临减免数额不确定等问题，受托人因免于履行义务所节约之成本难以得到准确量化。然而，若采风险负担规则，尚面临如何赔偿履行利益（报酬利益）以外的纯粹经济损失的问题。若委托人并未违约，受托人不会

---

① 值得注意的是，此类非履行利益的所受损失与前述垫付费用本质并不相同，后者与违约责任无关。此例所举的损失（违约金）亦仅系纯粹经济损失，非系固有利益之损失。参见姚明斌：《〈合同法〉第113条第1款（违约损害的赔偿范围）评注》，载《法学家》2020年第3期，第177页。

② 参见周江洪：《委托合同任意解除的损害赔偿》，载《法学研究》2017年第3期，第86页。

产生此类损失（如对第三人承担违约责任、违约金损失等），即便受托人最终可以依照风险负担规则获得报酬，此类损失亦难以得到填补，倘不弥补此类损失实难契合公平正义，是故径采损害赔偿规则不失为一种更优的做法。于北京某房地产经纪有限公司山东分公司与某置业有限公司委托合同纠纷案中，法院即采纳的损害赔偿立场。其指出，违约赔偿范围包括可得利益损失，而非仅限于直接损失，对被害人的损害应当作完全填补赔偿，从而起到限制违约人的违约行为，契合赔偿可得利益损失立法初衷的目的。① 值得一提的是，倘受托人无法确定应得多少报酬利益也即无法证明适用损益相抵规则的减免范围，其亦可主张徒劳费用之支出，将此类成本之支出作为请求赔偿的履行利益损害的最低限额。②

综上，基于采取风险负担规则也须适用损益相抵规则，亦会面临损害赔偿减免数额不确定之问题，且难以填补受托人可能产生的履行利益（报酬利益）以外的其他损失，因此更宜适用损害赔偿规则确定委托人解除有偿合同时的损害赔偿范围。

（二）受托人解除合同的损害赔偿责任

1. 无偿合同：完全赔偿原则之回归

当受托人解除无偿合同时，《民法典》第933条规定其仅需赔偿因解除时间不当所造成的直接损失。然在此范围以外的损失，受托人是否必然不需赔偿？曾有学者谨慎地指出，原《合同法》总论中关于解除权行使的条款，可能会对任意解除合同后的损害赔偿范围的解释产生影响。③ 笔者认为，《民法典》第929条规定无偿委托的受托人仅于存在故意或重大过失时承担损害赔偿责任，故若受托人的解除行为可归责于其时，其承担损害赔偿责任的主观要件亦为故意或重大过失。由于此类主观要件的主观归责意味浓厚，倘若受托人已构成故意或重大过失，仍令其纯粹就直接损失负责，仅赔付委托人所失利益，实难达到威

---

① 参见山东省济南市中级人民法院（2019）鲁01民终6096号民事判决书；相似判决可参见范某诉山东省某药业有限公司委托合同纠纷案，最高人民法院（2015）最高法民二终第323号民事判决书。

② 参见张金海：《论违约救济中徒然支出的费用的补偿：必要性与路径选择》，载《政治与法律》2012年第5期，第104-116页。

③ 参见陆青：《论法定解除事由的规范体系——以一般规范与特别规范的关系为中心》，载《华东政法大学学报》2015年第1期，第69页。

慑违约人之目的，恐将越发肆无忌惮，最终难以契合基本之公平正义。换言之，法律业已通过提升主观要件的构成标准，达到减免受托人损害赔偿责任的目的，再于损害赔偿范围给予受托人以额外的责任优待，难免容易产生利益失衡。

再者，受托人意欲与委托人签订委托合同，预示着其对可能产生之风险有所预见，此应足以令其承担履行利益意义上的全部损害赔偿责任，亦与《民法典》第584条规定的可预见性规则相一致。难以认为在所有个案中，受托人仅可能预见所受损害，而无法预见所失利益。人为地切割无偿委托合同中的所受损害与所失利益，仅赔付前者而拒绝赔付后者，并不具法律上的正当性。笔者认为，受托人是否具有预见损失种类及数额之能力，即是否契合可预见性规则，应当于具体个案中加以衡量，《民法典》第933条直接拒绝赔付所失利益，无异于削足适履。且不论比较法上难以寻觅近似之立法例，即使系同为无偿合同的赠与合同，亦未特别规定赠与人仅就信赖利益承担责任，当赠与人满足《民法典》第662条第2款规定要件时，亦应当适用《民法典》第584条的违约损害赔偿一般规则，令其承担完全赔偿责任。将受托人的赔偿范围局限于直接损失，并不符合相似事项、相似处理之公平原则。遑论委托合同相较赠与合同而言，对服务受领人事务干预的范围更大，毕竟后者仅需负担给付义务即可，然受托人对可能产生多少损失应有更为清晰之预见，在此前提下仍任意解除合同，应允许委托人根据《民法典》第584条请求可得利益之损失。

综上，笔者主张实现向委托合同损害赔偿一般规则之回归。当受托人任意解除合同对委托人产生损害时，受托人应当承担损害赔偿责任。对于所受损害，委托人可基于《民法典》第933条请求受托人赔偿，对于所失利益，委托人可基于《民法典》第584条请求受托人赔偿。

2. 有偿合同：可得利益内涵之定位

若委托合同为有偿合同，委托人根据《民法典》第929条请求直接损失与可得利益之赔偿即可。有学者主张此时受托人仅需向委托人赔付替代交易的费用，否则行使任意解除权并不能达到真正的解除目的，受托人仍然要受完全赔偿原则之桎梏。① 但笔者认为，替代交易的费用并不能替代履行利益之赔偿，

---

① 参见周江洪：《委托合同任意解除的损害赔偿》，载《法学研究》2017年第3期，第89页。

有偿委托中的委托人仍存有委托事项能为自己带来的利益，此类利益并非替代交易之费用可得弥补。履行利益所指称的，乃合同权利人于义务人完成其合同项下义务后的所处状态。履行利益之赔偿范围，则为因义务人违反合同义务，导致权利人丧失的本可获得之利益。可得利益作为履行利益之组成部分，其规范目标为：确定终将失去的，但在义务人赔付可得利益后，权利人便处于假设义务人正常履行情形下所处之地位。① 在受托人任意解除有偿合同以后，对于委托人而言，其损失应为合同继续履行情形下本可应得之利益。除却替代交易费用，此类利益亦包含委托人通过实现合同目标可以获得的其他利益。委托人签订委托合同的目标并非减少替代交易之费用，而是完全履行委托合同，并在履行过程中获得利益。若受托人违约，委托人的损失除了替代交易（另行委托他人）所产生的额外损失，亦必然面临委托合同不能实现所产生的损失。

此外，当委托人解除合同时，其要基于完全赔偿原则，赔付受托人以履行利益之损失，为何当受托人解除合同时，仅需赔付替代交易的费用？笔者认为，区别对待两者并没有正当性，毕竟，无论是受托人解除合同，抑或委托人解除合同，在一方存在可归责性的情况下，都应当赔偿对方全部损失，其中既包括所受损失，又包括可得利益，此乃完全赔偿原则的应有之义。况且如上所述，可得利益之赔偿本就应包括替代交易费用以外的全部可得利益，是故仍应遵循完全赔偿原则，不得对可得利益做限缩解释。

（三）小结

在委托人解除合同的情形下，倘委托合同为无偿合同，受托人原则上并不存在损失，故其并不承担损害赔偿责任。因垫付利息并非损害赔偿的一种，委托人应当负担垫付利息的支付义务。然若因解除合同致使受托人具有履行利益以外的纯粹经济损失，委托人应当对此承担损害赔偿责任。委托人解除有偿合同时，因风险负担规则仍然无法实现填补所有损害的目的，故仍应当适用损害赔偿规则填补受托人损失。在受托人解除无偿委托合同的情形下，因其仅需就故意与重大过失负责，已于责任成立层面限制了委托人的损害赔偿请求权，再于责任范围层面对此加以限制、仅局限于所受损失，未免对委托人过于不利，

---

① 参见韩世远：《合同法总论》，法律出版社 2018 年版，第 784 页。

故应可令委托人基于《民法典》第584条主张所失利益。当合同为有偿合同时，于受托人解除合同的情形，其应赔付的可得利益返还不应局限于替代交易费用，还应包含履行利益范围内的一切损失。

四、结语

学者们多从信赖关系破裂、继续履行合同对委托人并无实益等角度研究委托人的任意解除权。然而究其根本，委托人之所以可任意解除合同，全系因为人与人之间信赖关系的脆弱。为之债务履行的长期性、信赖的高度主观化与不可量化，皆是委托人得以任意解除委托合同的原因。倘委托合同系无偿合同，且其中包含受托人报酬利益以外的其他利益，委托人亦不得任意解除合同，此时受托人之利益无法简单通过损害赔偿来弥补。另外，受托人即使不履行委托合同项下的义务，委托人通常对此也无可奈何，赋予受托人以合同解除权实非必要。但于消费者型委托服务合同中，出于保护消费者权益的特殊考量，应当限制受托人的合同解除权。完全赔偿原则应于委托合同中得到贯彻，即便委托人解除无偿合同时，其亦应赔偿受托人履行利益以外的所受损失。受托人解除委托合同时，因其主观可归责性强，故委托人亦可主张可得利益之损失，由此实现委托合同损害赔偿向一般损害赔偿规则的回归。

（初审：李港；校对：颜韵）

主题研讨：营商环境中的刑事法治化

ZHUTI YANTAO：YINGSHANG HUANJING ZHONG DE XINGSHI FAZHIHUA

涉民营企业刑事案件逮捕条件的规范适用

林艺芳*

摘　要：当前，对民营企业负责人违法适用逮捕措施时，可能出现罪与非罪界限不清、担责主体难以确定、涉嫌罪名相对集中等问题。在适用逮捕措施时，首先应当谨慎认定逮捕证据条件，注意区分刑事犯罪与经济纠纷、行政违法的界限，掌握足以证明相关人员犯罪的证据，并达到“明晰可信”的证明标准；其次应当精确限定逮捕罪责条件，对可能判处三年以下有期徒刑的犯罪嫌疑人、被告人可以不捕尽量不捕，并分清企业单位犯罪还是企业员工自然人犯罪；最后应当准确区分逮捕社会危险性条件，重视该条件的审查，结合涉民营企业犯罪特点衡量社会危险性，并认真考察认罪认罚因素。

关键词：逮捕；民营企业；证据条件；罪责条件；社会危险性条件

优化民营企业营商环境是我国近年来提出的重要政策之一。习近平总书记主持召开的中央全面依法治国委员会第二次会议强调：“法治是最好的营商环境。”将市场经济纳入法治轨道，充分保障各市场主体的合法权益，对于构建统一开放、竞争有序的市场体系具有重要作用。① 然而，当前我国仍有部分利用刑事手段干涉经济纠纷，甚至是对民营企业负责人违法适用逮捕措施的问题。这种做法不仅是对民营企业负责人人身权利的直接侵犯，更是对企业生产经营的间接破坏；不仅有违我国刑事司法“尊重与保障人权”的基本精神，而且有悖当前优化营商环境的宏观政策导向。

---

* 林艺芳，法学博士，湘潭大学法学院副教授。

① 参见张红哲：《新论：法治是最好的营商环境》，载《人民日报》2020年10月16日，第5版。

事实上近年来，为营造民营经济良好的法治环境，最高人民检察院多次提出“少捕”“慎捕”的理念。在2020年1月召开的全国检察长会议上，张军检察长就曾提出，要以更大的力度保护民营企业和企业家合法权益，切实做到“能不捕就不捕”，树立“少捕慎诉”的理念，进一步降低逮捕率、审前羁押率，处理好捕、诉与监督的关系。① 在同年10月举办的第二届民营经济法治建设峰会上，张军检察长再次强调，“全面依法治国，民营企业不是‘唐僧肉’，也不是‘软柿子’”!② 检察机关服务于民营企业的发展，要依法保护民营企业家的人身和财产安全，考虑民营企业不同的经营管理模式，对经营中涉嫌犯罪的民营企业负责人慎捕慎诉，以最大限度地保证民营企业正常经营活动。

解决当前涉民营企业刑事案件中的若干问题，关键在于落实“少捕”“慎捕”理念，进一步规范逮捕措施的适用。近年来学术界和实务界致力于厘清检察机关逮捕权能的性质，并通过内设机构改革变更逮捕权的适用主体。遗憾的是，目前我国相关立法并未结合涉民营企业刑事案件的特点对其逮捕条件予以特殊设置，公安司法机关在此类案件中错误理解、适用逮捕条件的情况也频频发生，从而造成涉民营企业刑事案件现存在上述问题。正因如此，笔者将针对涉民营企业刑事案件的特点，从逮捕适用条件着手展开研讨，以期为我国完善涉民营企业刑事案件逮捕制度提供可行对策。

一、我国涉民营企业刑事案件的基本特征

优化法治化营商环境之关键，在于坚持以平等保护原则维护民营企业和企业家的合法权益。所谓平等保护原则，是指我国立法和司法应当对所有企业一视同仁，无论企业性质是民营还是国有，皆受到法律的平等保护，侵犯其合法权益的行为也应当受到统一打击。不过，平等保护不等于无差别保护，也不应当仅停留于形式上的平等保护。在具体司法及执法过程中，我国有关部门仍然

---

① 参见姜洪：《全国检察长会议在京召开，张军强调：深入学习贯彻习近平总书记重要指示精神，自觉把党中央各项决策部署和宪法法律赋予的职责落实到位》，载《检察日报》2020年1月20日，第1版。

② 邱春艳、李钰之：《张军在第二届民营经济法治建设峰会上表示：检察机关要做服务保障民营经济健康发展的“老娘舅”》，载《检察日报》2020年10月31日，第1版。

需要根据民营企业的自身特点，履行符合其发展规律、经营条件的法治规则，实现对民营企业及其负责人的实质平等保护。同理，刑事逮捕领域也不例外。慎用逮捕措施，对民营企业家能不捕则不捕，并不意味着民营企业在该刑事强制措施的适用上“有特权”，受到“特殊照顾”，而是要求我国逮捕制度目前应当因地制宜，关注涉民营企业刑事案件的基本特点，尊重此类案件的办理规律，避免不顾案件基本情况便滥用逮捕措施，预防不符合民营企业发展规律的措施适用方式。正因如此，在研究逮捕条件之前，笔者将就涉民营企业刑事案件的基本特征予以解读，从而为有针对性地规范适用逮捕条件提供基本前提。目前，我国涉民营企业刑事案件主要存在如下特征：

（一）罪与非罪界限不清

第一，这部分案件刑民交叉的情况非常突出，案件事实属于经济纠纷，抑或刑事犯罪，往往难以辨明。以 2012 年吴英案为例，该案为融资类犯罪。吴英系原浙江本色控股集团有限公司法人代表，因涉嫌非法吸收公众存款，于 2007 年 6 月被逮捕，随后被法院以集资诈骗罪判处死刑，后通过重新审理被改判死刑缓期二年执行。根据 2010 年《最高人民法院关于审理非法集资刑事案件具体应用法律若干问题的解释》，集资诈骗罪应当具有非法吸收或者变相吸收公众存款的情节，并以非法占有为目的。而吴英只向特定的 11 人借款，集资对象是特定的、可控的，数量上也不符合上述司法解释的规定。同时，其募集的资金主要用于扩大经营，是在向正规金融机构融资困难的情况下才开始借款；其在资金使用过程中，也不存在司法解释中规定的种种非法占有行为。① 正因如此，该案被披露之后，曾引发公众对其行为究竟属于集资诈骗罪、非法吸收公众存款罪抑或合法民间借贷的争议。

我国实务界目前存在将民间借贷行为入罪的趋势。只要涉众型民间借贷出现经济纠纷，即先入为主地认为借款人构成非法集资罪。② 然而，这些行为从

---

① 参见吴英集资诈骗案，浙江省金华市中级人民法院刑事判决书（2009）浙金刑二初第 1 号；吴英集资诈骗上诉案，浙江省高级人民法院刑事裁定书（2010）浙刑二终第 27 号；吴英集资诈骗再审案，浙江省高级人民法院刑事判决书（2012）浙刑二重第 1 号。

② 参见徐彰：《民间借贷问题研究——以民刑交叉为视角》，东南大学 2016 年博士学位论文，第 31 页。

民法角度分析都具备合法因素，即便不完全符合法律规定，由于其造成的危害或大或小，也不应当完全属于刑法制裁的对象。① 类似刑民交叉案件并不少见。“这类案件有一个显著的特点，它并不像典型的刑事犯罪那样罪与非罪泾渭分明，它与它所涉及构成的犯罪之间没有一条明显的鸿沟，因而介于‘可刑可民’的刑民中间。”②

第二，此类案件常存在行政违法与刑事犯罪界限模糊的情况。以张文中案为例，张文中系物美集团创始人，2002 年其获悉国债贴息政策，但是该政策主要用于支持国有企业技术改造项目。为此，张文中与张伟春商量后决定以诚通公司名义进行申报，并获得 3190 万元国债技改贴息资金。正因如此，2008 年河北省衡水市中级人民法院一审宣判其犯有诈骗罪，再加上单位行贿罪和挪用资金罪③，判处有期徒刑 18 年，直至 2018 年最高人民法院依法提审此案，才将其改判无罪。该案的关键争议点在于，应当如何定性张文中以诚通公司名义为物美集团申报国债技改贴息的行为。原审法院认为，这是以非法占有为目的，虚构事实隐瞒真相，骗取国家贷款贴息的行为，数额特别巨大，已构成诈骗罪。但是最高人民法院则认为，相关政策性文件并未禁止民营企业参与申报该项目，

① 在刑民交叉的情况下，优先以刑事手段处理案件，适用“先刑”原则，是有一定法律依据的。早在我国 1985 年颁布的《最高人民法院、最高人民检察院、公安部关于及时查处在经济纠纷案件中发现的经济犯罪的通知》中即已经确定这一办案思路。虽然该文件已经被废止，但是其影响力极为深远。我国后来出台的关于刑民交叉的司法解释均沿用了这一做法，即只要民事案件与刑事案件之间涉及同一事实的，均应当通过刑事诉讼方式解决。这样，司法机关本来可以通过民事手段解决案件，就被有意无意地优先适用刑事手段或者只用刑事手段解决。目前在我国刑法学界，对于刑民交叉案件适用“先刑”原则存在较大争议。有不少学者主张处理此类案件应当注意区分刑事手段与民事手段在法律思维上的差异，亦有学者主张刑法应当保持谦抑，奉行“先民后刑”原则。参见陈兴良：《刑民交叉案件的刑法适用》，载《法律科学》2019 年第 2 期，第 167-169 页；梅传强、李璐：《民营企业民间融资法律风险探析——以“刑民界分”为切入点》，载《扬州大学学报（人文社会科学版）》2016 年第 1 期，第 48-49 页。

② 杨兴培：《刑民交叉案件中“先刑观念”的反思与批评》，载《法治研究》2014 年第 9 期，第 65 页。

③ 张文中涉嫌单位行贿罪，即在物美集团收购中国国际旅行社持有的泰康公司 5000 万股股份过程中，其向该社总经理办公室主任赵某行贿 30 万元。在物美集团收购广东粤财信托投资公司持有的泰康公司 5000 万股股份过程中，其向该公司总经理梁某行贿 5000 万元。其还涉嫌挪用资金罪，即先后挪用泰康公司的 4000 万元和 5000 万元。不过，上述罪名皆在后续再审程序中被推翻。

其通过诚通公司下属企业名义申报，并未使负责审批的主管部门产生错误认识。加上其申报的物流项目和信息化项目并非虚构，且未采用欺骗手段隐瞒、侵吞该款项，故其行为不构成诈骗罪。①

最高人民法院负责人在谈及该案时，认为这是将一般违法行为、违规行为作为刑事犯罪来进行处理的典型表现。② 但实际上，在涉民营企业案件中，行政违法与刑事犯罪的界限常常并不明显。在刑事实体法领域，行政犯的行为类型同违法行为具有极高的一致性，这使得只要某种行为违背前置性的行政法律法规，即具有被认定为犯罪的风险。③ 而区分行政违法与刑事犯罪，向来是世界各国刑法学界的难题之一。目前，我国多以“严重的社会危害性”作为区分两种行为的界线，但这一标准显然具有极大的主观裁量性，也进一步加大了行政违法与刑事犯罪的界分难度。④

（二）担责主体难以确定

民营企业作为刑法领域中“单位”的一种，在担责主体方面往往难以分辨其自身的刑事责任与企业员工的刑事责任。首先民营企业涉嫌犯罪，是对某种法定义务的违反。然而从立法的角度来看，“法律在设定某项义务时并没有明确区分义务主体，或者说，任何主体都要遵守这类义务”⑤。以行贿行为为例，出于维护国家机关正常管理秩序以及保障公职人员职务行为廉洁性，无论是单位还是自然人都不允许实施此类行为，前者构成单位行贿罪，后者构成行贿罪，都需要承担相应的刑事责任。再以前述集资诈骗罪为例，自然人以非法占有为目的，违反有关金融法律、法规的规定，使用诈骗方法进行非法集资，扰乱国

---

① 参见张文中等诈骗、单位行贿挪用资金再审案，最高人民法院刑事判决书（2018）最高法刑再3号。

② 参见孟亚旭：《最高人民法院再审改判张文中无罪：9年前因三项罪名获刑12年，再审认为原判适用法律错误》，载《北京青年报》2018年6月1日，第A08版。

③ 参见于冲：《行政违法、刑事违法的二元划分与一元认定——基于空白罪状要素构成要件化的思考》，载《政法论坛》2019年第5期，第96-97页。

④ 参见张泽涛：《行政违法行为被犯罪化处理的程序控制》，载《中国法学》2018年第5期，第208-209页。

⑤ 时延安：《合规计划实施与单位的刑事归责》，载《法学杂志》2019年第9期，第27页。

家金融秩序，侵犯公司财产所有权且数额较大时，可能构成集资诈骗罪。但与此同时，单位也可以构成该罪名，只不过在刑事责任的具体承担方面与自然人犯罪有所不同。作为单位形式之一的民营企业，其实施某种行为往往需依靠作为自然人的企业员工，甚至在很多情况下，民营企业的单位行为与企业员工的自然人行为之间具有极高的重合性和同质性。在自然人和单位都能成为犯罪主体的上述情况中，究竟应当对企业本身追究刑事责任，还是仅对企业员工追究刑事责任，就成为一道难题。解决关键在于，应当清楚分辨某种犯罪行为究竟是代表企业集体作出的决策，还是由企业员工个人意志所决定。这又进一步涉及主观罪过的考察问题。

根据主客观相统一的原则，判断民营企业是否涉嫌犯罪、应否承担刑事责任，应当考虑其主观罪过的存在与否。① 较为主流的观点认为，判断其主观罪过，应当首先考虑的是作为单位代表机关成员的自然人是否具有成立犯罪的故意或者过失。“因为单位在最终结局上是通过作为单位代表机关成员的自然人来形成其主观意思的。”② 不过，仅仅考虑单位代表机关的意思是远远不够的，还需要结合“单位自身的目标、议事程序、监督机制、文化氛围等自身特征，特别是单位的监督机制”③ 进行综合判断。从更具体的层面分析，企业犯罪的直接故意主要取决于单位代表机关的决策，间接故意则通常表现为该企业默许、纵容其内部员工实施某种危害社会的行为，此时需要对该企业是否“明知”这一情况进行考察。而过失则主要体现为企业对其内部员工实施某种犯罪行为的监督不力，以预见可能性为前提，以结果回避义务为落脚点。④

然而在我国，不少民营企业规模较小，不存在完善的公司内部结构，其主

① 关于这一问题，理论界存在一定争议。有学者认为，对单位犯罪进行归责应当实行严格责任原则，放弃对其主观责任部分的考察。“对单位犯罪的解释强调单位犯罪的主观心态的研究路径……天然缺陷就是，所谓单位的‘意志’完全是拟制出来的，是对事实和现实状态的一个影像虚构；认为单位具有和自然人一样的意志或者意识，并认为单位与自然人的可谴责性是同构的，既缺乏心理学上的支持，也无法在规范意义上进行论证。”参见时延安：《合规计划实施与单位的刑事归责》，载《法学杂志》2019 年第 9 期，第 25 页。

② 黎宏：《论单位犯罪的主观要件》，载《法商研究》2001 年第 4 期，第 48 页。

③ 黎宏：《论单位犯罪的主观要件》，载《法商研究》2001 年第 4 期，第 48 页。

④ 参见李冠煜：《单位犯罪处罚原理新论——以主观推定与客观归责之关联性构建为中心》，载《政治与法律》2015 年第 5 期，第 38 页。

要负责人的意志往往决定公司的决策，更不用说具备所谓的议事程序、监督机制等，无法从其内部治理的角度分清企业是否对某个犯罪行为存在主观罪过。即便是某些规模较大的民营企业，其已经设立特定的决策机构和管理机制且建设合规体系，但是判断其主观罪过仍有难度。当前，我国司法机关并不重视企业在防范和治理犯罪方面的监管措施，并未承认企业内部机制对于企业犯罪定罪量刑以及程序适用的影响。这样一来，企业建立上述机制的积极性被削弱，上述机制也极可能成为摆设，又回过头来加大判断企业主观罪过的难度，进而给担责主体的辨明造成障碍。实践中，不少企业员工在直接实施特定犯罪行为之后，往往声称是受企业指令作出的。此时，如何判断企业集体决策在决定该项犯罪行为中的作用，甚至辨别应当对此承担责任的主体，则变得相对困难。

（三）涉嫌罪名相对集中

北京师范大学张远煌教授的调查数据显示，近年来我国涉民营企业刑事案件占全部企业犯罪案件的比例高达八成以上。[①] 该结论一方面源自我国非公有制经济占国民经济的比重在不断上升，另一方面说明民营企业及其负责人面临着更严重的刑事风险，涉民营企业犯罪已经成为关系经济建设和国家治理的重要问题。在此基础之上，涉民营企业刑事案件所涉及的罪名类型也较为集中。再根据张远煌教授的统计数据，2014—2018 年，非法吸收公众存款罪在我国涉民营企业刑事案件中占比最高。此外，虚开增值税专用发票罪、职务侵占罪、合同诈骗罪、单位行贿罪四个罪名分别占据触犯频次的第二名至第五名位置。这五类罪名可以划分为两类，一类是以非法吸收公众存款罪、虚开增值税专用发票罪以及合同诈骗罪为代表的融资类犯罪。此外与融资相关的高频罪名，还有骗取贷款罪、票据承兑罪、金融票证罪、集资诈骗罪等。另一类是以职务侵占罪和单位行贿罪为代表的腐败类犯罪。此外与腐败相关的高频罪名，还有挪用资金罪、行贿罪、非国家工作人员受贿罪、受贿罪、贪污罪、挪用公款罪、对单位行贿罪、滥用职权罪、介绍贿赂罪、利用影响力受贿罪、对有影响力的

---

① 参见张远煌：《企业家刑事风险分析报告（2014-2018）》，载《河南警察学院学报》2019 年第 4 期，第 19 页。

人行贿罪、私分国有资产罪等。①

融资类犯罪和腐败类犯罪成为涉民营企业的两大重要犯罪类型，与我国该类企业的现实发展困境有关。其一，企业融资难导致融资类犯罪频发。我国社会主义市场经济体制的特殊性要求，以及经济高质量转型发展的阶段性要求②，使得当前民营企业融资难问题已经成为困扰其发展的严重桎梏之一。股权融资受阻、银行信贷乏力、非银融资渠道急剧收缩等情况屡屡出现③，导致民营企业不得不通过不规范、不合理的操作手段达到融资目的，甚至涉嫌违法犯罪。其二，非健康的政商关系导致腐败类犯罪频发。自改革开放四十年来，我国民营企业从小到大，从弱到强，为我国贡献了50%以上的税收，60%以上的国内生产总值，已经成为推动我国经济发展不可或缺的力量。④ 但是与之相比，由于以往对民营企业的保护力度不够，以及市场经济过渡时期政府对经济的干预导向，使得我国当前的政商关系定位发生偏差。民营企业及其经营者需要通过向公权力寻租、与某些官员形成不正当腐败关系等方式，来换取必要的市场份额，保障自己的经营利益，从而诱发相关腐败类犯罪。⑤

二、谨慎认定涉民营企业刑事案件的逮捕证据条件

根据我国当前《刑事诉讼法》的规定，适用逮捕措施应当符合三大条件：一是证据条件，即有证据证明有犯罪事实；二是罪责条件，即可能判处徒刑以上刑罚；三是社会危险性条件，即采取取保候审尚不足以防止发生社会危险性。在我国历史上，上述逮捕条件曾经随着立法的修改而经历调整。就逮捕证据条

① 参见张远煌：《企业家刑事风险分析报告（2014-2018）》，载《河南警察学院学报》2019年第4期，第26-29页。

② 参见段胜：《关于民营企业融资难融资贵问题的思考——基于四川省民营企业的调查分析》，载《西南金融》2019年第3期，第3页。

③ 参见卜振兴：《从融资角度解析中小民营企业发展困境》，载《当代经济管理》2019年第4期，第74-75页。

④ 参见习近平：《在民营企业座谈会上的讲话（2018年11月1日）》，载《国务院公报》2018年第32号。

⑤ 参见操宏均：《新形势下民营企业家腐败犯罪预防进路——以新型政商关系为视角》，载《刑法论丛》2017年第4期，第2-9页。

件而言，在1979年我国第一部《刑事诉讼法》中，逮捕的证据条件被表述为"对主要犯罪事实已经查清"。相较我国现行的逮捕证据条件，这一规定显然要求更为严格。究其原因，当时我国"文革"刚结束不久，为解决十年浩劫中曾经出现的乱捕、乱押问题，保障公民合法的人身自由权益，立法机关希望通过设置较高的逮捕证据条件的方式来降低逮捕率。但是这一规定并未发挥预期效果。为在逮捕之前达到查明主要犯罪事实的目的，某些基层侦查人员滥用收容审查这一行政强制措施，通过行政手段进行刑事证据的收集工作。另外，实践中对于何为"主要犯罪事实"把握不一，出现在证据欠缺的情况下适用逮捕措施的情况。① 正因如此，在1996年《刑事诉讼法》修改过程中，我国将逮捕的证据条件修改为"有证据证明有犯罪事实"，并一直沿用至今。

上述立法调整，在一定程度上推进了我国逮捕制度的规范化。但是，就涉民营企业领域，仍然存在着以逮捕手段干涉经济纠纷、处理行政违法的情况。根据前文所述，我国涉民营企业刑事案件的重要特点之一是罪与非罪界限不清晰。一方面，此类案件刑民交叉的情况非常突出，案件中的事实往往看上去既属于经济纠纷，又可能涉嫌刑事犯罪。实践中，不少司法机关以刑事逮捕手段干预经济纠纷，也往往存在于此类案件中。另一方面，此类案件还常具有行政违法与刑事犯罪界限模糊的情况。将一般违法、违规行为作为刑事犯罪来处理，滥用逮捕措施限制企业负责人人身自由，也是实践中侵犯民营企业和民营企业家合法权益的主要表现之一。上述情况的出现，说明我国公安司法机关对逮捕证据条件理解不准确、适用不严格。针对上述问题，笔者主张，在涉民营企业刑事案件中适用逮捕措施时，公安司法机关应当首先确定如何将刑事犯罪与经济纠纷、行政违法区分开来。在此基础之上，还应当严守逮捕证据的三项资格性要件，并结合其较普通案件所具有的特殊性，对逮捕证明标准予以一定提升。

（一）区分刑事犯罪与经济纠纷、行政违法的界限

在涉民营企业刑事案件中适用逮捕措施，首先需要注意的是，只有涉嫌犯罪的人员才应当适用逮捕措施。正如前文所述，在1996年《刑事诉讼法》修订

① 有关统计数据显示，1979-1996年公诉案捕诉率超过100%，足以说明当时较高的逮捕证据条件并未实现逮捕率的下降，反而使得这一条件本身被架空，助长逮捕的滥用。参见刘计划：《我国逮捕制度改革检讨》，载《中国法学》2019年第5期，第143-144页。

过程中，逮捕的证据条件已由“主要犯罪事实已经查清”修改为“有证据证明有犯罪事实”，标准已经有所下降。侦查机关在申请审查逮捕时，无须查清全部犯罪事实，亦无须收集完备所有证据材料。尽管如此，该条件作为逮捕的第一道门槛，仍然对案件提出了一定的要求。根据全国人大法工委的权威立法解读，这里所谓的“有证据证明有犯罪事实”一般指同时具备如下情形：一是有证据证明发生了犯罪事实；二是有证据证明犯罪事实是犯罪嫌疑人实施的。① 因此，欲满足逮捕的证据条件，侦查机关应当确认犯罪嫌疑人所实施的行为属于刑事犯罪，而非简单的经济纠纷或者行政违法。涉民营企业刑事案件也应当遵循上述规则。

在刑民交叉案件中，公安司法机关应当注意从犯罪构成要件出发，由主客观相统一原则着手，分辨案件事实究竟属于经济纠纷、行政违法还是刑事犯罪。以前述吴英集资诈骗案为例，在我国当前实践中，集资诈骗罪与合法的民间借贷行为都是不通过国家正式金融机构而进行的资金募集行为，二者非常容易混淆。根据《刑法》第 192 条的规定，区分二者的关键在于行为人是否具有“非法占有目的”。对此，相关司法解释②认为，除了依靠客观结果进行倒推以外，判断行为人是否具有非法占有目的，还应当坚持主客观相统一的原则，即除了判断其行为是否造成集资款不能返还这一结果以外，还需考察其是否明知没有归还能力而大量骗取资金。而在本案判决书中，法院列举吴英在集资之前身负巨额债务，大量购买高档轿车珠宝等事实，从而推断其不具备偿还能力，进而得出其主观上具有非法占有的目的。③ 这一论证方式实际上有违前述立法规定。实际上，吴英曾将大量集资款用于公司的正常经营，包括支付公司装潢费用、广告宣传费以及建设职工食堂。吴英及其辩护人也在庭审过程中多次表示其并

---

① 参见王爱立主编：《中华人民共和国刑事诉讼法释义》，法律出版社 2018 年版，第 181 页。

② 这里所谓的“相关司法解释”，主要包括 1996 年最高人民法院颁布的《关于审理诈骗案件具体应用法律若干问题的解释》、2001 年最高人民法院印发的《全国法院审理金融犯罪案件工作座谈会纪要》以及 2010 年最高人民法院颁布的《关于审理非法集资刑事案件具体应用法律若干问题的解释》。

③ 参见吴英集资诈骗案，浙江省金华市中级人民法院刑事判决书（2009）浙金刑二初第 1 号；吴英集资诈骗上诉案，浙江省高级人民法院刑事判决书（2010）浙刑二终第 27 号；吴英集资诈骗再审案，浙江省高级人民法院刑事判决书（2012）浙刑二重第 1 号。

不认为自己无法偿还款项。因此，吴英并不具有非法占有目的，不应当以集资诈骗罪对其进行刑事制裁。①

而在刑行交叉案件中，公安司法机关也应当在坚持罪刑法定原则的基础上，准确理解《刑法》法条所保护的法益，避免将行政违法行为作为刑事犯罪予以处置。以前述张文中案为例，根据刑法学界的主流观点，构成诈骗罪应当具备多项条件，包括行为人实施欺骗行为、对方陷入或者维持认识错误、对方基于认识错误处分财产、被害人遭受财产损失等。② 但在该案中，物美集团通过国有诚通公司下属企业申报国债技改贴息，目的在于节省时间，而非欺骗国家经贸委。且其在申报过程中也未隐瞒真实企业身份。与此同时，物美集团的申报行为并未使国家经贸委的工作人员产生将其认定为国有企业的错误认识。另外，通过国有诚通公司下属企业的名义申报项目，也与物美集团最终获得支持之间不存在因果关系。因此，张文中及物美集团实施的行为难以被认定为诈骗罪。③ 除此之外还应当注意，《刑法》第266条之所以对诈骗罪作出规定，目的在于保护公私财产所有权。而在该案中，张文中及物美集团的行为并未对国家财产造成损失。国债技改贴息，本质上是国家对企业的一种物对价的财政支持，并不要求企业交回某种财产性对价。而物美集团在获得资金支持之后，确实采取措施推进所申报的物流项目，只不过因为“非典”疫情及土地由租改卖等客观原因，导致其无法按原计划实施项目。④ 固然，物美集团以国有诚通公司下属企业名义申报项目，可能存在某些违规情况。但这最多侵犯的是国家关于企业申报该类项目的申报秩序，属于行政法调整领域，不应当作为刑事犯罪予以制裁。

总之，将刑事犯罪与经济纠纷或者行政违法区分开来，是适用逮捕措施的

---

① 除此之外，区分集资诈骗罪与民间借贷行为的另一重要标准，在于行为人是否向“社会公众”募集资金。此处所谓的“社会公众”一般指不特定的多数人。但是在吴英案中，吴英仅向特定的十一人借款，不能认定为向“社会公众”募集资金。从这个角度看，吴英的行为也仅属于民间借贷，不应被界定为集资诈骗犯罪，公安司法机关也不应对其适用刑事手段。

② 参见张明楷：《诈骗罪与金融诈骗罪研究》，清华大学出版社2006年版，第8页。

③ 参见赵秉志、左坚卫：《张文中案：事实澄清与法理展开——诈骗罪部分》，载《法律适用》2018年第12期，第11页。

④ 参见张文中等诈骗、单位行贿、挪用资金再审案，最高人民法院刑事判决书（2018）最高法刑再3号。

重要前提。公安司法机关应当从犯罪构成要件着手，坚持主客观相统一原则和罪刑法定原则，在准确探求《刑法》立法原意的基础上，分辨不同行为类型，避免对仅涉及经济纠纷或者行政违法的犯罪嫌疑人施以逮捕措施。

（二）掌握符合三项资格性条件的必要证据

逮捕的证据条件即“有证据证明有犯罪事实”，除却要求该措施只能适用于刑事犯罪案件外，还要求案件所涉犯罪事实应当有证据予以证明。根据我国证据法领域的主流观点，证明案件事实的证据应当具有客观性、关联性以及合法性。① 客观性是指证据所表达的内容或者所承载的事实是客观存在的，而非办案人员的凭空捏造或者主观想象。对此，以前述王某案件为例。该案中青州恒发公司与武汉凯森公司之间因股权转让款问题发生纠纷，后者向公安机关举报王某等人涉嫌利用实际控制公司财务、银行账户资金等职务之便，将 1.07 亿元资金挪用至王某控股的公司名下，用于该公司日常开支及购买理财和信托产品。但是，案件最终判决结果显示，上述事实除了凯森公司的举报信息以外，并无具体证据予以支撑。② 即便在这种情况下，武汉市公安局仍然对王某等人予以跨省追捕，实际上违背了证据的客观性要求。只有在侦查机关掌握了必要的证据，且该证据所证明的事实是经查证属实时，才能据此申请适用逮捕措施。

关联性，又称证据的相关性，是指证据与待证事实之间应当存在内在联系，能够证明案件所涉事实。再以王某案件为例，武汉市公安局以青州恒发公司向淄博澳纳斯公司转移资金的银行转账信息等证据为依据，认定王某等人涉嫌挪用资金罪，并对其适用逮捕措施，实质上违背了证据的关联性要求。青州恒发公司与淄博澳纳斯公司本来就存在债权债务关系，两公司之间发生资金的转移，只能证明青州恒发公司向淄博奥纳斯公司归还债务，与挪用资金之间不存在实质联系。证据与待证事实的关联性，是证据在诉讼中的本源性价值体现，公安司法机关只有在确认此种关联性存在的前提下，才能考虑对犯罪嫌疑人施以逮

---

① 这是我国传统的“证据三性”理论，不过该理论目前已经遭到较多质疑。亦有学者主张以证据能力和证明力作为证据的基本属性。

② 参见李蒙：《焦点：山东青州恒发案，谁有管辖权》，载《民主与法制周刊》2018 年第 43 期（2018 年 11 月 19 日），第 26-28 页。

捕措施。

合法性，则指证据的形式以及证据收集的主体、方法和程序等符合立法规定，并且证据只有经过法定审查程序，才能用于证明案件事实。近年来，证据的合法性问题是我国刑事司法改革的热点之一。我国曾于2012年《刑事诉讼法》修订过程中引入非法证据排除规则，要求对取证行为严重侵犯公民基本权利的证据予以排除，以遏制实践中刑讯逼供等非法侦查活动。除此之外，其他证据如果在外在形式、取证程序等方面存在合法性瑕疵，即便不属于法定排除范畴，其证明力也是非常有限的。因此，公安机关在提请批准逮捕时，应当以合法的证据为依据；而检察机关审查批准逮捕时，也应当通过讯问犯罪嫌疑人、听取辩护律师意见等多种方式，了解侦查活动中是否存在违法情况，综合判断证据的合法性。

（三）达到“明晰可信”的较高证明标准

根据全国人大法工委的权威立法解读，逮捕证据条件并不要求案件达到“事实清楚，证据确实、充分”① 的证明标准。由于提请逮捕时，案件一般处于侦查初期，在时间紧急的情况下，公安机关能够收集到的证据、能够查明的案件事实都是非常有限的，此时如果人为地提高证明标准，将使我国的逮捕制度再次陷入历史上的窘境，要么被架空，要么被错用。② 因此，一般情况下，逮捕的证明标准应当低于提起公诉或者定罪的证明标准。有学者主张对逮捕证明标准予以量化，将“有证据证明”解释为“相当理由”或“优势证据”，即只要检察官的心证程度超过百分之五十，即可批准逮捕。③ 一般情况下，在普通

① 参见王爱立主编：《中华人民共和国刑事诉讼法释义》，法律出版社2018年版，第181页。

② 我国目前检察机关内部已经完成了内设机构改革。改革之后，对同一案件承担批捕工作和公诉工作的是同一个检察人员或者同一个办案组。在错捕属于检察工作质量衡量标准之一的前提下，为避免批准逮捕后犯罪嫌疑人、被告人被撤销起诉或者宣判无罪，检察办案人员在审查逮捕时往往人为提高证据标准，向公诉和审判的标准看齐，导致实践中审查逮捕的证明标准并未与公诉和审判的标准拉开距离。参见杨依：《我国审查逮捕程序中的“准司法证明”——兼论“捕诉合一”的改革保障》，载《东方法学》2018年第6期，第126页。

③ 参见万毅：《逮捕程序若干证据法难题及其破解——法解释学角度的思考》，载《西南民族大学学报（人文社会科学版）》2015年第2期，第89页。

案件中适用“相当理由”或者“优势证据”证明标准，以衡量逮捕措施的证据条件，具有一定的合理性。一方面，域外不少国家都采取类似的逮捕证明标准，如美国逮捕的证明标准即为“合理根据”或者“相当理由”①，日本逮捕的证明标准为“有相当的理由足以怀疑犯罪”；② 另一方面，此种证明标准有助为实务工作人员提供较为具体的逮捕证明标准指引，避免因规则过于抽象引发的裁量权滥用情况。

但是笔者认为，由于民营企业案件本身的特殊性，在涉民营企业刑事案件中适用逮捕措施，应当秉持比其他刑事案件更为谨慎的态度。对于一些民营企业特别是中小企业而言，企业负责人往往是企业的灵魂人物，主宰着企业方方面面的运营。限制企业负责人的人身自由，往往意味着企业生产经营的停滞。例如，在青州恒发王某案中，在王某被羁押的四百余天里，公司陷入停产，造成巨大的经济损失。再如，在最高人民检察院发布的涉民营企业司法保护典型案例之一——吴某、黄某、廖某虚开增值税专用发票案中，作为某机械设备有限公司的法定代表人黄某、廖某因涉嫌虚开增值税专用发票罪，在侦查阶段均被采取逮捕措施。由于企业负责人被限制了人身自由，该公司陷入失治、失控的状态，无法正常生产经营，员工情绪也极不稳定。③ 因此，对于类似案件，公安司法机关在采取逮捕这一严重限制公民人身自由的强制措施时，应当秉持比其他普通案件更为谨慎的态度。也正是从该角度出发，此类案件逮捕证据条件的证明标准应当明显高于其他案件。

笔者建议，就涉民营企业刑事案件而言，或许可以借鉴美国刑事证明标准中的有关规定，将逮捕证据条件的证明标准提高至“明晰可信”的要求，即现

---

① 参见［美］约书亚·德雷斯勒、艾伦·C. 迈克尔斯：《美国刑事诉讼法精解（第一卷·刑事侦查）》，吴宏耀译，北京大学出版社 2009 年版，第 119-120 页。

② 参见［日］田口守一：《刑事诉讼法》，张凌、于秀峰译，法律出版社 2019 年版，第 94 页。

③ 该案的基本案情为：被告人吴某系广州市 A 机械设备有限公司法定代表人（以下简称 A 公司），被告人黄某、廖某系 A 公司股东，三人另系 B 机械设备有限公司（以下简称 B 公司）实际控制人。2011-2016 年，被告人吴某伙同黄某、廖某经过密谋，在没有货物实际交易的情况下，由吴某联系并指使张某等人（均另案处理），为 A 公司虚开广州 C 贸易有限公司等 17 家公司的增值税专用发票用于抵扣税款，获取的不当利益用于 A 公司的日常运营以及被告人吴某、黄某、廖某三个股东的利润分配。参见佚名：《最高人民检察院首批涉民营企业司法保护典型案例》，载《检察日报》2019 年 1 月 18 日，第 3 版。

有证据足以使公安司法机关确信相关人员“大有可能”实施了某种犯罪行为，且不存在足以动摇认定其犯罪的疑点和矛盾。① 该证明标准应当略高于普通刑事案件的“相当理由”或者“优势证据”标准，但略低于我国刑事司法中移送审查起诉、提起公诉以及审判认定有罪的“案件事实清楚、证据确实充分”标准。易言之，以量化方式衡量逮捕证据条件的证明标准，如果“相对理由”或者“优势证据”证明标准意味着公安司法机关对于相关人员是否实施了某种犯罪行为应当达到百分之五十以上的心证，“案件事实清楚、证据确实充分”证明标准意味着此种心证应当达到百分之九十以上，那么“明晰可信”证明标准则意味着此种心证应当达到百分之七十以上，是居于上述两种标准的中间形态。

需要注意的是，在涉民营企业刑事案件中，将逮捕证据条件证明标准设定为略低于一般案件的“明晰可信”标准，不会破坏刑事司法的正常秩序。我国当前刑法主流观点认为，对民营企业应当奉行与公有制企业同等的刑法保护，即适用平等保护原则。这既是我国进一步发展市场经济体制的要求，也是党和国家有关政策的基本规定。② 但是，平等保护不应当简单等同于无差别保护，而是从个案办理的具体情况出发，在基本符合立法规定的前提下进行能动司法，以实现在诉讼过程中对不同所有制经济的实质性平等对待。与公有制企业不同，企业负责人一般具有不可替代性，一旦被限制人身自由，对企业而言是极大的甚至是毁灭性的打击。我国在逮捕证据条件方面奉行较高的证明标准，有助于降低此类案件的逮捕率，是实质性平等保护的具体体现。

---

① 在美国，根据诉讼性质与证明责任承担者的不同，诉讼中分别采取“排除合理怀疑”“明晰可信”以及“优势证据”等多元化证明标准。“排除合理怀疑”（Proof Beyond a Reasonable Doubt）适用于刑事诉讼中的公诉人，公诉人只有运用证据证明案件事实达到该证明标准，才能促使裁判者对被告人予以定罪。“明晰可信”（Clear and Convincing Proof）是相对“排除合理怀疑”略低的证明标准，主要适用于特殊的民事诉讼，如涉及刑事犯罪的民事诉讼。而“优势证据”（Preponderance of Evidence）又称“盖然性占优势”（Preponderance of Probability），主要适用于普通的民事诉讼，是相对前者更低一档的证明标准。参见何家弘、刘品新：《证据法学》，法律出版社 2008 年版，第 325-327 页。

② 参见赵秉志、左坚卫：《刑法平等保护民营经济面临的三大问题》，载《净月学刊》2017 年第 4 期，第 7-8 页。

三、精确限定涉民营企业刑事案件的逮捕罪责条件

逮捕的罪责条件，即犯罪嫌疑人、被告人可能被判处徒刑以上刑罚的规定，自1979年以来就存在于我国的《刑事诉讼法》中，且历经多次修改而未发生变化。根据全国人大法工委的权威立法解读，立法之所以设置逮捕制度的罪责条件，主要是考虑到刑罚的轻重往往反映犯罪嫌疑人、被告人的主观恶性、社会危险性，也与其逃避或者妨碍诉讼的可能之间存在很大的正相关关系。对可能判处刑罚较重的犯罪嫌疑人、被告人予以逮捕，反映比例原则的要求，体现逮捕与所追究犯罪行为严重程度的相适应。① 另外，从国家赔偿的角度看，在诉讼过程中曾被适用逮捕措施的犯罪嫌疑人、被告人，如果在事后审判中被判无罪或者虽判有罪但未处以自由刑以上刑罚，那么国家是要承担赔偿责任的。因此，将逮捕条件设定为可能判处徒刑以上刑罚，也能在一定程度上规避事后责任，具有一定合理性。不过，具体到涉民营企业刑事案件中，此种罪责条件的局限性就暴露出来了。主要体现在两个方面：

（一）再度划分“可能判处徒刑以上刑罚”标准

正如前文所示，对民营企业依法予以平等保护，并不意味着对其采取与其他所有制企业毫无差别的处理方式。实现实质性的平等保护，应当区分案件具体情况进行能动司法。正因如此，为落实优化民营企业法治化营商环境的目的，我国应当对民营企业慎用逮捕等强制措施。民营企业负责人往往是企业经营的主心骨，一旦负责人被逮捕，极有可能导致企业经营陷入停滞，造成巨大的经济损失，甚至是毁灭性打击。在不影响第三人合法权益的前提下，于法律规范允许的范围内，对民营企业负责人能不采取逮捕措施的，尽量不采取逮捕措施；能少采取逮捕措施的，尽量少采取逮捕措施。此种司法路径应当着重体现在逮捕罪责要件的把握上。然而，我国当前立法却规定，只要犯罪嫌疑人、被告人可能被判处徒刑以上刑罚，就可以对其采取逮捕措施。这意味着，一旦民营企

---

① 参见王爱立主编：《中华人民共和国刑事诉讼法释义》，法律出版社2018年版，第181页。

业或者其负责人涉嫌犯罪，即使其涉嫌的是较为轻微的犯罪行为，也可能被采取逮捕措施，显然有违上述原则的要求。

实际上，“可能判处徒刑以上刑罚”并非我国刑事立法体系中通用的划分轻重罪的标准。无论是《刑法》的相关规定，还是《刑事诉讼法》的相关规定，划分轻重罪的刑罚标准一般以“三年以上有期徒刑”为界限。以涉民营企业刑事案件高频罪名之一，即合同诈骗罪为例，根据《刑法》第224条的规定，在符合该罪构成要件但没有加重情节的情况下，“处三年以下有期徒刑或者拘役，并处或者单处罚金”；而在具有“数额巨大或者有其他严重情节”时，则规定“处三年以上十年以下有期徒刑，并处罚金”；而对于“数额特别巨大或者有其他特别严重情节”的，则“处十年以上有期徒刑或者无期徒刑，并处罚金或者没收财产”。《刑法》中的其他罪名也多遵循类似的量刑逻辑，以“三年有期徒刑”“十年有期徒刑”等作为划分罪行轻重的刑罚界限。《刑事诉讼法》中也具有类似的判断轻重罪的法律规定。其第216条明确规定，适用简易程序审理案件，对可能判处“三年有期徒刑以下刑罚”的，既可以由合议庭进行审判，也可以独任审判；但是对可能判处“有期徒刑超过三年”的，则只能组成合议庭进行审判。之所以这么规定，也是考虑到可能判处三年以上有期徒刑的案件属于较为严重的犯罪，应当采取更为严谨、正式的诉讼程序。该法中还有不少类似规定。① 而逮捕罪责条件中以“徒刑以上刑罚”作为划分是否逮捕的依据，人为地降低了重罪标准，并不符合刑事立法惯例。在立法尚未修改的前提下，为体现对民营企业的保护、优化民营企业营商环境，我国公安司法机关对涉民营企业刑事案件适用逮捕措施时，应当在不违背法律规定的前提下，着重考虑可能被判处三年以上有期徒刑的犯罪嫌疑人、被告人的逮捕必要性；对于可能判处三年以下有期徒刑的犯罪嫌疑人、被告人的，可以不捕、尽量不捕；对于可能判处有期徒刑以下刑罚的犯罪嫌疑人、被告人的，则不能适用逮捕措施。

（二）准确认定涉民营企业犯罪的担责主体

逮捕的罪责条件除了强调预期刑罚的程度以外，还要求被逮捕的犯罪嫌疑

① 《刑事诉讼法》中的类似规定还包括第220条关于简易程序的审理期限、第222条关于速裁程序的适用条件、第288条关于刑事和解的适用范围等。

人、被告人应当是该预期刑罚的承担者。换句话说，该规定要求侦查机关及审查批捕机关在担责主体上也不能出现错误，犯罪嫌疑人、被告人已经实施了某种犯罪事实，但无须承担刑事责任，或者可能被判处的刑罚并非徒刑以上刑罚的，也不能对其适用逮捕。总而言之，“人头不能搞错”。① 而在我国涉民营企业刑事案件中，最典型的问题之一即担责主体难以确定的问题，即不少犯罪类型既可以由作为单位的企业构成，也可以由作为自然人的企业内部员工构成，究竟由何者承担刑事责任，在实践中往往难以区分。因此，在适用逮捕的罪责条件时，应当从主客观相统一的角度，分清究竟是企业单位犯罪还是企业员工的自然人犯罪。具体而言，既要从客观方面根据单位规模、行为样态、职权地位、结果轻重等因素，确认应当将某种行为危害结果归属于企业的整体作为行为或者企业员工的个人行为；② 也要从主观方面考虑犯罪行为的发生是否出于企业整体的决策，或者是否属于企业默许、纵容的结果。尤其应当注意的是，某些企业内部员工虽然以企业名义实施的犯罪行为，但并不符合企业整体决策方向，也与企业内部合规制度相悖。那么在这种情况下，就应当认定犯罪行为是企业员工自发行为，与企业无关。公安司法机关应当直接追究该员工的刑事责任，对该员工施以强制措施，而不能对企业及其负责人追究刑事责任，更不能直接逮捕企业负责人，造成企业的生产经营困难。

四、准确区分涉民营企业刑事案件的逮捕社会危险性条件

我国在立法修订过程中，也相应地对逮捕的社会危险性条件进行增改。在1979年和1996年的《刑事诉讼法》中，该条件表述为“采取取保候审、监视居住等方法，尚不足以防止社会危险性”。随着监视居住的功能定位转型为逮捕替代性措施，并以符合逮捕条件作为适用前提，2012年《刑事诉讼法》将逮捕的社会危险性条件修正为“采取取保候审尚不足以防止发生下列社会危险性”。此外，此次修订还列举了五种情形，就何为“社会危险性”予以具体规范。

---

① 参见孙谦：《司法改革背景下逮捕的若干问题研究》，载《中国法学》2017年第3期，第37-38页。

② 参见李冠煜：《单位犯罪处罚原理新论——以主观推定与客观归责之关联性构建为中心》，载《政治与法律》2015年第5期，第40页。

2018年《刑事诉讼法》修订过程中，我国再次结合认罪认罚从宽制度的适用，就社会危险性的考虑因素予以细化，认为“犯罪嫌疑人、被告人涉嫌犯罪的性质、情节，认罪认罚等情况”属于是否可能发生社会危险性的考虑因素。

学界主流观点认为，逮捕三大条件的地位是不同的。证据条件并非逮捕的专属条件，而是任何强制措施的普遍适用条件。罪责条件只是判断社会危险性的前提，是社会危险性的最低标准。确保逮捕足以正当运行的关键在于社会危险性条件的设置，亦即社会危险性条件才是逮捕条件的核心。在具备证据条件和罪责条件的前提下，捕与不捕关键还取决于犯罪嫌疑人、被告人的社会危险性。① 从《刑事诉讼法》第81条的规定看，社会危险性条件主要由“大前提”“具体情形”和“考虑因素”三者组成。其中，“大前提”即采取取保候审尚不足以防止发生社会危险性。这说明与其他强制措施相比，逮捕是侵权程度最高但社会防卫功能最强的措施，公安司法机关应当优先采取其他侵权程度较低的强制措施，只有在采取其他措施无法达到目的的前提下，才能适用逮捕措施。易言之，“杀鸡焉用牛刀”，非必要不得采取逮捕措施。而“具体情形”则包括：可能实施新的犯罪的；有危害国家安全、公共安全或者社会秩序的现实危险的；可能毁灭、伪造证据，干扰证人作证或者串供的；可能对被害人、举报人、控告人实施打击报复的；企图自杀或者逃跑的。这五项具体情形又可以划分为人身危险情形和妨碍诉讼情形。“考虑因素”是2018年立法修订时新增的条款，要求将犯罪嫌疑人、被告人涉嫌犯罪的性质、情节，认罪认罚等情况，作为是否可能发生社会危险性的考虑因素。其中，犯罪嫌疑人、被告人涉嫌犯罪的性质和情节与前述证据条件、罪责条件所蕴含的内容有重复之嫌。认罪认罚情况则是结合我国立法中新增的认罪认罚从宽制度而设定的。《关于在部分地区开展刑事案件认罪认罚从宽制度试点工作的办法》第6条肯定认罪认罚是社会危害性的重要考虑因素，认罪认罚的被告人是否自愿认罪、能否如实供述自己的罪行、是否同意量刑建议和程序适用、是否愿意接受处罚，应当成为评估其社会危险性的重要标准。

目前，立法关于社会危险性的规定已经相对完整。不过涉民营企业刑事案

---

① 参见杨依：《以社会危险性审查为核心的逮捕条件重构——基于经验事实的理论反思》，载《比较法研究》2018年第3期，第139页。

件有其特殊之处，实践中对这一条件的运用也存在把握不准的情况，立法仍有进一步规范的空间。

（一）以社会危险性条件为核心防止构罪即捕

在不少涉民营企业案件中，一旦企业或者企业负责人涉嫌刑事犯罪，公安司法机关便倾向于对其予以逮捕，而罔顾逮捕的其他条件。实际上，正如前文所述，逮捕的三大条件中，社会危险性条件才是其核心要素。在符合证据条件和罪责条件的前提下，决定对一个人捕与不捕，关键在于其是否具备立法规定的社会危险性情形。构罪即捕的做法颠倒逮捕三大条件的地位排序，将证据条件居于核心位置，不仅可能导致“以捕代侦”的问题，将逮捕作为侦查的手段，而且可能使得逮捕的其他条件被忽略，特别是社会危险性条件的评估被架空，出现滥用逮捕措施的情况。因此，笔者建议公安司法机关在对涉民营企业刑事案件适用逮捕措施时，应当转变思路，将逮捕作为保障诉讼顺利运行和预防社会危险性的手段，而非便利侦查的目的。同时，重视社会危险性条件的衡量，当犯罪嫌疑人、被告人已经符合基本的证据条件和罪责条件时，应当将工作重心放在其社会危险性的评估方面。

（二）结合涉民营企业犯罪特点衡量社会危险性

我国《刑事诉讼法》第 81 条第 1 款明确规定衡量犯罪嫌疑人、被告人逮捕社会危险性条件的几大要素。不过，在涉民营企业刑事案件中，公安司法机关在评估企业负责人社会危险性时，并非对所有要素采取平均态度，而是应当有所侧重。第一，涉民营企业刑事案件的罪名相对集中，主要是以融资类犯罪和腐败类犯罪为主。究其原因，一方面是由于不少民营企业存在融资难问题，另一方面是反映政商关系不够健康。因而，不少民营企业涉嫌刑事犯罪多少带有些“情有可原”的成分。从这个角度看，作为企业犯罪的担责者，企业负责人的人身危险性往往不能与其他普通犯罪嫌疑人、被告人相提并论。他们甚少在诉讼过程中对他人造成新的伤害，或者存在继续危害国家和社会的现实可能性。实施新犯罪或者有现实危险不是衡量其逮捕危险性的最重要因素。第二，古语有言：“有恒产者有恒心。”民营企业本身往往是企业负责人的主要经济来源和事业重心。他们难以抛弃自己辛辛苦苦创立的产业，为规避刑事追究而选择逃逸。从这个角度看，逃逸可能性也并非衡量其逮捕社会危险性的最重要因素。第三，在司法实践中，企业负责人欲逃避罪责，最可能实施的是隐匿证据、转移财产的行为。这主要取决于公安司法机关能否及时控制其财产或者其他涉案财物。因此，除了及时采取搜查、查封、扣押、冻结等措施以外，公安司法机关在评估涉案民营企业负责人的逮捕社会危险性时，应当将重点放在此类妨碍诉讼行为的可能性方面。亦即考虑其有无毁灭伪造证据、干扰证人作证或者串供的可能性，有无隐匿财产或者其他收入等情况。如果存在上述问题，则应当认为其具有社会危险性，须对其采取逮捕措施，以防止因证据毁损灭失导致诉讼难以顺利进行，以及因其转移资产导致诉后没有财产可供执行。

（三）重视认罪认罚因素与社会危险性的关系

对于认罪认罚的犯罪嫌疑人、被告人依法给予程序上从简或者实体上从宽，对于准确及时惩罚犯罪、强化人权司法保障、推动刑事案件繁简分流、节约司法资源、化解社会矛盾、推动国家治理体系和治理能力现代化，具有重要意义。近年来，最高人民检察院一直在全力推行认罪认罚从宽制度的适用。从2019年的数据看，全国近六成省份已经实现了适用率过半，达到70%适用率的省份有6个，其中重庆市维持在80%以上。今后，可能判处三年以下有期徒刑的案件，适用认罪认罚从宽制度的比例将达到80%以上。① 可见，认罪认罚从宽将成为刑事案件的普遍操作模式，涉民营企业刑事案件也不例外。除上述《刑事诉讼法》第81条的规定外，我国还在2019年颁布的《关于适用认罪认罚从宽制度的指导意见》第20条中明确要求，“犯罪嫌疑人认罪认罚，公安机关认为罪行较轻、没有社会危险性的，应当不再提请人民检察院审查逮捕。对提请逮捕的，人民检察院认为没有社会危险性不需要逮捕的，应当作出不批准逮捕的决定”。因此，公安司法机关应当继续重视认罪认罚因素在决定社会危险性中的重要地位。正如前文所述，民营企业负责人即使涉嫌犯罪，其人身危险性相较于其他犯罪嫌疑人、被告人是不高的。且其出于恢复企业生产、减少企业损失的目的，也更愿意选择通过认罪认罚的方式与公安司法机关进行合作，以换取人身自由。

---

① 参见吴晓峰：《检察机关推进认罪认罚从宽制度适用吹响冲锋号》，载《法制日报》2019年11月11日，第3版。

尤其是罪行较轻、认罪态度好且主动退赃退赔、赔偿损失、赔礼道歉，应当认为不具备社会危险性。①

五、余论

在涉民营企业刑事案件中遏制逮捕措施的滥用，逮捕条件的规范适用是重要前提。在不违背当前立法规定的前提下，公安司法机关应当谨慎认定逮捕的证据条件、精确限定逮捕的罪责条件并准确区分逮捕的社会危险性条件，从而减少以逮捕措施干预经济纠纷、处理行政违法，对企业负责人滥用逮捕措施，以及构罪即捕、以捕代侦等问题。但是，仅仅规范逮捕条件的适用是远远不够的，解决逮捕措施滥用问题，还有赖于逮捕审查机制的进一步完善。近年来，人民检察院致力于逮捕诉讼化改革。2020 年颁布的《人民检察院审查案件听证工作规定》第 4 条第 2 款更明确提出，“人民检察院办理审查逮捕案件，需要核实评估犯罪嫌疑人是否具有社会危险性、是否具有社会帮教条件的，可以召开听证会”。除了听证以外，律师的参与、批捕权的监督等，都是规范逮捕审查的有效策略。② 涉民营企业刑事案件往往具有较大的社会影响力，此类案件案情复杂、刑民交叉、证据线索繁多，应否对企业负责人或者其他人员施以逮捕措施，更是需要通过完善的程序机制予以解答。目前，我国并未就涉民营企业刑事案件如何适用逮捕审查机制，尤其是如何开展听证程序等予以具体规范，而这也已经成为并将继续成为逮捕制度研究的重中之重。

（初审：张逊昊；校对：沙桐）

① 参见赵恒：《涉罪企业认罪认罚从宽制度研究》，载《法学》2020 年第 4 期，第 122 页。

② 参见刘计划：《逮捕审查制度的中国模式及其改革》，载《法学研究》2012 年第 2 期，第 123 页。

学理新解

XUELI XINJIE

重构图尔敏论证模型

——兼答舒国滢先生所提“法学实践知识之困”

翁壮壮*

摘　要： 在《法学实践知识之困与图尔敏论证模型》中，舒国滢先生提出“法学实践知识之困”，其本质为法律实践的“确实性”问题，并通过对图尔敏论证模型学术脉络的介绍，明确重构模型作为化解之道的结论，但该文并未给出具体的重构方案。在明确图尔敏论证模型的内容与得失之后，可以发现后期图尔敏告别了前期更加注重形式有效性的观点，更加强调论证的领域依赖性和实质论证的有效性，并用可靠性置换了形式必然性。图尔敏模型缺乏立足于法官视角的观察，也缺乏对大陆法系裁判过程的观察，为此需要在领域依赖性的语境之下，立足于法律领域，重构图尔敏法律论证模型。具体的路径为置换原有论证模型之论证要素，在容纳原模型全部论证要素的模型的基础上，将各个要素置换入内部与外部两个论证层次，以融贯英美法系和大陆法系的论证形态，为化解“法学实践知识之困”提供专属于法律论证的图尔敏法律论证模型。

关键词： 法学实践知识之困；图尔敏论证模型；法律论证；图尔敏法律论证模型

一、重构之缘由：法学实践知识之困

舒国滢先生在《法学实践知识之困与图尔敏论证模型》中指出，寻求法律实践难题“确实性的”答案，是摆在法学研究者面前的迫切任务。① 法学研究

* 翁壮壮，华东政法大学法律学院2019级硕士研究生，华东政法大学法律方法研究院研究人员。

① 参见舒国滢：《法学实践知识之困与图尔敏论证模型》，载《国家检察官学院学报》2018年第5期，第72页。

之对象是法律裁判中以决定为中心的“法律理由”（ratio legis in case），此种法律理由具有“案件关联性”（Fallbezogenheit），[①] 联系着事实与规范两个世界，二者分别处于“是”和“应当”的维度。[②] 面向实践的法学研究对象的双重复杂性，导致案件事实的具体性质与法律概念的抽象性质之间产生巨大鸿沟与逻辑漏洞，且致使法学始终面临缺乏“确实性”的质疑。根据舒国滢先生的解读，“确实性”一定意义上也是“正确性的”或“可接受性的”。此命题被舒国滢先生总结为“法学实践知识之困”，又称“法律实践论证理论之困”，其在中国法学知识的生产样态上，便表现为法教义学与社科法学之争。为探求法学实践知识之困的化解之道，舒国滢先生将目光投向了法律论证理论，此种法学实践知识之困表现在法律论证领域，就是“法律论证理论能否提供确实性答案”之争。

围绕“法律论证能否提供确实性的答案”，学界曾展开激烈的争论。对于法律论证自主性之批判，主要表现在如下四个方面：第一，法律论证不能获得司法裁判的唯一正解，无法保证裁判结果完全正确。[③] 第二，法律论证依托的法律规则具有模糊性，不能形成判决结果的绝对共识。[④] 第三，法律论证缺乏对经验研究的关注和对中国现实的关怀，不能产生裁判效果的普遍说服。[⑤] 第四，法律论证掩盖了许多的法外因素，不能反映司法裁判的真实过程。[⑥]

但上述四种批判都存在诸多问题：第一，唯一正确的答案本身就值得怀疑，法律论证的过程更多只是或然推理的过程，不能形成必然的唯一正解。[⑦] 第二，不能确保决定唯一正确、不能确保形成绝对共识或普遍说服，是因为唯一正确

---

① 参见［德］N. 霍恩：《法律科学与法哲学导论》，罗莉译，法律出版社 2005 年版，第 38-40 页。

② See Hitchcock & Verheij, *Arguing on the Toulmin Model. New Essays in Argument Analysis and Evaluation*, Springer, 2006, pp. 237-239.

③ 参见苏力：《法条主义、民意与难办案件》，载《中外法学》2009 年第 1 期。

④ 参见陆宇峰：《“规则怀疑论”究竟怀疑什么？——法律神话揭秘者的秘密》，载《华东政法大学学报》2014 年第 6 期。

⑤ 参见陈瑞华：《从经验到理论的法学研究方法》，载《中国法律评论》2019 年第 2 期。

⑥ 参见陆宇峰：《“事实怀疑论”的浅薄与深刻——弗兰克法律现实主义再解读》，载《江汉论坛》2014 年第 10 期。

⑦ 参见杨贝：《法律论证的“能”与“不能”》，载《华东政法大学学报》2017 年第 2 期。

的结论、绝对共识或普遍说服本身就是不可能的目标。[①] 第三，不能主导司法裁判的形成过程，是因为法律论证的目标从来就不是描述或主导法律决定的形成过程，而是在裁判形成后增强其正当性，法律论证专注于如何提供理由，而非揭示法官形成裁判的实际原因。[②] 第四，依托于外部要素的后果主义论证只在数量较少的疑难案件之中为法官裁判提供指引，且此种指引必须受到法律规范目的之限制，法教义学并未忽略法外要素。

尽管法律论证存在诸多问题，但其具有不容忽视的三大优势。第一，法律论证能增强司法裁判的正当性。[③] 第二，法律论证能增强法律体系对社会的适应性。[④] 第三，法律论证能规范、评价法律人的说理。[⑤] 由此观之，尽管法教义学论证面临着诸多批判，但是这些批判大多并不能真正成立，更加不能忽视法律论证之优势，并且法律论证的自主性，乃是法的自主性当中方法自治的应有之义。[⑥] 但仅由此，并不能从一般的知识结构层面，回应法律论证理论面临的法学知识之困。

为此，舒国滢先生指出，在论证理论（包括法律论证理论）的发展中，英国当代哲学家斯蒂芬·图尔敏是不可绕开的人物，他被称为“当代论证理论的创始人之一”，在论证理论及其相关领域中具有举足轻重的地位。[⑦] 与此同时，

---

① 参见［英］以赛亚·伯林：《浪漫主义时代的政治观念：它们的兴起及其对现代思想的影响》，王崇兴、张蓉译，新星出版社2011年版，第32页；［德］哈贝马斯：《在事实与规范之间：关于法律和民主法治国的商谈理论》，童世骏译，生活·读书·新知三联书店2014年版，第273–290页。

② 参见杨贝：《论判决理由与判决原因的分离——对司法虚饰论的批判》，载《清华法学》2016年第2期。

③ 因总结人们的思维习惯、论证的基本结构、主要论据类型和论证方法，法律论证使得法律决定更易于为人接受。参见杨贝：《法律论证的“能”与“不能”》，载《华东政法大学学报》2017年第2期，第91–92页。

④ 参见杨贝：《法律论证的“能”与“不能”》，载《华东政法大学学报》2017年第2期，第92–93页。

⑤ 法律论证可以就是否需要提供理由、理由本身的证明力、理由之间的逻辑关系进行评价。同上注，第94页。

⑥ 参见翁壮壮：《法的自主性及其对法治的意义》，载《法律方法》第30卷，中国出版集团研究出版社2020年版，第110页。

⑦ 参见舒国滢：《法学实践知识之困与图尔敏论证模型》，载《国家检察官学院学报》2018年第5期，第79页。

舒国滢先生也指出，“理论界对图尔敏的论证图式存在着不少批评/商榷意见，故在理论上重构图尔敏模型是必要的，这就要求我们发展出一种基于当代逻辑背景的特殊的论证理论。这样经过改造的论证理论，才可能化解法律实践论证理论之困”。①尽管舒国滢先生介绍了图尔敏论证模型的内容、反思与运用，并向学界提倡对图尔敏论证模型进行重构，但其未在该文之中给出明确的重构方案，而是转向“作为法律证立理论的理性论辩理论”，从而跳出图尔敏论证模型，携带较为明显的阿列克西式印记。②但这并不意味着舒国滢先生重构图尔敏论证模型的倡议没有意义，恰恰是因为其分析切中图尔敏论证模型之要害，使得任何重构都显得很艰难，因而应者寥寥，也恰恰反过来证明，这是一个非常值得深入探讨的问题。不同于舒国滢先生精湛的外部改造路线，从图尔敏论证模型的内部改造路线出发，去思考图尔敏法律论证模型之可能性，是舒国滢先生曾经尝试的另一条进路。③只有立足于图尔敏论证模型自身，分析其“得”与“失”，才能更好地从内部进路出发，完成对图尔敏论证模型之重构，以化解法学实践知识之困。

二、重构之基础：图尔敏论证模型为何

英裔美籍哲学家图尔敏（Toulmin）是现代论证理论的开创者和当代修辞学理论不可或缺的代表人物。他的论证理论也对法律论证理论产生了重要影响。另外，阿列克西、菲特丽丝、阿尔尼奥、麦考密克等法学家以及人工智能与法律领域的学者亦在不同程度上受其影响。这一模型被引入中国后，对中国的法律论证理论产生了较大的影响，值得深入探讨其学术渊源。

---

① 参见舒国滢：《法学实践知识之困与图尔敏论证模型》，载《国家检察官学院学报》2018年第5期，第72页。

② 在《法学实践知识之困与图尔敏论证模型》结语部分，舒国滢老师建议通过图尔敏论证模型思考“法学实践知识之困”的问题，这意味着其并不排斥内部改造的进路。值得关注的是，其近期整理的《法学的知识谱系》，乃是从学说传统出发回答法学知识之困。

③ 这并非笔者的凭空想象。舒国滢、王夏昊和雷磊老师曾参考图尔敏模型说明德国法律论证理论之中的内部证成与外部证成，但为简便起见，三位学者略去“限定”“反驳”两项，使得该模型存在缺憾，本文即旨在延续三位老师的事业，填补此项缺憾。该图见舒国滢、王夏昊、雷磊：《法学方法论》，中国政法大学出版社2018年版，第93页。

（一）模型要素之释解

自诞生以来，图尔敏论证模型广受欢迎，成为论辩（discourse）中分析与建构论证的实用性工具。图尔敏关于逻辑以及日常推理的观点，对论证理论产生了极大的影响，他被认为是现代论证理论的奠基人之一。①

通过这一模型，图尔敏开辟出一条全新的研究进路，即“主张”（claim）可以通过对“相反主张”（opposite claim）的反击，来实现对自身的证成。图尔敏论证模型以“主张”（claim）②、“证据材料”（data）③、“保证”（warrant）④、“模态限定词”（qualifiers）⑤、“反驳”（rebuttal）⑥ 以及“支撑”（backing）⑦ 等新概念，力图取代传统三段论形式推理的“大前提”“小前提”“结论”这些传统概念。尽管在该书之中，图尔敏仅使用了狭义的论证（argument），没有提及广义的论证（argumentation），但图尔敏同时在书中指出，论证的主要作用乃

---

① 《论证的运用》得到哲学、法学、人类学等社会科学乃至科技领域权威期刊的广泛引用，使得图尔敏足以名列 20 世纪最具影响力的科学哲学家以及哲学逻辑学家的前十名。See R. P. Loui, *A Citation-based Reflection on Toulmin and Argument*, in Hitchcock & Verheij eds., Arguing on the Toulmin Model: New Essays in Argument Analysis and Evaluation, Springer, 2006, pp. 31-83.

② “主张”（claim）即想要证明和确立的结论，其是断言、命题、用语言表现出来的要求，且作出断言者必须自行证明断言成立，否则不是“色拉马叙霍斯”式的强力压制，便是“日常市井无赖式”的耍流氓。“主张”可以具有争议或受到挑战，但发出者面对挑战时须为其辩护。例如，“哈里是英国人”。

③ “证据材料”（data）是支持“主张”的事实或数据，一般属于客观事实。例如，“哈里出生在百慕大群岛”。

④ “保证”（warrant）解释如何从“证据材料”得到“主张”，即“主张”和“证据材料”的关联性，为这一过程提供“担保”。例如，“出生在百慕大群岛的人是英国人”。

⑤ “模态限定词”（qualifiers）表明正当理由对主张证明的力度或程度，旨在对主张进行相对准确的表述。例如，当已知哈里出生在百慕大群岛，但还不能100%断定哈里是不是英国人，则只能说，在一般条件下“哈里大概就是英国人”。“大概”就是一种“限定词”。

⑥ “反驳”（rebuttal）即通过提出对理由（ground）、保证（warrant）或支撑（backing）的反对意见，怀疑其正确性，推动对从理由（ground）/证据材料（data）到主张的正确性的反思。例如，当哈里出生在百慕大群岛，如果双亲是中国人，哈里可能入中国国籍。或者哈里已经移民美国，这些都称为“反驳”。

⑦ “支撑”（backing）进一步支持正当理由，指一定的事件状态和法律规定，具有可变性和领域依赖性。例如，对方进一步质疑，问“为何在百慕大群岛出生的人，就是英国人呢”？与之对应的支撑是，“因为在英国的制定法中，就殖民地出生者的国籍有明文规定”。

是支持主张，实质上其等同使用狭义的论证（argument）与广义的论证（argumentation）。

由于采取客观中立的视角，图尔敏在后来的哲学著作之中没有再提及这一模型。但这并不意味着其忽视这一模型的重要性。值得注意的是，在图尔敏与雷基（Rieke）、雅尼克（Janik）1979 年合著的《推理入门》之中，再次提及这一模型。在这本合著之中，图尔敏将其模型之中的“证据材料”（data）这一概念变更为“理由”（ground）。该模型又可区分为简单图式与复杂图式，分别如下：①

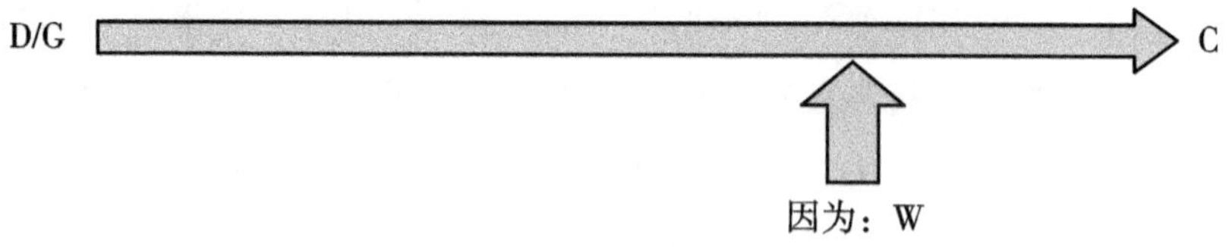

图 1　图尔敏论证模型的简单图式

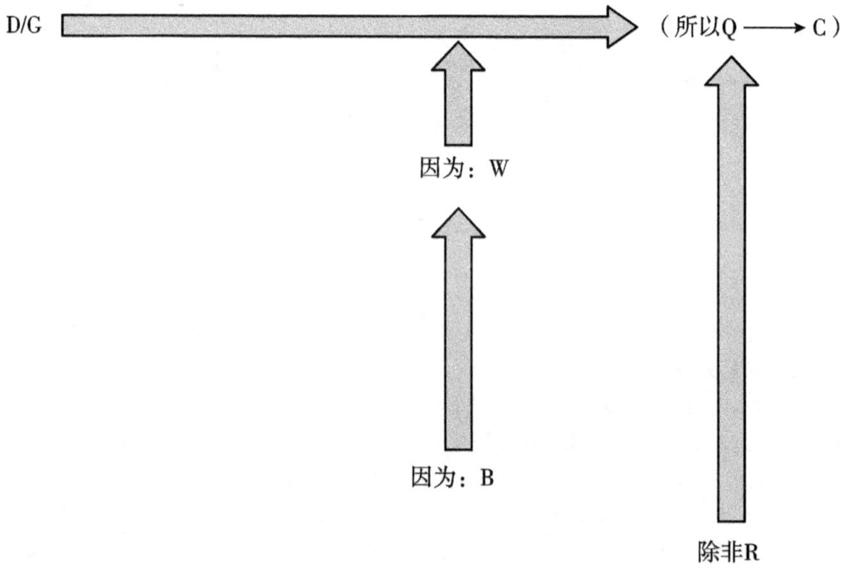

图 2　图尔敏论证模型的复杂图式

---

① Toulmin, *The Uses of Argument*, Cambridge University Press, 2003, p. 97. 关于此模型应用的著名实例，即“亨利是英国人”的论证过程。See Frans H. van Eemeren et al., *Handbook of Argumentation Theory*, Springer, 2014, pp. 219-220.

图尔敏认为，论证要素可以区分为共同要素和非共同要素。前者指的是在所有领域均一致的共同要素，这些要素的普遍属性被称为“领域不变性”。后者指的是随着论证领域变化而发生变化的特定要素，这些特定要素的属性被称为“领域依赖性”。① 图尔敏指出，论证的基本程序是领域不变的（field-invariant），而论证的具体标准却是领域依赖（field-dependent）。图尔敏论证模型与法律论证之间的关联是，均包含在命题的证成过程中起不同作用的步骤，并且这些步骤都依照特定的程序进行。② 除此之外，图尔敏认为两者还存在更多的相似之处，即“主张 C 相当于刑事诉讼中检察机关提出的指控，证据材料 D 相当于证据，保证 W 相当于案件相关的法定或约定的规范内容，支撑则可以类比为法条或者法律专著之中与本案相关的理论内容”。③

由此观之，在司法裁判中，法律论证的基本程序与图尔敏论证模型是相似的，双方当事人提出诉讼请求，并围绕诉讼请求提出证据进行证明，法官通过结合案件事实适用相关法律规范，最终做出判决。

（二）前后期论证有效性标准的变化

在《论证的运用》一书中，针对论证的有效性问题，图尔敏似乎认为，在已决案件（a case has been made out）之中，如果法律论证是依据必要程序进行的，那么这个法律论证就有效，从证据材料 D 到主张 C 这一步骤所提供的保证 W，就是充分的，并且被认为具有权威性。保证 W 是否充分，要看其能否证成从证据材料 D 到主张 C 这一步骤，并由此确保主张 C 的准确性，判断主张 C 是否需要引入模态限定词 Q。保证 W 是决定论证有效性的关键要素，因为其明示从证据材料 D 到主张 C 步骤的合理性以及原因。保证 W 是否具有权威性，则要看其是否能获得即时的接受，或者从支撑 B 处获得权威。④

在《论证的运用》之中，图尔敏认为，论证形式是领域不变的，但论证有

---

① See Frans H. van Eemeren et al., *Handbook of Argumentation Theory*, Springer, 2014, p. 213.

② See Frans H. van Eemeren et al., *Handbook of Argumentation Theory*, Springer, 2014, p. 222.

③ Ibid.

④ See Toulmin, *The Uses of Argument*, Cambridge University Press, 2003, pp. 110-111.

效性则不完全是领域不变的，其既具有领域不变的有效性，又具有领域依赖的有效性。前者指程序必须被无误地实施，后者指论证的有效性取决于保证 W，保证 W 又从支撑 B 处获得权威。支撑 B 可以因领域的不同而不同，可以是法律规定、审美规范、道德判断、心理模式或者数学公理。① 在《逻辑、修辞与理由：纠正与平衡》之中，图尔敏强化了自己的早期观点——“有效性本质上是领域依赖的”，明确指出不仅保证 W 和支撑 B 是领域依赖的，甚至论证发生的场合、面临的风险以及作为人类活动的“论证”的语境细节，也是领域依赖的。② 由此观之，图尔敏从前期同时强调论证有效性的形式与实质侧面，转至后期突出强调论证有效性的实质有效性这一侧面。

之所以会出现此种转变，是因为图尔敏认为传统逻辑学对大前提与小前提的区分过于简单，事实上这两种前提的作用非常不同，以至于不宜将其统称为“前提”（premise）。大前提既可以被解释为保证 W，也可以被解释为支撑 B，把大前提解释为保证 W 和支撑 B，对作为证据材料 D 的小前提来说，产生的作用极为不同。如果将大前提解释为保证 W，那么论证是形式有效的，但如果将大前提解释为支撑 B，即使该解释是完全可以接受的，但论证仍旧明显不具有逻辑学角度的形式有效性③，只能从广义上讲这一论证是可靠的。针对此种不符合日常认知的现象，图尔敏认为，以支撑 B 和保证 W 作为前提的论证有效性，并不取决于其形式，而是最终取决于支撑 B，判断其是否充分的标准，是领域依赖的。④

由此观之，后期的图尔敏认为，论证有效性的真正来源并不完全依赖于形式有效性。形式论证也无法生产新的知识，其结论之中并不蕴含新的信息，只能得到同语重复（tautology）。因为形式论证的结论所蕴含的信息并没有任何的

---

① See Frans H. van Eemeren et al., *Handbook of Argumentation Theory*, Springer, 2014, p. 223.

② See Toulmin, *Logic, Rhetoric and Reason. Redressing the Balance*, in Frans H. van Eemeren eds., Argumentation Illuminated, Sic Sat, 1992, pp. 3-11.

③ 形式有效性指列举所有的证据材料 D 和支撑 B，若否定结论则会导致与证据材料 D 和支撑 B 的正向不一致或矛盾。See Toulmin, *The Uses of Argument*, Cambridge University Press, 2003, p. 113.

④ See Frans H. van Eemeren et al., *Handbook of Argumentation Theory*, Springer, 2014, pp. 223-225.

不确定性，但也正因如此，此种情况甚至完全不需要论证。① 但对实质论证而言，由于限定词的存在，其结论之中可能蕴含诸多新信息，其内部蕴含的不确定性反而能够实现论证的目的。现实生活之中存在着大量的日常论证，倘若将形式有效性这一标准完全适用于日常论证，会扼杀掉一部分处理新信息的机会。

三、重构之关键：模型之“得”与“失”

通过对图尔敏论证模型的梳理，可以更好地明确图尔敏论证模型的“得”与“失”，为重构图尔敏论证模型的工作奠定扎实的基础。

（一）“得”：“有效性”与“必然性”为何

对法律论证而言，图尔敏论证模型之“得”主要体现在两个方面：第一，重新厘定法律论证的“有效性”，指出法律论证并非简单的分析三段论，因此具备生产新知识的潜力。第二，就论证结论的检验标准而言，将必然性置换为可靠性标准，明确指出法律论证乃是一种实质论证，并非简单的知识重复，同时也并非被预先或事后给定的非理性解答。

1. 重新界定“有效性”

图尔敏认为，逻辑学家普遍主张论证可以被普遍性的规范所评价，是因为其误以为论证有效性完全取决于形式，即在判断某个论证是否有效时，无须考虑前提的具体内容。但是论证的主题是什么，论证想解决什么问题，这些都很重要。在《知与行》之中，图尔敏将此种观点称为“有效性的几何模型”，该观点主张自然语言可以满足那些几何学理论同样严格的论证标准的要求。② 图尔敏认为，在亚里士多德式的逻辑学中，“有效性”被等同于几何模型理论之中的“形式有效性”，此种有效性也可以被称作“演绎”有效或“分析”有效。这意味着对分析三段论而言，所有的结论都可以从前提之中必然推出，但分析

---

① See Toulmin, *The Uses of Argument*, Cambridge University Press, 2003, p. 117. 当然，希契柯克曾主张这是错误的，他认为在具备形式有效性的论证中，结论蕴含前提信息并非完全显而易见。根据哥德尔的不完全定理，任何一致的算数公理必然包含该公理所援引的基础逻辑所不能证成也不能证伪的信息。

② See Toulmin, *Knowing and Acting*, Macmillan, 1976, p. 71.

三段论并不完全等同于“演绎”论证的理想型，因为这将导致实质论证无法通过形式方法来展现其具有的说服力。① 因此，图尔敏认为，对实质论证形式有效性的否定，源自将分析论证当作理想型的观点。

图尔敏自然并不赞同这一狭隘的“几何学”意义上的有效性概念。他赋予了“有效性”更为广泛的意义，并认为逻辑不仅是一门与数学紧密相关的追求“理想化类型”的学科，而且是一门建立在论证实践基础上的、追求与知识论更紧密相关的学科。② 图尔敏论证模型乃是针对普遍意义上的实质论证展开的，只是通过对比在司法程序之中如何使某个主张合理化的理论尝试。③ 图尔敏对过往将“形式”（form）理解为分析三段论的模式予以批判。实际上，图尔敏认为，形式有效性（formal validity）并不构成论证可靠性的充分条件。他对“形式”的定义不仅更加宽泛，而且与形式有效性之中的“形式”有着本质的不同。在逻辑学中的“形式”，是一个准几何学式的、可以被用来做精确分析的概念，就像可以使用欧拉图来完成论证那样。图尔敏将“形式”视为程序术语（procedural term），恰如法律实务工作者也在类似意义上使用“形式”一词。④ 但真正将该词纳入法律领域并进行分析的工作，是由德国著名法社会学家尼各拉斯·卢曼完成的。

准确地讲，图尔敏扩大解释“有效性”的根本目的，是希望借此使得逻辑学具有较少先验科学的意味，并变得更加符合经验取向和历史取向。实际上，图尔敏将自己提出的领域依存理论，拓展到诸如道德和美学这类科学研究之外的领域。⑤ 他认为法律实践更多关注的是命题的合理化问题，同时法庭上的诉争焦点可能涉及各种不同领域。法律领域更加注重法律程序，而论证理论更加追求一般意义上的“理性过程”。⑥ 具体到法律论证领域，图尔敏力图在追求绝对确定性的法律理性主义与主张绝对的不确定性的法律决断主义这两种极端的

---

① See Toulmin, *The Uses of Argument*, Cambridge University Press, 2003, pp. 20–21.

② Ibid. p. 234.

③ 图尔敏的做法与莱布尼茨类似，后者最终也转向将司法论证作为一种论证模型。

④ See Frans H. van Eemeren et al., *Handbook of Argumentation Theory*, Springer, 2014, p. 212.

⑤ Ibid. pp. 211–212.

⑥ See Frans H. van Eemeren et al., *Handbook of Argumentation Theory*, Springer, 2014, pp. 212–213.

立场之间，找到一个“阿基米德支点”，即法律论证的实践推理进路，使得法官得以立足于具体个案，对保证 W 进行自由裁量。图尔敏认为，传统的三段论形式逻辑并不能直接适用于包括法律推理在内的实践推理之中，他反对极端的法律理性主义与极端的法律决断主义，并时刻警惕“原则的暴政”与“运算的迷梦”。①

由此观之，在图尔敏看来，法律论证绝非简单地分析三段论，其论证有效性，乃是围绕其要素——保证 W 展开的。因此，法律论证并不需要像自然科学一样，用一种机械精准的思考方式，得出对所有相关个案之解答，而是立足于现有的法律规范体系，以裁判形式对法教义学进行展开的知识运作过程。

2. 将“必然性”解释为“可靠性”

图尔敏指出，实质论证系那些结论并未包含在前提之中的论证。在逻辑学与数学之中的论证并不会原原本本地发生在日常实践论证之中，这些领域的著作也不会讨论发生在日常生活或学术领域的论证。如果以形式有效性的标准对日常生活之中存在的论证进行评价，那么绝大多数在日常生活或者法学研究中完全可以接受的论证，将被评价为无效。但这无疑将阻碍人类关于实践的知识的发展。正是为了克服这一困局，图尔敏提供实质论证的方案。② 由此观之，由于法律论证的结论并未必然包含在大前提与小前提之中，所以法律论证乃是一种实践论证，而非一种纯粹理论意义上的形式论证。

更为确切地说，图尔敏认为，实质论证的结论之“必然性”，来自其证据材料 D（后期为理由 G），然而必须注意，此种实质论证领域的“必然性”，并非逻辑学意义上的“必然性”。③ 针对实质论证的“必然性”问题，图尔敏认为，就“前提能否证成其结论”这个问题而言，并不存在单一的能够普遍适用于所有论证的逻辑规范。最终，论证的标准还是取决于论争问题的自身性质。④ 因此，图尔敏通过区分分析论证和实质论证两大领域，重新界定实质论证领域的“必然

① 参见宋旭光：《法学视角的图尔敏论证理论》，载《法制与社会发展》2014 年第 1 期，第 161 页。

② See Toulmin, *The Uses of Argument*, Cambridge University Press, 2003, p. 116.

③ Ibid. pp. 18-20.

④ See Frans H. van Eemeren et al., *Handbook of Argumentation Theory*, Springer, 2014, pp. 210-211; Toulmin, *Reasoning in Theory and Practice*. in Hitchcock & Verheij eds., Arguing on the Toulmin Model. New Essays in Argument Analysis & Evaluation, Springer, 2006, pp. 25-29.

性”的概念，将该“必然性”解释为“论证的可靠性”（the soundness of arguments），而非分析论证领域的逻辑学意义上的形式有效性（formal validity in the logical sense）。[①] 两者的区别是，分析论证的“必然性”标准（逻辑学意义上的形式有效性标准）认为，不论在任何领域，都存在着逻辑学意义上的通用标准。然而，“论证的可靠性”标准则指出，在不同的论证领域，论证结论的可靠性标准是不同的，因此实质论证并不具备逻辑学意义上的普遍必然性。

图尔敏将实质论证领域的“必然性”解释为“可靠性”，对逻辑研究产生了深远的影响，此后的逻辑学家不再局限于研发形式有效的推理形式系统，且不顾该论证所适用的论域。就法律论证而言，在事实发生与判决作出之间，存在着三个断层：第一，涉案事实发生在过去与裁判结果出现在未来之间的断层。第二，个案裁判的特殊性与法律规范的普遍性之间的断层。第三，裁判者主观价值与客观理性之间的断层。法律论证的过程就包含了与未来相关的“判决结论”（特殊规范命题），与过去相关的“作为大前提的规范”（普遍规范命题）和“作为小前提的事实”（事实命题），前提与结论分别属于不同的理论逻辑类型。因此，尽管法官的结论可以说是“似真”的，但是它并不必然能够从前提之中推出，前提仅构成论证可靠性之来源。图尔敏证明分析论证领域的“必然性”标准，并不适用于作为实质论证领域的法律论证。法律论证乃是一种实质论证，不只是简单的知识重复，同时也并非被预先或事后给定的非理性解答，而是依据“论证的可靠性”之标准，弥补前述的三个断层。

（二）“失”：与法律实践存在间隙

在图尔敏看来，法律领域只是论证发挥作用的一个论坛（forum），并非所有的纠纷都必须进入法院之中进行处理。[②] 司法裁判中法官的法律论证具有法律决断的性质，一旦在法定期限内做出司法决断，对双方当事人都具有法律上

① See Frans H. van Eemeren et al., *Handbook of Argumentation Theory*, Springer, 2014, pp. 210-211.

② 只有通过充分的法律论证，法院才有可能说服当事人接受判决，避免上诉后被改判的风险。图尔敏根据英国判例指出，不同层级的法院法律论证的重心有所区别，分别构成法律领域这个论坛之中的两个活动场所。当事人只有无法通过有效方式达成妥协，才会选择将案件提交至具有执行强制力的法院进行纠纷解决。参见宋旭光：《法学视角的图尔敏论证理论》，载《法制与社会发展》2014 年第 1 期，第 161-164 页。

的约束力。与法律论证类似，道德论证也属于实践论证，但其无须在法定期限内完成，可以持续性地进行商谈，对人的约束力也往往限于事实上的约束力和心理上的约束力，不具有法律上的约束力乃至物理意义上的强制力。① 因此，法律论证和其他实践论证在具体标准与道德论证上均存在不同，甚至在不同类型的诉讼之中，相关案件的证据证明标准与当事人的证明负担都是不同的，在处理相关法律问题时，特别是在司法机关处理相关案件的过程之中，必须依赖法律领域内的标准予以解决。② 具言之，论证模型之“失”主要表现在两个方面：第一，立足于判例法当事人主义的想象，缺乏从法官视角的有效观察。第二，忽视对以德国为代表的大陆法系裁判过程的考察，没有为两大法系裁判模式提供对接空间。

1. 缺乏立足于法官视角的观察

图尔敏主张，法学是一门关于实践智慧的学问，在司法裁判的过程中，对充分的一般化的理由（ratio）之探求，远比教条式地适用法律规则更为重要。③ 立足于图尔敏的论证模型，④ 卢曼指出，法律论证是法律系统的一种运作模式，但却是一种特殊类型的模式，一种专门进行自我观察的模式。在法律论证发生的范围内，法律系统并不将自己视为一个（环境中的）系统，而是一个相互指

① 为表明法律论证与道德论证的类似性，图尔敏曾类比“Common law”和“Jurisprudence”，创造“Common morality”和“Morisprudence”，即二者均有实践论证的面向，而非纯粹的形式逻辑论证。同上注，第 159 页。

② 就论证程序而言，图尔敏的论证模型服务于包含伦理论证、道德论证在内的广泛领域，就论证标准而言，则根据讨论领域的不同，具有不同的论证标准。当运用到法学领域之中，其论证标准必须对应做出调整。由此观之，图尔敏论证模型以英美法系的当事人诉讼为模型展开，不主要解决法律论证的问题，而是提供一般意义上的实践论证模型。See Toulmin, *The Uses of Argument*, Cambridge University Press, 2003, pp. 20-21.

③ Ibid. pp. 7-8.

④ 卢曼在图尔敏基础之上指出，法律论证自行利用区分观察、描述法律事件，论证内容可以区分为“理由（ground）/错误”。理由可以被用来继续充当说理论证内容，但根据逻辑与经验法则，错误则不可以。理由又可以区分为好和坏（或者次好的）理由，法律论证必须遵循法律系统合法/非法的二值符码，迫使人们根据理由的说服力予以评估。See Niklas Luhmann, *Legal Argumentation: An Analysis of its Form*, translated by Lain Fraser, The Mordern Law Review, Vol. 58: 285, pp. 285-298 (1995); Francesco Belvisi, *Legal Argumentation and Justice in Luhmann's System Theory of Law*, International Journal for the Semiotics of Law-Revue internationale de Sémiotique juridique, Vol. 27: 341, pp. 341-357 (2014).

涉的文本集合。[①] “法律系统如果为了其观察（区别）支配足够形式，就能从其环境的观点观察自己或者从自己的观点观察环境。但不管是形式的或是概念的，是实体的或利益相关的，论证是并且仍然是内部操作。”[②] 法律系统在自身存续和发展的过程中，不能动辄接受其他系统的符码，继而丧失其自主性。可以说，法律系统从全社会中分出（differentiated）的过程，就是法律教义学从道德解释、后果主义解释等其他解释中逐步分出并不断标识法律系统的过程。因此卢曼指出，人们可以通过两种方式辨识出法律论证：它属于法律系统，并且区别于其他系统的运作。

图尔敏论证模型在法律领域之中的应用，更多的是侧重于当事人及其委托人对诉讼活动的一阶观察。但当事人乃是法律系统之环境，其围绕争诉焦点展开攻防论辩的诉讼活动，仅仅对法律系统产生输入信息的作用。[③]

这一输入信息的作用具体表现为，在简单案件之中，此种被输入的信息被法律系统标示为“冗余”，法律系统在对应诉讼类型的诉讼框架之内，依托对现有的相关法规范的解释、理解和适用，便可完成其法律论证活动。在疑难案件之中，此种被输入的信息则被法律系统标示为“惊异”，法律系统在对应诉讼类型的诉讼框架之内，依托对现有的相关法规范的解释、理解和适用，并不能很好地完成其法律论证活动，甚至很难完成其法律论证活动。[④] 但归根结底，此种当事人的理由提供，只能对法官的司法裁判产生激扰，并不能直接主导法律系统最终做出裁判的结果。在疑难案件之中，当法律文本无法为应当如何做出裁判提供明确的指引时，就必须做出一种论证性的区分。对此图景进行观察已经是二阶观察，即观察对文本的观察，或者说法律系统对当事

---

① 参见［德］尼克拉斯·卢曼：《法律论证：对其形式的分析》，钟浩南译，载《法律方法》第26卷，中国出版集团研究出版社2019年版，第28页。

② Niklas Lnhmann, *Law as a Social System*, Oxford University Press, 2004, pp. 344-348.

③ 当事人提供的论证理由并不完全是法律论证，也包含政治、经济、道德、宗教、科学等其他系统中的各种理由，但这些外部理由均丧失与法律系统的直接相关性。参见［德］鲁曼：《社会中的法》，国家教育研究院主译，李君韬译，五南图书出版公司2009年版，第201-203页。

④ 参见翁壮壮：《后果主义论证取代法教义学论证？——基于系统论法学和新Toulmin论证模式的考察》，载《研究生法学》2020年第1期。

人的观察。①

在图尔敏论证模型之中，各种各样的命题都会出现在论证过程之中，但正如在司法领域中那样，所有论证都应当符合可识别的固定程序。此种作为论证程序的固定程序，首先将议题转化为问题形式，其次列举可能的解决方案，排除那些不够直截了当的方案，最后对这些可能的方案加以权衡。在这一过程之中，如果达成唯一正确的答案，图尔敏称之为“必然”解决方案。除此之外，需要在若干个可能的解决方案中，选择出所谓的“最佳”解决方案，这些解决方案，并不是真正的“最佳解决方案”，只要求其看上去是“最佳”解决方案。② 但值得关注的是，结合图尔敏的论证模型之开端——主张（claim），实际上是从当事人视角和律师视角出发去探寻所谓的解决方案，并非从法官视角去寻找解决方案，也不完全对应法官法律论证过程，反而更加接近于从当事人的视角出发，给出基于主张（claim）和围绕主张（claim）展开的模型。因此，图尔敏论证模型与以法院裁判为核心的现代司法现实之间存在隔阂。

2. 缺乏对大陆法系裁判的观察

尽管图尔敏模型受到英国判例法的影响，但并未对大陆法系的法律论证理论进行考察，因此很难具备直接融贯大陆法系与英美法系两大法系的潜力。在英美法系国家，完整的判例由判例标题、案件事实、判决理由（ratio decidendi）和附带意见（obiter dictum）四个部分构成。其中，判例的内部结构主要由案件事实和判决理由构成。案件事实是对判决案件的一种摘要性说明，也即一种对案件发生的背景、经过及争议的描述，类似于我国判决书之中的案件事实部分。案件事实的意义在于揭示案件的核心争议焦点和属性，对其归纳是否准确将影响到先例原则的适用范围。判决理由系相对于附带意见而言，是指构成判例规范的那一部分，有时也被称为“判决理由概要”（syllabus）。其中，案件事实部分将会成为争议案件或者待决案件据以比较的基点，由此才能展开“区分技术”和“寻找相似性”。判决理由将成为类比推理的起点与核心，以后的法官

① 卢曼认为，一阶观察者仅阅读法律文本并直接按照字面含义去理解。二阶观察者则追问应当怎样阅读和理解文本，以及文本阻止何种论证。三阶观察者应当追问论证具有什么功能，以及论证者为何会满意具有好理由的判决。

② See Frans H. van Eemeren et al., *Handbook of Argumentation Theory*, Springer, 2014, p. 214.

首先需要从先例的判决理由之中抽出规则或原则，然后通过比较做出是否将其适用于争议案件中的决定。先例原则乃是一种权衡性的理由，作为排他性理由的制定法规则总是处在优先的地位，并可以排除先例原则之适用。① 由此观之，此种区分判决理由与附带意见、区别相似点与不同点的双重区分框架，构成英美法系基于先例的类比推理。这也是图尔敏论证模型所依托的制度性背景。

但是，大陆法系的司法裁判过程与英美法系的司法裁判过程存在非常大的不同。首先，类推适用发生的场合不同。对于大陆法系而言，其大致上遵循“法律解释—利益衡量—漏洞填补”的论证顺位，所谓英美法系基于先例的类推适用，仅仅发生在大陆法系的漏洞填补环节，换言之，仅仅出现在大陆法系的疑难案件之中。② 其次，对大陆法系而言，在不同的案件类型之中，对于类推的适用态度也有所不同。在民事案件之中，对类推抱有较为宽容的态度，但是在刑事案件之中，则严格限制类推适用，并特别禁止不利于犯罪嫌疑人的类推。英美法系则相对并未严格限制。最后，就类推的结构层次而言，大陆法系的法律类比具有双重结构，在案件事实的结构层次上，法律类比同样涉及两个事实对象之间的相似度测算，而在规范的结构层次上，法律类比涉及对判例依据的追寻。但是在英美法系中，案件事实部分将会成为争议案件或者待决案件据以比较的基点，并决定后续相关规则与原则之适用，因此表现出单一事实结构下的双重区分框架。③

由此观之，英美法系与大陆法系的司法裁判过程呈现出明显的不同之处，故而如何为兼容两大法系保留空间，同样也是改造图尔敏模型所必须关注的问题。值得注意的是，图尔敏论证模型之“失”，或许并非来自图尔敏论证模型

① 参见孙海波：《疑难案件与司法推理》，北京大学出版社2020年版，第231–236页。

② 当代德国法学方法论对于类比运用问题的研究，可以分为三种基本理论路径：一为传统路径。代表人物为强调制定法的决定性评价与类比运用的卡尔·拉伦茨，强调“本质性一致与类比运用”的卡尔·恩吉施，以及强调作为超越法律之法发现的类比的卡纳里斯。二为诠释学路径。代表人物为将类比作为规范与事实的调适的阿图尔·考夫曼，以及将类比作为事实构成之展开的哈斯默尔。三为分析性路径。代表人物为强调逻辑与相似性之圈的乌尔里希·克鲁格，以逻辑与制定法作为基本思想的特奥多尔·黑勒，以及将类比作为论证基本模式的罗伯特·阿列克西。并非法学家的图尔敏对此鲜有关注。参见雷磊：《类比法律论证：以德国学说为出发点》，中国政法大学出版社2011年版，第4–5页。

③ 参见孙海波：《疑难案件与司法推理》，北京大学出版社2020年版，第231–236页。

本身的问题，而是在将原本并非针对法学实践领域的图尔敏论证模型，应用到法律领域之后出现的具体问题。

四、重构之路径：图尔敏法律论证模型

通过前述对图尔敏论证模型的分析，可以发现其缺乏立足于法官视角的观察，也缺乏对大陆法系裁判的观察。因此，重构图尔敏法律论证模型时，也必须立足于此两个方面。但值得注意的是，重构本身并非目的，重构所要解决的问题才是重构所要实现的目的。自 1978 年以来的社会转型与分化带来的复杂性，促进法律系统的分出及其功能的独立。① 法律系统的分出，又反过来为社会系统的功能分化提供了保障机制。② 1999 年"依法治国"写入《宪法》，是中国法律系统从全社会特别是政治系统之中开始分出的标志。2014 年党的十八届四中全会《公报》指出："坚持依法治国首先要坚持依宪治国，坚持依法执政首先要坚持依宪执政。"此后通过健全宪法实施和监督制度，完善全国人大及其常委会宪法监督制度，健全宪法解释程序机制，中国宪法开始承担起维系社会系统的功能分化的功能。由此观之，有必要在重构图尔敏论证模型的过程之中，将之限定在法律系统领域，提供新的图尔敏法律论证模型。

（一）置换原有论证模型之论证要素

尽管图尔敏曾有将原有模型论证要素与法律论证要素对应的想法，但因其致力于提供一般论证模型而非法律论证模型，故其本人并未予以落实。因此，为了勾连其两大法系的论证模型，有必要将图尔敏之思路真正付诸实践，需要

---

① 改革开放 40 多年来，中国社会从"熟人社会"转型为"超大规模陌生人社会"，对中国的法治模式提出全新挑战，转型后的当代社会的复杂性远非传统社会可比拟。参见泮伟江：《超大规模陌生人社会治理：中国社会法治化治理的基本语境》，载《民主与科学》2018 年第 2 期，第 23-26 页。

② 随着改革的深入，个体利益出现并逐渐多元化，无法简单通过政治化方式解决个体私益的保障、个体与个体之间的冲突、个体利益与国家利益的冲突，需要通过实证法建立稳定的规范预期，否则难以建立以契约为基础的市场经济，这要求独立自主运行的法律系统并有效发挥功能。参见李忠夏：《宪法变迁与宪法教义学：迈向功能分化社会的宪法观》，法律出版社 2018 年版，第 246-247 页。

先置换原有论证模型之论证要素，将其与法律论证要素真正对应起来。

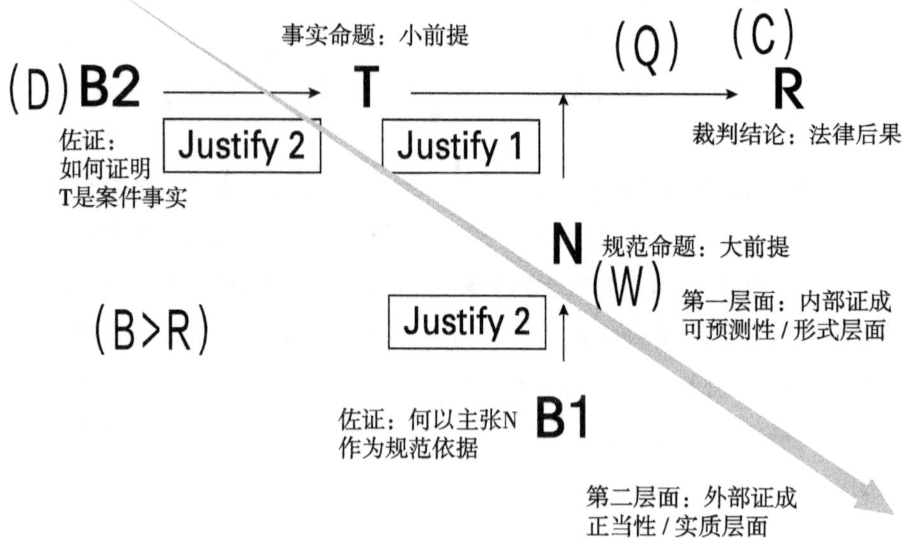

图 3　重构后的图尔敏法律论证模型

第一，把主张 C 置换为法官做出的裁判结果 R。图尔敏论证模型最终要证成的要素为主张 C，其根基在于满足当事人的利益诉求，并非必然为了追求公正的裁判。因此，主张的本质乃是一种策略行为，并不必然从客观适用法律规范与真实探求案件事实角度出发，去探求合理裁判结果的中立裁判行为。换言之，主张这一策略行为的本质在于，通过提供相关的证据材料 D 和保证 W，说服法官接受当事人提出的对自己有利的主张，最终实现当事人自身的利益诉求。但是当事人的利益诉求，并不一定与法官追求客观公正判决的要求相一致，甚至有可能会发生冲突。与此同时，主张 C 的策略行为性质，决定其并不必然动用法律系统内部的要素来完成说服工作，而是往往通过动用法律系统内部之外的要素来完成自己的说服工作，去换取社会民众的同情，甚至可能通过提升案件的社会公开度，追求为法官施压的不当目的。事实上，主张 C 的提出，乃是证成主张 C 之起点，而主张 C 之证成，乃是证成主张 C 之终点，但对于裁判结果 R 来讲，其并不需要明确出现在对应的起点位置。易言之，在相关案件中，双方当事人负有开示自己主张 C 的义务，但法官却并没有预先开示自己根据长期司法经验判断得出初步结论之义务。因此，考虑到当事人利益与裁判公正之间的不一致性，以及开示义务上的区别，应当把原先图尔敏论证模型中的主张C，置换为法官做出的裁判结果R。

第二，把证据材料D置换为法官用以认定案件事实的证据材料D，并经过程序法对生活事实的裁剪，提取出相应的案件事实T。证明者提出主张C，也可以表达出某种断言、观点、喜好、意见和判断。当该主张被质疑时，提出主张者理所应当地承担对其的证明责任。此时，主张者需要提供证据材料D来支持其主张。值得注意的是，在法律论证的领域，论证者与挑战者的身份并非一成不变，其并不严格对应法庭诉讼之中的原告与被告，如在相关案件事实的证明过程之中，究竟由原告还是被告证明相关的案件事实，取决于相关证明规则究竟将举证责任分配给原告还是被告。如果将举证责任分配给原告，那么原告就是证明者，被告就是挑战者。如果将举证责任倒置给被告，那么被告就是证明者，原告就是挑战者。但一般而言，挑战者并不会承认这些证据材料的准确性。在此种情况下，论证者需要为排除异议做好准备。此种挑战可能是无休止的，会使得相关的法律纠纷之争议解决变得遥遥无期，违背法律规定的审理期限要求，同时极大地加剧双方当事人的负担。即使所需要提供的证据材料的准确性已经被认可，其他的论证要求也可能接踵而至。因此，必须设置中断此种质疑，特别是那种中断“无限制之质疑”和“无休止之质疑”的法律规范。需要注意的是，虽然图尔敏并未明确区分，但证据材料D并不等同于案件事实T，其只是有待于相关实体和程序法律规范，特别运用证据法律规范来检验案件事实T是否存在的、由双方当事人提出的相关证据材料，其事实上处于证成案件事实的B2阶段。

第三，把保证W置换为对适用于该案的法律规范N。在法庭诉讼之中，挑战者可能要求论证者解释证据材料D何以能够证明其所论证的主张。法律论证的第三步要求论证者说明证据材料D能够合理证明主张的理由或保证W。保证可以是陈述某条规则、原则等具有普遍性内容的命题。① 一般来说，这一普遍性命题类似于卢曼提出的“纲要”，以假设的形式出现，即“如果证据材料D成立，那么主张C成立”。图尔敏认为，证据材料D与保证W之间的主要差别

---

① See Frans H. van Eemeren et al., *Handbook of Argumentation Theory*, Springer, 2014, pp. 216-217.

在于，证据材料指向主张的事实基础，即用何种材料去作为对主张的支持。保证 W 则展示证据材料 D 如何指向有待证明的主张 C，即如何从证据材料 D 之中得出相关的主张 C，更加具有普遍性的色彩。两者之间的次要差别在于，证据材料 D 往往是明示的，但是保证 W 则是隐含而有待发现的。[①] 由此观之，此种具备授权作用的 W，实质上非常接近法律案件的相关法律规范 N。事实上，提供保证 W 的过程，就是寻找、解释、理解与适用法律规范 N 的过程，其对应证成大前提 N 的 B1 阶段。

第四，将模态限定词 Q 置换为对法律规范大前提 N 和案件事实小前提 T 的限制。模态限定词 Q 包括“必然”“可能”与“不可能”三种情形，可以将其分别适用于法律规范的适用以及案件事实的认定。模态词的功能在于，标识出该步骤中所涉及命题的确定性程度，或者说话人对这一命题的确信度。从所有可能的解决方案中脱颖而出的唯一正确方案，被称为“必然”方案或“确定方案”。如果解决方案并不那么确定，或者受限于特定条件，那么则需要“可能”“大概”这样的模态词。当模态词被置换到法律规范的适用过程时，“必然”代表确定适用某条法律规范，“不可能”代表确定不适用某条法律规范，“可能”代表是否需要适用某条法律规范，值得进一步探讨可能需要引入外部证成的环节。当模态词被置换到案件事实的认定时，“必然”代表某案件事实是被法定证据确定无疑地证明了的，“不可能”代表某案件事实是确定无疑地被法定证据推翻了的，“可能”则需要区分不同案件类型并考虑具体情形加以认定，涉及不同的证据认定标准。在民事案件之中，此种“可能”的案件事实，需要符合高度盖然性的标准，在刑事案件之中，此种“可能”的案件事实，需要符合排除合理怀疑的标准。

第五，将图尔敏的反驳 R 纳入法律领域进行讨论，可以置换为如下的两种情形：其一，反驳经过理解、解释过程形成的法律规范大前提 N。其二，反驳被初步认定和推定的案件事实小前提 T。前者又可区分为基于法律的反驳，和基于经济、政治、道德等法外要素的反驳，后者主要指基于实体法和诉讼法，特别是证据法上反证的反驳。限制大前提法律规范 N 适用的情况，出现在证成/反驳大前提 N 的 B1 阶段，限制案件事实小前提 T 最终形成的情况，出现在证

① See Toulmin, *The Uses of Argument*, Cambridge University Press, 2003, p. 92.

成/反驳小前提 T 的 B2 阶段。

第六，将支撑 B 置换为相关的法律论据。在面对反驳 R 之后，证明者需要提供支撑 B，以化解此种反驳 R 可能会对保证 W、证据材料 D 甚至主张 C 造成的消解。在此，需要区分论证的维度与论证的层次，词义论证和目的论证是相对独立的两个论证维度，论辩参与者可以同时也可以先后在这两个维度上展开论辩，但不论如何，其在逻辑上都是可以区分开的。与此不同，论据是在论证活动之中提出某项主张所凭借的依据，包括语义学论据、发生学论据、体系论据、目的论据等，其可以被运用到不同的论证维度之上。就此而言，此种一般法教义学上的依据，构成图尔敏意义上的支撑 B。① 值得关注的是，只有当支撑 B>反驳 R 时，最终的裁判结果才能证成，当反驳 R>支撑 B 时，最终的裁判结果则不能被证成。

（二）划分原有论证模型之论证层次

我国学者舒国滢、王夏昊和雷磊曾经参考“图尔敏模型”（Toulmin Model）说明德国法律方法论之中的内部证成与外部证成，但是为了简便起见，略去了图尔敏原图之中的“限定”与“反驳”两项，使得该模型存在缺憾。② 其缘由便在于少了前述置换要素的过程，只讲两者的类比便停留在直观对比层面。经过置换要素之后，可以无遗漏地将图尔敏论证模型的各个要素，置换入新法律论证模型之中，以推进前述三位学者的尝试。

由图 3 可知，图尔敏论证模型中的保证 W 和主张 C 分别置换为法律规范大前提 N 和裁判结果 R。将前文的证据材料 D 置换入对案件事实小前提 T 的证成过程 B2 之中，作为形成案件事实 T 的材料。将前文的支撑 B 置换入对法律规范大前提 N 的证成依据 B1 之中，作为形成法律规范大前提 N 的支持。将模态限定词 Q 分别置换入对案件事实小前提 T 的证成依据 B2 或对法律规范大前提 N 的证成依据 B1 之中，作为排除性择取案件事实 T 和排除性适用法律规范 N 的启动装置。将反驳 R 分别置换入对案件事实小前提 T 的证成依据 B2 或对法律

① 参见雷磊：《类比法律论证：以德国学说为出发点》，中国政法大学出版社 2011 年版，第 95 页。

② 参见舒国滢、王夏昊、雷磊：《法学方法论》，中国政法大学出版社 2018 年版，第 93 页。

规范大前提 N 的证成依据 B1 之中，作为对排除性择取案件事实 T 和排除性适用法律规范 N 的理由性装置。“N+T→R”的三角区域属于内部证成，而“B1→N”“B2→T”则属于外部证成。

在简单案件之中，通常只需要“N+T→R”的逻辑演绎工作即可完成，这一点传统的法律论证模型也可以清晰地呈现。但在疑难案件之中，情况则略显复杂。传统的法律论证模型更加注重对支撑 B 的论述，却缺乏对反驳 R 的充分论述，使得支撑 B 与反驳 R 之间的关系也随之晦暗不明。通过对实质论证的强调，图尔敏法律论证模型改变了传统法律论证模型更加注重内部证成层次的形式推理、忽视外部证成层次的实质论证之倾向，在形成最终结论之前，更加强调对支撑 B 与反驳 R 关系进行实质考察，以确定在外部证成层次的支撑 B 究竟能否成立。与此同时，传统的法律论证模型并没有明确将证据材料 D 和案件事实小前提 T 区分开来，导致存在混同证据材料 D 与案件事实小前提 T 的风险。图尔敏法律论证模型则通过划分论证层次，在外部证成层次把证据材料 D 置换为法官用以认定案件事实的证据材料 D，明确不能直接将证据材料 D 等同于内部证成层次的案件事实小前提 T。

事实上，疑难案件可以区分为法律规范疑难案件和案件事实疑难案件两大类型，前者又可以区分为法律规范解释疑难案件、法律规范选择疑难案件、法律规范缺失疑难案件三种子类型，后者又可以区分为案件事实认定疑难案件和案件事实不明疑难案件这两种子类型。前述五种子类型所面临的疑难情形，都需要通过外部证成层次予以澄清，图尔敏法律论证模型则可以清晰地完成此种工作。

第一，在法律规范解释疑难案件之中，法律规范大前提 N 往往存在多种解释的可能性。此时需要提供论证理由，以确定对法律规范的大前提 N（保证 W）的何种解释，才是应当被适用到个案之中的解释。此种论证支撑 B1，必须大于其他解释方案背后的反驳 R。否则，不可以作为适用到个案之中的解释。

第二，在法律规范选择疑难案件之中，法律规范大前提 N 并未被具体确定为相关的具体法律规范，而是存在多种法律规范的适用方案。此时需要提供论证理由，以确定选择何种法律规范适用方案中的相关法律规范，才是应当被适用到个案之中的法律规范。此种论证支撑 B1，必须大于其他适用方案背后的反驳 R，否则不可以作为适用到个案之中的相关法律规范。

第三，在法律规范缺失疑难案件之中，现有的法律体系无法直接提供法律规范大前提 N，此时需要适用类比论证，完成法律规范的续造工作，但被续造出的规范，必须符合相关法律原则和法秩序的内在精神。此种提供法律规范大前提 N 的续造支撑 B1，必须大于反对此种续造的反驳 R。否则，难以认定续造工作符合相关法律原则和法秩序的内在精神，也不能将续造出来的法律规范 N 适用到相关案件之中。

第四，在案件事实认定疑难案件之中，现有的证据材料 D 难以强有力地直接形成案件事实 T 的具体形态，此时需要运用相关民事、行政或刑事程序法和证据法，来拟制或推定相关案件事实的具体形态。以刑事诉讼为例，在缺乏直接证据的场合，证明相关案件事实的形态时，需要环环相扣且彼此间无矛盾的间接证据。在不同类型的诉讼之中，此种案件事实的形成标准和支撑 B2 的实质内容也是不同的。但不论在何种诉讼之中，此种案件事实认定背后的支撑 B2，必须大于否认此种案件事实形态的反驳 R。

第五，在案件事实不明疑难案件之中，缺少证据材料 D 直接形成案件事实 T，此时需要综合考虑诉讼种类、证明责任、举证责任倒置以及举证不能等程序法与证据法因素，去拟制和推定相关案件事实的存在与否。以民事诉讼为例，当双方当事人就案件事实的存在与否发生争议时，需要根据本证和反证的情况，判断谁负有率先证明案件事实存在与否的证明责任。但值得注意的是，在刑事诉讼之中，如果无法通过符合法定标准的证据链条判定犯罪嫌疑人有罪，则应当适用疑罪从无原则，而非疑罪从轻。

需要补充说明的是，在个案之中，前述五种子类型还会以组合的形式同时存在，但处理路径则是一致的，在图尔敏法律论证模型内，对症下药予以应对即可。事实上，仅仅依靠演绎推理并不足以解决此种疑难案件时，需要分情况应用后果主义论证、原则论证和类比论证，而这已经超出本文的讨论范围，需要另文讨论，在此仅抛砖引玉。

（三）融贯英美与大陆法系论证形态

经过前面两个部分的作业，已经可以发现图尔敏法律论证模型适应于大陆法系的基本论证形态，即“法律规范大前提 N+案件事实小前提 T→裁判结论 R”，也适应于大陆法系疑难案例的处理方式。至此，过去传统的图尔敏论证模型缺乏对大陆法系裁判观察的缺憾得以弥补。但其究竟如何实现融贯英美法系与大陆法系的论证形态，仍需要补充说明，特别是需要介绍图尔敏法律论证模型如何适应于尚未充分论述的英美法系的论证形态。

初看起来，英美法系与大陆法系的论证形态呈现出巨大的差异，即前者依靠判例之间的对比完成司法裁判和相关的论证工作，后者则依靠在抽象的法律规范和具体的案件事实之间来回穿梭来完成司法裁判，似乎是两种不可能融贯的论证形态。但深究下去，英美法系主要依靠以判例为基础的普通法完成司法裁判工作，特别依赖于判例内部结构中的案件事实和判决理由，并以此为基础实现同案同判。从判决理由之中抽取出来的规则或原则，扮演了类似于大陆法系法律规范大前提的角色。只是其适用并非无条件的，如果要把先前判例适用到法官所面临的案件之中，必须说明两个案件之间的相似性，此种相似性乃是相关规则或原则得以适用的前提。此种对案件之间相似性的说明，事实上处于图尔敏法律论证模型的外部证成层次，对此种相似性的支撑 B1，必须大于对此种相似性的反驳 R。否则，两个案件之间的相似性难以得到证明。

由此观之，英美法系和大陆法系在法律论证的形态层面，呈现出“貌离而神合”的样态，重构后的图尔敏法律论证模型，恰好可以融贯英美法系和大陆法系的两种法律论证形态，把两种形态作为特殊适用情形纳入图尔敏法律论证模型之中。因此，图尔敏法律论证模型呈现出了“一体两型”的样态。其中，“一体”指的是将英美法系当事人导向的图尔敏论证模型之中的要素，置换入法官导向的大陆法系法律论证框架之后，重构形成的图尔敏法律论证模型。“两型”指的是，图尔敏法律论证模型可以同时适用于大陆法系和英美法系的法律论证形态，但是在“两型”的具体运作的细节上却存在着前文所述的差异，即尽管都是依赖于模型中的要素进行运作，但是要素具体所指涉的内容和运作的方式却存在着细微的差异。

具言之，从模型视角上看，在法官导向的大陆法系法律论证模型之中，法官司法裁判的视角占据较为关键的地位，一旦进入法庭诉讼进程之中，法官便处于查明案件事实的积极主动状态，当事人对法庭诉讼进程的推动居于相对次要的地位。在当事人导向的英美法系法律论证模型之内，当事人对法庭诉讼进程的推动居于较为关键的地位，法官司法裁判的视角则相对处于消极被动的状态，其对案件事实的认定，更多地依赖于当事人提供的证据材料对案件事实的证明程度，通常法官并不具有查明绝对真相的责任。这就产生“两型”在具体运作层面的差异。

就内部证成层次而言，大陆法系的法官通常会较为充分地将“法律规范大前提 N+案件事实小前提 T→裁判结论 R”的思维过程，展现到最终的判决书之中。英美法系的法官则通常会运用“IRAC”方法，即依次运用“Issues”（问题）①、“Rules”（规则）②、“Application”（应用）③和“Conclusion”（结论）④，较为充分地完成与大陆法系法官相类似的工作。尽管在内部证成层次上，二者表现出形式论证结构层次上的高度相似，但对各个要素的具体使用呈现出较大差异。对大陆法系的法官而言，其在司法裁判之中所依赖的法律规范大前提 N，来自高度形式化的正式法律渊源，如《瑞士民法典》第 1 条便明确了法律、习惯法、法官法、学理及判例的适用顺位。这表明大陆法系的法官并不能直接绕开制定法，去直接诉诸相关学理即判例。但是对英美法系的法官而言，恰恰判例法构成其司法裁判最为重要的法律规则来源。对于大陆法系的法官而言，其通常会更倾向于参与到案件事实 T 的形成过程之中，甚至负有主动查明案件事实 T 的职责，因而对案件事实 T 的最终样态起到不小的塑造作用。但是对英美法系的法官而言，案件事实 T 的塑造更多的是双方当事人依据证据法则进行案件事实塑造博弈的过程，法官要做的工作只是根据双方当事人对诉讼进程的推动，将双方当事人塑造的案件事实整理与固定下来。

就外部证成层次而言，虽然大陆法系的法官通常会在判决理由之中，较为详细地阐述其推导出法律规范大前提 N 和案件事实小前提 T 的论证支撑 B，但是其往往不会在判决书之中写明此种支撑 B 的反驳 R。因此，很难从判决书之中推断出，为何大陆法系的法官选择了判决书上的论证支撑 B，而没有选择其面临的其他反驳 R 所转化成的其他支撑 B，易言之，无法从大陆法系法官的判决书上，直观地感知到在法律规范大前提 N 和案件事实小前提 T 背后，论证支撑 B 与反驳 R 的论证强度比较过程，在学理上则往往将其模糊化为法官的法感

---

① “问题”即法律问题的简称，指法官、陪审团、仲裁者等必须解决并决定法律争议结果的问题。

② “规则”即找出能帮助解决法律问题的法律规则。

③ “应用”即把规则应用于相关事实。

④ “结论”即根据法律大前提与事实小前提推导出法律结论。

或自由裁量。对英美法系的法官而言，情况则明显不同。具体来说，尽管先例中有拘束力的并非其全部判决，而是“判决理由”部分，法官的附随意见以及异议法官的意见（dissenting judgments）等其他内容只具备劝说力而没有拘束力，但是异议法官的意见却作为反驳 R，被书面化记载到判决之中，方便后来的法官去处理相关案件。值得关注的是，尽管此种反驳 R 在先例之中，在论证理由的竞争之中，落败于该案之中的“判决理由”（该案的支撑 B 和法律规范大前提 R），但并不意味着其最终丧失与此种获胜的支撑 B 较量的机会，其只是进入“休眠”的潜在状态。在英美法系的司法实践中，情形往往更为多样化，如在堕胎等系列案件之中，在若干年后，审理类似案件的法官觉得该意见非常具有说服力，就规避该案中的判决理由却采纳其反对意见即反驳 R，这样该反驳就随之“苏醒”，构成具有法律拘束力的“判例法”，甚至同一条法律意见也会经历从“判决理由”贬低为“异议法官的意见”，然后再次获得重生，重新上升为判决理由。改造之后的图尔敏法律论证模型，很好地反映了此种支撑 B 与反驳 R 的动态博弈的过程。

与此同时，对明确引入论证层次后的图尔敏法律论证模型而言，其各要素被放置于法律领域予以特殊化，并且被安置于不同的论证层次，增强了理性色彩。对强调职权主义的大陆法系法律论证模型而言，通过要素对接，也增强了大陆法系法律论证模型的当事人论辩式色彩，有助于推动法庭诉讼当事人主义在大陆法系的生根发芽。因此，此种“一体两型”的法律论证模型，为英美法系与大陆法系法律论证模型的融贯保留空间，也为我国的法律论证理论提供新思路。①

---

① 2020 年 7 月 31 日，最高人民法院发布《关于统一法律适用加强类案检索的指导意见（试行）》（以下简称《指导意见》），进一步以规范性法律文件令“同案同判”制度化，明确承办法官在四类特殊情形下应当检索类案并制作检索报告。不过，该意见仅概括性地提出了断案件类似性的宏观比较点，但如何在众多案例中挑选真正具有相似性的案件，仍然是一项十分艰难、复杂的工作。根据学者孙海波的近期研究，若想使用类比推理拓展规则的适用范围，必须达致一种更“深层次的相似性”判断，因此必须完善“相似性判断的实质论证”。参见孙海波：《重新发现“同案”：构建案件相似性的判断标准》，载《中国法学》2020 年第 6 期。本文重构的图尔敏法律论证模型，同样可以较好地满足此种相似性判断中的实质论证需求。类似尝试参见孙光宁：《图尔敏论证模型在指导性案例中的运用及其限度——以指导性案例 23 号为分析对象》，载《湖北社会科学》2017 年第 7 期。

五、结语

通过对图尔敏论证理论的梳理，可以发现其对司法裁判高度形式化的法律技术主义思潮，进行了一定程度的反思。但由于其缺乏立足于法官视角的观察，也缺乏对大陆法系裁判过程的观察，因此并不能很好地解决法学知识之困。改造后的图尔敏法律论证模型立足于法律领域，通过置换原有模型之论证要素，在容纳原模型全部论证要素的模型基础上，将各要素安置于内部与外部两个论证层次之中，以融贯英美和大陆法系的论证形态，可为思考“法学实践知识之困”带来更多启发。德国诗人莱纳·玛利亚·里尔克（Rainer Maria Rilke）曾在《杜伊诺哀歌》中讲述了一位年轻的少年逝者通过寻找体现自我价值的角色来获得意义。对攀登“原苦之山”的少年而言，此去仍是茫茫“无声的宿命”，其尚不能够靠自己的步伐，踩出音响来。对法学而言，其所要攀登“原苦之山”，便是“法学实践知识之困”。尽管已经在图尔敏论证模型的基础之上重构图尔敏法律论证模型，但对法律论证而言，其能否依靠此项改造去踩出音响，最终告别此种“无声的宿命”呢？这一“哀歌式”的追问，或已随着理论成败之风裹挟掠过了“法学实践知识之困”的风尘界碑，成为一个难以言说的问题。但不论如何，图尔敏法律论证模型，都为化解此种困境提供一条道路。

（初审：石家韵；校对：马越）

破解刑法中行为论之困：从概念思维到类型思维

张伟隆[*]

摘　要：传统研究进路下的刑法中行为论围绕着行为概念的定义展开研究，但是现有的各种行为概念都或多或少存在缺陷，无法完全实现行为论的机能。从思维方式的维度观照历来的行为论，可以发现陷入困境的根源在于固守概念思维。在概念思维下，行为论不仅面临着行为概念的定义难题，也存在过于封闭及空洞的弊病。刑法中的行为应当作为一种类型来描述，而不应作为一个概念来定义。在类型思维的指引下，刑法中行为的本质在于“可能损害法益”“外部性”和“人的主体性”，由此可以构造出行为这一类型的整体图像。作为类型的行为能够克服以往行为论的缺陷，也能完全实现行为论的机能，从而可以作为整个犯罪论体系的基底。

关键词：行为论；行为概念；概念思维；类型思维

一、问题的提出

近现代刑法中，犯罪是行为，“无行为则无犯罪”的理念被普遍接受，这意味着刑法关注和规制的对象是行为。正如马克思所说：“对于法律来说，除了我的行为以外，我是根本不存在的，我根本不是法律的对象。”① 因此，刑法中的行为问题在犯罪论乃至整个刑法体系中都处于基础性地位。在大陆法系刑法理论中，行为是建构犯罪论体系的基本要素。“这一结论，已被犯罪是‘符合

* 张伟隆，中山大学法学院2019级刑法学硕士研究生。

① 《马克思恩格斯全集》（第2版第1卷），人民出版社1995年版，第121页。

构成要件、违法并且有责的行为'的定义所承认。"① 在这个犯罪概念中，"行为"作为基底与评价对象，有关犯罪构成的诸要素都是附丽在行为之上的修饰语，由此，"'刑法解释论'的骰子在行为研究的后期才能投下"②。关于这种犯罪构成评价之前的行为的研究，在大陆法系刑法学中被纳入行为论的范畴。行为论是大陆法系刑法理论中的重要内容，而行为论的研究基本上都聚焦于对行为概念的探索。自黑格尔提出刑法中的行为概念始，③ 大陆法系刑法学者围绕着行为概念进行了长达百余年的争论，至今仍未达成共识。

反观我国传统的刑法学理论，犯罪构成之前的行为并未受到关注，因而并不存在独立的行为论。长期以来，我国刑法理论中只有"危害行为"的概念，而没有构成要件前的一般行为的一席之地。有的虽然没有使用"危害行为"这一术语，但也只是在危害行为的含义上进行阐释。④ 显然，大陆法系刑法学中的行为与我国传统刑法学中的危害行为是处在不同层次上的两个概念，前者是刑法所欲判断的对象，后者是经由客观构成要件评价后的结果。但问题在于，构成要件之前的行为是整个犯罪构成理论得以搭建的平台，在未明确作为评价对象的行为之时就径直展开犯罪构成的讨论，存在逻辑上的疏漏。正如我国台湾学者柯耀程所说："在逻辑思维的基础上，惟有先确立评价客体之后，方才会发生对于客体的评价，也就是必须先确认行为之资格后，方能进入刑法对于行为的评价体系。"⑤ 也就是说，应当厘清评价客体与客体之评价的逻辑顺位，在展开犯罪构成理论之前，有必要为刑法评价的对象划清一个最初的范围，而这就是行为论最初的理论功能之所在。

于是，越来越多的学者开始提倡在我国的刑法学中建构独立的行为论，并

---

① ［日］大谷实：《刑法总论》（第2版），黎宏译，中国人民大学出版社2008年版，第90页。

② ［德］汉斯·海因里希·耶赛克、托马斯·魏根特：《德国刑法教科书》（上册），徐久生译，中国法制出版社2017年版，第299页。

③ 黑格尔从自由意志的角度阐释行为的内涵："意志作为主观的或道德的意志表现于外时，便是行为。"参见［德］黑格尔：《法哲学原理》，范扬、张企泰译，商务印书馆2010年版，第116页。

④ 参见童伟华：《犯罪构成原理》，知识产权出版社2006年版，第60页。

⑤ 柯耀程：《变动中的刑法思想》，中国政法大学出版社2003年版，第11页。

赋予其体系性地位。[①] 在目前的行为论研究中，我国学者大都沿着大陆法系刑法理论的研究方向继续推进，也即探究刑法中的行为概念，尝试对行为作出准确定义。例如，黎宏教授在考察大陆法系刑法理论中的行为概念之后，结合我国刑法的规定提出“具有社会危害性的身体动静”的行为概念；[②] 胡东飞教授则认为行为应当是“侵害合法权益并应受刑罚处罚的身体动静”。[③] 诚然，概念是法学研究最基本的工具，甚至可以说是刑法教义学的基础，恰当的概念有助于建构逻辑严明、前后融通的刑法理论体系。但是，研究行为论的最终目的是否在于寻求一个颠扑不破的概念？况且，这种对行为进行内涵明确、外延清晰之定义的尝试是否能成功本身就值得怀疑。实际上，经由大陆法系刑法学者百余年的探索之后产生的种种行为概念，都存在各自的缺陷，以至于理论上出现了否定行为论的见解，主张全面抛弃位于构成要件之前并能够普遍适用的行为概念。[④] 这不得不让我们反思一直以来以定义行为概念为中心的行为论研究范式。在建立我国行为论的进程中，如若亦步亦趋地跟从大陆法系刑法理论的研究路径，难免会深陷同样的理论困境。的确，由于我国传统刑法理论中行为论的缺失，我国行为论的建立与发展不可避免地需要借鉴大陆法系刑法理论中已有的研究成果，但我们首先应当对其进行批判性的审视，避免陷入同样的理论泥潭。

怀着以上的问题意识，本文首先考察传统研究进路下大陆法系刑法理论中

---

① 例如，王充教授认为，我国刑法学由于混淆了行为论与犯罪论，因而导致行为论与犯罪论的机能都无法实现。为了解决这个问题，有必要确立独立存在的行为论，以区别作为行为存在论的行为论和作为行为属性论的犯罪论。参见王充：《中日犯罪论体系的比较与重构——以行为论与犯罪论的关系为视角》，载《中国法学》2006 年第 6 期，第 59-60 页。陈兴良教授也赞同这一观点。参见陈兴良：《行为论的正本清源——一个学术史的考察》，载《中国法学》2009 年第 5 期，第 183-184 页。

② 参见黎宏：《论刑法中的行为概念》，载《中国法学》1994 年第 4 期，第 80 页。

③ 参见胡东飞：《犯罪构成视野中的行为概念——兼谈“犯罪”认定的观念指导》，载《中国刑事法杂志》2002 年第 5 期，第 37 页。

④ 参见陈家林：《外国刑法理论的思潮与流变》，中国人民公安大学出版社 2017 年版，第 122 页。对行为概念的批判集中于新古典犯罪概念的犯罪论发展阶段，在这一时期，人们试图以各种不同的方法来解决行为论的难点，如以态度概念（Begriff des Verhaltens）代替行为概念（Handlungsbegriff），或者完全放弃行为概念，直接在构成要件适当性上开始犯罪构成的评价。参见［德］汉斯·海因里希·耶赛克、托马斯·魏根特：《德国刑法教科书》（上册），徐久生译，中国法制出版社 2017 年版，第 282-283 页。

的行为论，揭示其缺陷及问题的根源，在此基础上尝试将一种新的思维形式引入行为论，以求开创刑法中行为论的新局面。

二、传统研究进路下的行为论

如前所述，大陆法系刑法学中的行为论基本上是围绕着构成要件前的行为概念而展开的。行为论有其特定的机能，一般认为，一个恰当的行为概念应当实现以下行为论的机能：(1) 作为统一要素的机能（统一机能）。“在犯罪都是行为（行为以外没有犯罪）的意义上，行为应当具有将所有的犯罪形态统一在行为之内的机能”①，以保证刑法上可以归属的行动不是异质特征的混杂，而是一种统一的意义。② 也就是说，行为应当为所有刑法所欲规制的对象提供一个上位概念，将故意、过失、作为、不作为等形式的犯罪都包含在内。(2) 作为结合要素的机能（结合机能）。在建构犯罪论体系时，将违法的、有责的、可罚的这些评价内容结合起来的是行为这一概念。③ 这就要求行为概念不能“把任何应该在后面评价阶段作为属性加入的因素纳入自身”④，也就是说，行为的价值与功能不得与后续的犯罪评价相重合，故有学者将构成要件前的一般行为称为“裸”的行为概念。(3) 作为界限要素的机能（界限机能）。行为概念首先把作为刑法性评价对象的行为和非行为予以区分，否定不具有刑法评价价值的形态的行为性，将其排除在刑法性评价领域之外，以此确定刑法性评价的最低限度。⑤ 换句话说，行为概念需要为刑事处罚划定最初的界限，以使非属行为的自然现象、社会现象以及单纯的思想和态度等从一开始就被排除在犯罪之外。

行为论的机能是理想的行为概念所应完成的基本任务，同时是检验一种行为概念是否合格的标准。为寻求同时具备上述三项机能的行为概念，大陆法系

---

① ［日］曾根威彦：《刑法学基础》，黎宏译，法律出版社 2005 年版，第 183 页。

② 参见［德］格吕恩特·雅科布斯：《行为 责任 刑法——机能性描述》，冯军译，中国政法大学出版社 1997 年版，第 68 页。

③ 参见张明楷：《外国刑法纲要》（第 2 版），清华大学出版社 2007 年版，第 61 页。

④ ［德］克劳斯·罗克辛：《德国刑法学总论》（第 1 卷），王世洲译，法律出版社 2005 年版，第 147 页。

⑤ 参见金昌俊：《韩国刑法总论》，社会科学文献出版社 2016 年版，第 32 页。

刑法学者进行长达百余年的探索，提出各式各样的行为概念。

（一）行为概念的演变及其缺陷

大陆法系刑法学者对行为的认识与自然实证主义的发展变化具有紧密联系，因果行为论是在19世纪自然实证主义思潮的影响下产生的，其将行为理解为一种物理的因果事实，认为行为是通过科学观察而予以把握的客观现象。李斯特是因果行为论的代表人物，他认为“行为（Handlung）是相对于外部世界的任意举止（willkuerlliches Verhalten）”①。然而，目前已经很少有学者明确主张因果行为论，因为对于不作为来讲，并不存在因果行为论所说的可以进行科学观察的影响外界的自然过程。如果贯彻因果行为论，不作为将不能被纳入行为的范畴，行为的统一机能就不能实现。可以说，因果行为论存在缺陷的根源在于其只注重客观的因果流程。

基于这样的认识，从主观意思的角度界定行为概念的目的行为论被提出。韦尔策尔是目的行为论的集大成者，他认为，行为是由正在进行操纵的意志（Willen）所支配的、为了实现目的而作出的人类的举止。② 目的行为论所带来的一个重要变革是“把过去一般在责任论中作为问题对待的故意观念视为目的行为的本质要素”③，从而能够更好地解释和建构有关故意犯罪的理论。但是，目的行为概念并不能将过失特别是无认识的过失行为纳入其中，使得行为的统一机能无法实现。从本质上来看，“目的性”并不是所有犯罪行为的一个共同特征，因此目的的行为概念并不适合作为整个犯罪论的基底。

因果行为论和目的行为论都是存在论意义上的行为论，这种行为论具有一定的机械性而解释力不足。随着新康德主义的兴起，规范性要素开始在行为概念中占主导性地位，由此产生了社会行为论。社会行为论认为“行为是具有社会意义的人的身体动静”④。社会行为论通过“社会意义”这样一种上位观念，

---

① ［德］李斯特：《德国刑法教科书》，徐久生译，法律出版社2006年版，第176页。

② 参见［德］乌尔斯·金德霍伊泽尔：《刑法总论教科书》（第6版），蔡桂生译，北京大学出版社2015年版，第43页。

③ ［日］大塚仁：《刑法概说（总论）》（第3版），冯军译，中国人民大学出版社2003年版，第98页。

④ ［日］大谷实：《刑法总论》（第2版），黎宏译，中国人民大学出版社2008年版，第92-93页。

使得在存在领域不可结合的要素在规范领域实现了统一，从而可以将作为与不作为、故意与过失等形态囊括其中，实现行为作为统一要素的机能。但是，社会行为论的核心要素“社会意义”或者说“社会重要性”，因过于宽泛而遭受批判。也即对外产生影响的任何举止都可以算是具有“社会意义”，由此导致行为的界限机能难以实现。

如果说社会行为论是对因果行为论进行规范要素补充而产生的，那么人格行为论就可以说是对偏重主观的目的行为论进行规范填充的产物。人格行为论认为，行为是一种作为人格的表现。① 与目的行为论相比，人格行为论能够说明过失犯罪的行为性，因为过失犯罪虽然不具有特定目的，但可以被规范地评价为一种人格的表现，所以可以实现行为的统一机能。但是，人格行为论同样存在社会行为论过于抽象的固有缺陷。此外，人格表现被认为“在结局上和‘有责’是同等意思，于是行为概念事先替代了‘责任’”②。这一方面使得作为评价客体的行为与有责性的评价发生重叠，导致行为作为结合要素的机能无法实现，另一方面又可能将不具备有责性的行为提前排除在刑法的界限之外。

从以上行为论的发展可以看出，存在论下的行为概念过于狭隘，规范论下的行为论又失之过泛。这就使得刑法学者只得另辟蹊径，寻求其他的定义方法，否定的行为概念便是一种认识行为的新视角。否定的行为概念认为，行为是处于保证人地位的人员“可能回避而不回避”（das vermeidbare Nichtvermeiden in Garantenstellung）。这种观点主张，在未能回避结果发生的这一点上，积极作为与消极不作为是同质的，于是行为可以被统一在“不回避”之中。③ 然而，“在刑法上对不可避免性不负责任，无须新的认识，这是不言自明的。相反，刑法上具有重要意义的结果的可避免性并不是一个行为问题，而是其他事件归责于行为人的行为问题。”④ 也就是说，“能回避而不回避”只是说明行为人具有责

---

① 参见［德］克劳斯·罗克辛：《德国刑法学总论》（第1卷），王世洲译，法律出版社2005年版，第160页。

② ［日］大谷实：《刑法总论》（第2版），黎宏译，中国人民大学出版社2008年版，第92页。

③ 参见张小宁：《“否定行为论”的内涵及意义》，载《东岳论丛》2016年第10期，第109-110页。

④ ［德］汉斯·海因里希·耶赛克、托马斯·魏根特：《德国刑法教科书》（上册），徐久生译，中国法制出版社2017年版，第305页。

任而应受刑事处罚的理由之一，并不涉及行为本身。否定的行为概念与其说是一个行为概念，不如说是犯罪概念的一个方面。

（二）放弃行为论的观点之否定

经过上百年的探索，仍然没有找到一个令人满意的行为概念，这似乎导向这样一种无可奈何的结论：行为论是一项“不必要且不可能达成的任务”，继续开展行为论的研究不过是在做无用功，应当完全放弃作为基底的行为。[①] 不少学者提出：“脱离构成要件该当性的判断来讨论行为本身（裸的行为论），几乎没有什么意义。”[②] 这种观点怀疑甚至否定行为论的意义，转而主张只需讨论构成要件中的行为，因而被称为（与行为论相对的）构成要件论。但是，这种放弃行为论的观点并不可取。

首先，当刑法的评价客体本身尚未被确定之前，无法展开对客体的评价。因此，即使是主张只在构成要件中讨论行为的多数学者，对“一般之行为概念”也并非决然抛弃，而是在体系安排上将之置于构成要件符合性或者犯罪概念中进行研究。[③] 也就是说，构成要件论不过是把行为论的问题隐藏在构成要件符合性等层次上去讨论，而不是说行为论的问题就不存在了。无论如何，都要在构成要件之前确定它评价的对象，因此一般行为的判断在刑法体系中总是以或明或暗的方式存在。[④] 这就意味着，行为论难以在实质意义上被完全抛弃，即使构成要件论没有赋予一般行为以直接的体系地位，但它依然在暗处发挥着无法忽视的作用。

其次，由评价客体与客体评价的区分延伸出来的问题是，构成要件的行为

---

① 我国台湾地区学者许玉秀就指出现有的行为概念没有一个是完全令人信服的，并怀疑开发行为论的必要性及可行性，认为不该把精力浪费在这种不必要且不可能达成的任务上。参见许玉秀：《当代刑法思潮》，中国民主法制出版社 2005 年版，第 111 页。

② ［日］前田雅英：《刑法总论讲义》（第 6 版），曾文科译，北京大学出版社 2017 年版，第 66 页。小野清一郎也持类似观点，参见［日］小野清一郎：《犯罪构成要件理论》，王泰译，中国人民公安大学出版社 2004 年版，第 80 页。

③ 参见阎二鹏：《行为概念的厘清——以行为论机能之反思与再造为视角》，载《法制与社会发展》2013 年第 5 期，第 112-113 页。

④ 参见邹佳铭编著：《刑法中的行为论纲》，中国人民公安大学出版社 2011 年版，第 22 页、第 66 页。

与行为论中的行为具有完全不同的理论功能，构成要件论的主张将使行为论的功能受到制约。具体来讲，行为论中行为的功能在于将刑法无须关注的对象提前剔除出去，为构成要件符合性的判断筛选客体；而构成要件的行为是规范意义上的行为，是依据刑法规定认定的，其功能在于排除那些不具有构成要件该当性的行为，从而实现罪刑法定主义。① 如果放弃行为论而只讨论构成要件中的行为，直接导致的后果便是刑法的关注范围得不到应有的限制。虽然那些不应受刑法关注的对象最终可能基于种种理由而不构成犯罪，但是“正义不仅是（常被提及的）最终结果的正确性，而是还包括了要‘基于正确的理由’得出该结果”②，由于缺乏对作为评价客体的行为论的思考，正确的出罪理由就可能被埋没。例如，我国传统刑法理论常常在犯罪未遂中讨论迷信犯的问题，认为类似用针扎纸人、烧香念咒等方式杀人的迷信犯与未遂犯不同，不具有可罚性。理由是行为人虽有主观上的犯罪意图，但对自己行为的性质和作用的认识是违反常识、超乎自然的，在客观上讲这些行为在任何情况下都不可能对外界造成损害，因而缺乏主客观相统一的犯罪构成，不能以犯罪论处。③ 但是，既然这种迷信的举动“在任何情况下都不可能对外界造成损害”，那么首先就应该考虑它是否属于刑法需要关注的对象，而不是直接对它进行犯罪构成的评价，否则人的所有举止就难免要被刑法拿来评价一番。如后所述，刑法的目的和任务是保护法益，刑法对完全不可能造成外界损害的情况不感兴趣，因此迷信犯的举动从一开始就应当被排除在刑法评价的范围之外。可见，由于我国传统刑法理论中行为论的缺失，迷信犯的问题没有在犯罪构成之前被解决，反而延续到了犯罪未遂理论当中，造成了思考上的浪费。总之，由于构成要件行为与行为论中的行为在体系上具有不同的功能，构成要件行为不能实现对行为论功能的替代或覆盖，因此在体系上只讨论构成要件行为是不够的。正如我国台湾学者陈子平所说：“在判断构造上或思考经济上，首先，在行为论阶段将行为与非行

---

① 参见陈兴良：《行为论的正本清源——一个学术史的考察》，载《中国法学》2009年第5期，第184页。

② ［德］英格博格·普珀：《法学思维小学堂》，蔡圣伟译，北京大学出版社2011年版，第124页。

③ 参见马克昌、杨春洗、吕继贵主编：《刑法学全书》，上海科学技术文献出版社1993年版，第130页；林亚刚：《刑法学教义（总论）》（第2版），北京大学出版社2017年版，第409-410页。

为分类，其次，就属于行为部分，于构成要件论阶段区别该当构成要件之行为（实行行为）与非构成要件之行为，始属于妥适之思维。”①

最后，也最为重要的是，行为论所代表的“行为主义”在人权保障方面发挥着无可替代的作用。“值得处罚的不是思想、意思、态度，而是作为其表现的行为，这种‘行为主义’原则，必须凌驾于各个构成要件之上，发挥其作为确定各个构成要件要素的指导原理的机能。”② 否则将可能倒退至处罚思想、性格、态度的历史阴影之中。古希腊曾发生过这样的案件：一个人梦见割断了狄奥尼西乌斯的喉咙，狄奥尼西乌斯为此把他处死，理由是如果白天他不这样想，晚上就不会做那样的梦。启蒙思想家孟德斯鸠评论说这是可怕的暴行，即使他确实这样想过，但他也没有付诸行动。法律只会惩处外在的行动。③ 我国《刑法》出台前也发生过类似案件：一位男青年因爱慕一位女青年，对该女青年单相思，某夜梦到与该女青年发生了性关系。激动之余，男青年将此梦境告诉了他人。因为当时人们的思想还比较保守，女青年听说这一消息以后不堪受辱而上吊自杀。后来，这个男青年被抓了起来，最终以梦奸罪被定罪判刑。④ 该案中，男青年根本没有“奸”的行为，却因“日有所思，夜有所梦”而遭受刑罚，这种处罚思想的现象早已不能为人们所接受。在我国刑法确立罪刑法定原则之后这类案件应该不会再出现，为了避免以思想论罪，贯彻现代刑法的“行为主义”，有必要在我国刑法体系中构建并发展独立的行为论。

综上，行为概念的失败并不代表行为论毫无意义，一如陈兴良教授所评价的那样：“可以说行为概念不是最好的，但却是不可替代的。”⑤ 放弃行为论的观点不过是对一个有价值的课题采取回避的态度。于是，传统研究进路下的行为论陷入一种十分尴尬的境地，“一方面在刑法学的理念中，行为的基础地位无可撼动；另一方面在刑法理论研究中行为却走入不可知的死胡同”。⑥ 这促使我们思考传统研究进路下的行为论陷入困境的根源何在？这样的困境有无破解的

---

① 陈子平：《刑法总论》，中国人民大学出版社2009年版，第80页。

② ［日］曾根威彦：《刑法学基础》，黎宏译，法律出版社2005年版，第181页。

③ 参见［法］孟德斯鸠：《论法的精神》，许明龙译，商务印书馆2012年版，第233页。

④ 参见陈兴良：《教义刑法学》（第3版），中国人民大学出版社2017年版，第96页。

⑤ 陈兴良：《“无行为则无犯罪”——为一条刑法格言辩护》，载《中外法学》1999年第5期，第51页。

⑥ 邹佳铭：《刑法中的行为论纲》，中国人民公安大学出版社2011年版，第22页。

可能？特别是对于行为论建立初期的中国刑法理论来说，该问题显然是需要引起重视的。

三、行为论困境之根源：固守概念思维

如果从思维方式的维度观照历来的行为论，可以发现学者们无一不是采取了概念思维，也即一种“抽象概念”式的思维。“所谓‘抽象概念’指的是我们在世上观察到若干事物都具有某些相同的特征，例如 a，b，c，于是我们将 a，b，c 抽离出来，下定义道：‘一切 X、而且只有 X 具有 a，b，c 三项特征’。X 便成为一个‘抽象概念’，可以指称世上一切具有 a，b，c 之事物，为其共有之名称。”① 可以看出，概念思维的关键在于从已观察的对象中抽取特定要素来对概念进行定义，然后再将其运用到广泛而未知的其他对象当中。无论是最开始的存在论下的因果行为论，还是后来的规范论下的社会行为论等，实质都在于抽取出固定不变的要素而组成一个行为概念，有了这样的行为概念之后，就可以判断某待检验的事物是否属于行为概念。这是一种概念法学下的思考方法，也即只要被判断的客体具备概念的要素，判断者就可以径直将其涵摄于概念之下而赋予相同的法律效果。“在逻辑意义上，概念是一种讲究精确性的思维”②，概念法学者希望通过精确的定义以及价值中立的涵摄，使本身极度复杂而未定型的生活事实受到客观而恒定的归类与评价，以此保障法律的一致性、连续性与确定性。

不可否认的是，概念法学派的方法论是研究法律问题所必需的工具，刑法理论大厦的搭建也起始于概念的撷取。但是，“借抽象概念建构一个封闭、无漏洞体系的理想，即使在‘概念法学’鼎盛的时期也从未完全实现。”③ 实际上，并不是所有法律事件都能够以概念思维的方式来解决，将所有事物予以概念化不仅是不必要的，也是不可能的。基于以下几个方面的理由，刑法上的一般行为不适合采取抽象概念式的思维来看待，固守概念思维是刑法中行为论深陷困

---

① 林立：《法学方法论与德沃金》，中国政法大学出版社 2002 年版，第 125 页。

② 杜宇：《类型思维的兴起与刑法上之展开路径》，载《中山大学法律评论》2014 年第 3 期，第 158 页。

③ ［德］卡尔·拉伦茨：《法学方法论》，陈爱娥译，商务印书馆 2003 年版，第 330 页。

境的根本原因。

（一）概念思维下行为论的前问题

概念思维下的行为论将行为概念的定义作为主要任务，但首先需要认识到，受制于人的有限理性和语言的固有局限性，刑法中的行为能否被恰当定义是存在疑问的。博登海默指出："不管我们的词汇是多么详尽完善、多么具有识别力，现实中始终会有一些为严格和明确的语言分类所无能为力的细微差异与不规则的情形。"① 这就导致概念思维所要追求的对事物进行精确定义和精准涵摄的愿望时常落空。普珀就曾直言："如果我们现在追问，法律上的定义在多大程度上实现了学界赋予定义的目的（也就是让被定义的概念更加清楚、明确、精准），答案是令人失望的。"② 实际上，满足概念法学所要求的精确程度的定义语言总是匮乏的。也正是基于这样的原因，立法者时常直接放弃对某些概念的定义，而只是冠以一个统一的名称。例如，《德国刑法典》第185条规定的侮辱罪表述为"犯侮辱罪的，处1年以下自由刑或罚金刑……"③ 就行为概念来说，学者们普遍表述为"行为是……身体动静"，在这种定义方式中蕴含着以"静"来表示不作为之含义。可是，不作为绝不是身体之"静"，相反，不作为时常体现为一种身体活动的状态。例如，遗弃罪被认为是典型的不作为犯，但是遗弃并不意味着什么都没有做，而是表现为一种离开、出走或抛弃的过程。从本质上来看，不作为是相对于作为义务的一种"静"，而不是指身体上的"静"，以"身体动静"来定义刑法中的行为显然是不恰当的。

退一步讲，即使能够为行为概念寻求一个恰当的定义，也需要认识到"大多数法律概念至少是部分不确定"④，行为概念也不例外，这使得在某些情形下单靠对概念的定义无法完成概念法学派所期望的精准涵摄。概念的不确定性主要体现在概念所设置的边界时常模糊，也就是说，在概念的边界上可能会面对

---

① ［美］E. 博登海默：《法理学：法律哲学与法律方法》，邓正来译，中国政法大学出版社2017年版，第503-504页。

② ［德］英格博格·普珀：《法学思维小学堂》，蔡圣伟译，北京大学出版社2011年版，第35页。

③ 《德国刑法典》，庄敬华、徐久生译，中国方正出版社2004年版，第101页。

④ ［德］卡尔·恩吉施：《法律思维导论》，郑永流译，法律出版社2014年版，第133页。

一个“模糊集”（a fuzzy set），此处经常存在一些含混的隶属关系以及一些怪异的“同伴”。[①] 例如，行为在通常情况下能够与思想相区分，如持枪抢劫、动手打人等，都被毫无争议地认为是行为而非思想。但是，在有关言论的场合就产生了一个模糊地带，因为“语言是思想的存在形式，思想是语言的实际内容”[②]，以口头或文字等形式来表达语言的“发表言论”既可以作为一种思想的存在形式，又显然是一种所谓的人的“身体动静”，要将它归属于思想还是行为就存在疑问。而对这种疑问仅仅依靠行为概念的定义是解决不了的，这就显现出概念思维下的行为论在功能上的乏力。“法学方法上的思考定然是要不断超越纯粹的逻辑结构，进入一个不确定的领域。”[③] 概念思维虽然在形式上看起来清晰明了，但是在广阔的“不确定性”中往往不能发挥实质性作用。

（二）概念思维下行为论的封闭性

概念设置特定的要素并通过涵摄来对生活事实进行归类与评判，而要将待评判的对象涵摄在某概念之下，则要求这个对象必须充分满足概念定义中的每一个要素。[④] 这一方面可为概念划定一个理想中的界限，但另一方面也造成概念的封闭性。也就是说，只要待评判的对象缺少定义中预先设置的任何一个要素，就要将其排除在外。然而，生活事实总是流动的、更新的、不断发展变化的，不是已经固定了的概念所能完全预见的。当封闭的概念空间面对变化的生活事实的冲击，就有可能导致一种人们批评的“概念的自我繁殖”的危险，也即让实践服从于体系安排，即使根据体系得出的结论明显有悖于事理。[⑤] 换句话说，在概念思维下，当特定概念不能将某一相关事物囊括在内，其结论要么是咬定该事物不符合这个概念，要么是对该事物作出一种不合逻辑的解释。

刑法关注的对象是行为，这种行为在现实生活中是以无数种形态呈现的，

---

① 参见［意］乔万尼·萨托利：《概念分析指南》，汪吉庶编译，载高奇琦、景跃进主编：《比较政治学前沿：比较政治中的概念问题》第2辑，中央编译出版社2014年版，第10页、第18页。

② 张明楷：《刑法格言的展开》（第3版），北京大学出版社2013年版，第203页。

③ ［德］齐佩利乌斯：《法学方法论》，金振豹译，法律出版社2009年版，第160页。

④ 参见张斌峰、陈西茜：《试论类型化思维及其法律适用价值》，载《政法论丛》2017年第3期，第120页。

⑤ 参见车浩：《阶层犯罪论的构造》，法律出版社2017年版，第129页。

同时，行为也是随着时代发展而不断变化的，以一种概念思维的方式将其定义可能会导致刑法理论不能适应社会的发展。目的行为论一开始之所以没有将过失行为纳入行为概念的范畴之内，一个重要的原因就是刑法在当时的时代背景下只注重对故意犯罪的处罚。① 但是，随着时代的变化和刑法理念的发展，过失行为日益成为刑法所关注的重要对象，于是目的行为论就开始显得捉襟见肘。为解释过失行为的目的性，韦尔策尔修正了自己的学说，认为过失行为是以构成要件上不重要的结果为目的的行为。例如，在为早点到达某地超速行车而致他人死亡的场合，不存在杀人的目的，但存在为早点到达目的地而超速驾车这一有目的的行为。② 可是，为了赶时间而超车这样的目的在刑法上毫无意义，更重要的是，这种目的与故意犯罪行为人的目的显然具有本质区别。可以发现，为维持目的行为概念的构造，目的行为论者不得不采取一种违背事理的解释，否则就不能将过失行为纳入行为概念之内。类似地，早期的因果行为论下的行为概念之所以很难解释不作为的行为性而无法实现行为论的统一机能，实际上也是因为概念思维的封闭性，也即将“对外部世界的因果性改变”作为行为概念的一个必备要素。

我国刑法理论中的行为论借由大陆法系的已有成果而产生和发展，同样采取概念思维的研究范式，这就意味着概念思维下行为论所具有的封闭性被延续，由此也带来一些理论上的矛盾与难题。例如，刘霜教授认为行为概念应当重新界定为行为人控制或者应该控制的客观条件作用于具体人或物存在状态的过程。并进一步指出，行为主体的认识能力和控制能力是决定行为性质的前提和基础。③ 在这种行为概念中，所谓“控制或应该控制”就是一个行为的必备要素，缺少这个要素就不能被涵摄在行为概念之下。于是，按照这种行为概念，诸如

---

① 目的行为论被认为完全贯彻了黑格尔提出的行为概念，即由意志所支配的外在表现。在黑格尔的行为概念中，实际上只包括故意行为，这是因为在黑格尔所处的时代几乎不处罚过失犯，黑格尔在定义行为概念时也并未预见到第二次工业革命开始之后过失犯的大量涌现，于是黑格尔学派的行为论或有心或无意地忽略了过失行为的研究。参见张小宁：《黑格尔行为概念的困境及克服——“有意性”及“回避可能性论”的刑法哲学意义》，载《人大法律评论》2017 年第 2 期，第 204-206 页。

② 参见陈家林：《外国刑法理论的思潮与流变》，中国人民公安大学出版社 2017 年版，第 119 页。

③ 参见刘霜：《刑法中的行为理论研究》，河南人民出版社 2018 年版，第 52 页。

精神病人、幼儿等不具备刑事责任能力的人的举止，就不属于刑法中的行为。可是，即使此类举止最终由于缺乏有责性而不构成犯罪，也应当是刑法关注的对象，否则刑法理论就完全没有必要发展出责任阶层。对此，陈忠林教授解释道，刑法意义上的行为范围不仅限于真正的行为，而且包括精神病人在精神病发病期间的行为、未成年人实施的不负刑事责任的行为等“类行为”。① 可是，行为论的功能之一不正是将所有刑法需要关注的对象统一在行为之下吗？在行为之外又设立一个所谓“类行为”的概念又有何意义？可以发现，当既定的行为概念遭受范围不周延的质疑时，学者们为了维持原先概念的定义，不得不作出额外的解释，这实际上就是“概念的自我繁殖”的一种表现。其实，刑法中的行为形态各异且不断发展变化，难以通过概念的定义为其设置既定的范围。行为论的界限机能也并不意味着要给行为划定一个明确的界限，而只是强调要将人的思想、自然现象等刑法不关心的对象排除在外。从这个角度来说，行为不应当被限定为一个封闭的概念，而应当是开放的，并允许日新月异的社会生活不断填充、更新和发展行为的意蕴。

（三）概念思维下行为论的空洞化

拉伦茨指出，外部体系中最一般的概念，其意义空洞化极为严重，特别是那些抽象程度日益升高的概念，虽可以帮助提纲挈领，但这些概念的抽象程度越高，内容就越空洞，以至于不能表达出根本的意义脉络，最终常导致荒谬的结论。② 行为作为刑法理论中最基本的要素，为尽可能囊括所有刑法需要关注的对象，在概念化的进程中必然走向空洞。晚近的行为概念，正是因为过于抽象而受到诘难。

如前所述，存在论下的行为概念不能将过失行为或不作为囊括在内，于是学者们开始在行为概念中添附规范要素，由此弥补存在论下的行为概念的缺陷，同时，行为概念也从具体走向抽象，最终演化成一个空洞的符号。就好像当下被更多学者所接受的社会行为论，以“社会重要性”作为行为概念的核心，虽

---

① 参见陈忠林、徐文转：《犯罪客观要件中“行为”的实质及认定》，载《现代法学》2013 年第 5 期，第 115 页。

② 参见［德］卡尔·拉伦茨：《法学方法论》，陈爱娥译，商务印书馆 2003 年版，第 332-333 页。

然凭借其概括性能够顺利实现行为的统一机能，但“社会重要性”显然是一种难以把握的属性，无法为行为的判断提供足够的实在内容。当被追问何谓“社会重要性”时，持社会行为论的学者往往语焉不详，如认为这种性质指“对包括周围的人在内的社会，具有某种影响的性质的东西”。[①] 可以发现，社会行为论下的行为概念高度抽象而缺乏实际内涵，根本无法承担区分行为与非行为的理论功能，相反，按照这种空洞的行为概念进行推演反而会得出错误的结论。因为，“人类行止虽具有社会重要性，但却非法所禁止；同时具有社会重要性的行为，若干情况却是法所肯定者”。[②] 例如，“一块砖头正要砸中 B 的头部时，A 用木棍挡了一下砖头，使 B 头部受伤的程度减轻”。[③] 在该案中，A 的行为因对 B 有影响而具备所谓“社会重要性”，于是按照社会行为论，A 的行为则可以被认为是刑法中的行为，但显然 A 的行为是有利于社会的行为，不应当也无必要成为刑法关注的对象。

与社会行为论类似，人格行为论也同样存在过于抽象的弊病。人格行为论认为“行为是人格的客观化反而说明人类的举动只能是行为，很难看作完全的行为概念的界限功能”。[④] 也就是说，任何人类的举动都可以被认为是人格行为论所说的“作为人格的表现”，那么如何区别行为与非行为就成了问题。本来，刑法中行为论的一个重要价值在于事先为刑法的评价划定一个最初的范围，但概念思维下的行为论为囊括各种形态的行为不可避免地从具体走向抽象，最终变得模糊而空洞，以至于根本无法完成刑法体系赋予它的划定评价范围的任务。

鉴于作为概念研究的行为所具有的上述不足，本文认为，一直以来行为论陷入困境而止步不前的根源就在于固守概念思维。在概念思维下，行为论的研究视角只是狭隘地局限在行为概念的定义上，所得出的行为概念要么过于具体而周延性不足（因果行为论、目的行为论），要么过于抽象而沦为空洞的符号（社会行为论、人格行为论）。这样看来，突破困境的可能途径就在于摆脱以往

---

① ［日］大谷实：《刑法总论》（第 2 版），黎宏译，中国人民大学出版社 2008 年版，第 95 页。

② 柯耀程：《刑法的思与辩》，中国人民大学出版社 2008 年版，第 107 页。

③ 张明楷：《刑法学》（第 5 版），法律出版社 2016 年版，第 145 页。

④ ［韩］李在祥：《韩国刑法总论》，韩相敦译，中国人民大学出版社 2005 年版，第 77 页。

概念式的研究进路，转而寻求新的思维型式。基于这样的思考，本文尝试以一种新的方法论对刑法中的行为进行研究，以求行为论得到新的发展。

四、行为论困境之突破：引入类型思维

由于概念思维的不足，类型思维被引入法学研究中并日益发挥重要作用。[①] 如上文所述，刑法中行为论因固守概念思维而陷入困境。于是，采取与概念思维相对的类型思维，将行为作为一种类型而不是一个概念来研究，成为突破困境的一种方案。

（一）类型思维的特征

“概念所不能到者，正是类型发挥作用的地方。”[②] 类型思维是在检讨概念思维的基础上而产生的一种思维方式。与概念思维相比，类型思维具有以下特征：

第一，概念是由已知事物中抽取出的共同外在特征组建而成，但类型思维以事物的本质为核心，是一种价值导向的思考方式。正如考夫曼所说，类型直接指向“事物的本质”，从类型中产生的思维，正是“事物本质”式的思维。[③] 固然，类型思维不像概念思维那样试图在事物之间设立一个清晰的边界，但这不表示一个类型没有其自我主张的判准，否则就无法作出将一件事物归于何种类型的判断。此种判准就是某一类型的意义性，也就是说，从凡是同一类型的事物皆具有同一意义这个角度出发，同类型范围内的事物均可以说是具有“同意义性”（Gleichsinnigkeit）。这种共同的“意义性”，实际上是作为一个价值性的“道理”。[④] 显然，这种“意义性”是相对于类型建构者所具有的意义，其

① 关于类型思维在法学研究中的兴起与发展，参见杜宇：《类型思维的兴起与刑法上之展开路径》，载《中山大学法律评论》2014 年第 3 期，第 146-156 页。

② 齐文远、苏彩霞：《刑法中的类型思维之提倡》，载《法律科学》2010 年第 1 期，第 71 页。

③ 参见［德］亚图·考夫曼：《类推与事物本质——兼论类型理论》，吴从周译，学林文化事业公司 1999 年版，第 110-111 页。

④ 参见林立：《法学方法论与德沃金》，中国政法大学出版社 2002 年版，第 128 页、第 136 页。

中蕴含着类型建构者所赋予的价值、目的、功能等主观性要素，而这也是类型思维与概念思维的一个根本性区别。拉伦茨指出，对于法律所意指的类型而言，具有决定性的是法律对它的“规整”。在类型的建构过程中，不需要原封不动地摘取生活事实中的各种外在特征，而可以借“规整”来增添新的意义性并弱化某些要素。① 也就是说，类型不是像概念那样对事物共同外在特征的简单归纳，而是一种基于价值思考的理念性建构。

第二，概念透过数量有限且独立的特征被加以定义，但是“类型无法给出精确的定义而只能以接近的方式描述”②。类型思维认识到追问“意义性”的法学无法取得如同自然科学那般的客观性与精确性③，于是不再追求以一个清楚、明确、精准的定义来规整事物，从而避免前述概念思维下可能面临的定义僵局。具体来讲，使一个类型成为此一类型的这种相同的“意义性”，显然是无法用一个或固定几个具体的、容易被确定描述的、必要的构成要件特征来被界定的，相反，各式各样的特征之组合都可能“营造”出这种“意义性”。对这种“意义性”的把握，时常是诉诸一种“对意义性的直观”。④ 也正是因为无法准确定义类型，类型思维注重对事物进行整体性评价，而并非像概念思维那样对各构成要素逐个进行价值中立的涵摄。对于概念来说，只要被判断对象满足它的各个要素，即可涵摄于概念之下，而要素之具体组合情况则在所不问。但类型是一种有机组合、一种有意义的结构性整体。在该结构整体中，每一要素皆被联系于一个意义中心或精神核心，其功能与意义必须从整体出发，才能加以确定。⑤ 类型思维通过对事物“意义性”的整体论证，为前述处于概念边界的事物难以涵摄的问题提供了一种解决路径。比如，德国联邦法院认为盐酸属于《德国刑法典》第250条加重强盗罪中的武器，绝非单纯从武器的抽象概念中得

---

① 参见［德］卡尔·拉伦茨：《法学方法论》，陈爱娥译，商务印书馆2003年版，第341页。

② 马荣春：《刑法类型化思维的概念与边界》，载《政治与法律》2014年第1期，第109页。

③ 参见杜宇：《类型思维的兴起与刑法上之展开路径》，载《中山大学法律评论》2014年第3期，第160页。

④ 参见林立：《法学方法论与德沃金》，中国政法大学出版社2002年版，第129页。

⑤ 参见吴从周：《论法学上之“类型思维”》，载杨日然教授纪念论文集编辑委员会主编：《法理学论丛——纪念杨日然教授》，台北月旦出版社1997年版，第328页。

出，而是运用类型思维进行整体意义论证与情景诠释学循环的结果。[①]

第三，抽象的一般概念是封闭的，而类型则是开放的。如前所述，在概念思维当中，缺少任何一个特征要素就无法将事物涵摄在概念之下，这种思维方式虽然在形式上清楚明了，却形成了一个封闭的空间。在类型思维中，我们不再进行“精确的”形式逻辑的思考，而只是在较高或较低层次中通过一个具体事实“对类型归类”或“使其相当”。[②] 对类型思维下的评价来说，个别要素的缺少并不必然导致事物无法归类于某类型，更为重要的是该事物是否在整体上看来显示出某类型所代表的意义性。“鉴于类型的此种特性，可以将类型理解为一种‘部分可变的体系’。”[③] 由此可以看出，类型思维是一种具有开放性的弹性思维，它并不排斥新生事物的介入，反而借由新生事物丰富其内涵。例如，刑法意义上的“财物”刚开始仅指有体物，但之后出现“电”等具有经济价值的无体物，后来社会生活中又发展出诸如股票、债券等具有财产性质的利益。如果我们恪守概念思维，将“有体性”作为“财物”概念中一个不可缺少的要素，那么刑法将无法适应新的经济生活。而类型思维是一种开放的思维，只要某事物具有某一类型的核心意义，即使缺少某些事先认为需要具备的要素，也可以将其归属于同一类型，从而能够适应社会发展所带来的犯罪形式的可能变化。[④]

第四，如前所述，概念最终往往会因过度抽象化而变得空洞，而类型则处于抽象与具体之间。正如考夫曼所说：“类型是建立在一般及特别间的中间高度，它是一种相对具体，一种在事物中的普遍性。”[⑤] 一方面，类型的建构不是对事物具体化的重现，而是对一类事物进行归纳与提炼，最终形成一个类型的集合。另一方面，类型又不是完全抽象化的概念，而是会基于价值判断和目的考量描述类型之意义性的整体图像，并且在具体事物的判断中实现进一步的细

---

① 参见齐文远、苏彩霞：《刑法中的类型思维之提倡》，载《法律科学》2010 年第 1 期，第 76 页。

② 参见［德］考夫曼：《法律哲学》，刘幸义等译，法律出版社 2003 年版，第 191 页。

③ 梁迎修：《类型思维及其在法学中的应用——法学方法论的视角》，载《学习与探索》2008 年第 1 期，第 107 页。

④ 参见吴学斌：《刑法思维之变革：从概念思维到类型思维——以刑法的适用为视角》，载《法商研究》2007 年第 6 期，第 143 页。

⑤ ［德］考夫曼：《法律哲学》，刘幸义等译，法律出版社 2003 年版，第 190 页。

化。这就使类型成为“一种介于‘抽象概念与具体事实’之间的桥梁，成为抽象与具象、普遍与特殊之间的中点”。① 因此，类型较抽象概念更为丰富且直观，与具体现象相比则更加具有普世性，从而避免过度抽象化、过度具体化的弊病，更能在具体事物的判断中发挥实质性的作用。也正是因为类型处于抽象与具体之间，类型思维被认为是刑事立法中的重要思维方式，也即刑法规范“既不能按照现实发生的个别案件详尽描述构成要件，也不能单纯使用抽象的概念，而是将构成要件描述为可以与具体案件相比较的类型”。②

本文认为，刑法中的行为不应当作为一个概念来定义，而应当作为一种类型来描述。将行为作为一个类型来建构的根本原因在于，刑法中的行为并不是在抽取刑法关注对象的共同特征之后再进行无目的的拼接，而是一种理论性的建构，它被赋予了特定的体系任务。行为不光是刑法学讨论的对象，也是哲学、社会学、经济学、心理学等学科关注的对象，当我们谈论刑法中的行为时，实际上必然暗含着一种目的追求和价值偏向，以表现刑法研究范畴的特殊性。所以说，刑法中的行为不是自在的而是自为的，它本身就包含了某种功利性目的，③“要将某个行为纳入刑法的评价范围，不可能脱离刑法的功能进行独自判断”。④ 而这种价值考量或者目的追求，就是类型思维所要追寻的事物的“意义性”，也即事物的“本质”，只有以此为支柱，才能建立具有实际意义的行为论。也正是因为类型思维直指事物的本质，采取类型思维的行为论不再将目光局限于行为概念的定义，而是通过“意义性”的整体论证，对那些原先处于行为概念边缘的事物进行合理归类。此外，基于类型的开放性和相对具体性，在行为论中采用类型思维，可以克服以往行为论所具有的封闭性及空洞化的缺陷。一方面，作为类型建构的行为不再被封闭于固定的行为概念之内，而是向着生活事实开放，新生的事物可以借由相同的意义性而被纳入，由此，刑法中的行为可以更好地适应社会生活的发展变化。另一方面，当我们将行为作为一种类

① 杜宇：《再论刑法上之“类型化”思维——一种基于“方法论”的扩展性思考》，载《法制与社会发展》2005 年第 6 期，第 108 页。

② 张明楷：《刑事立法的发展方向》，载《中国法学》2006 年第 4 期，第 28 页。

③ 参见陈兴良：《刑法行为论的体系性构造》，载《中山大学法律评论》2010 年第 1 期，第 163 页。

④ 李世阳：《刑法中行为论的新展开》，载《中国法学》2018 年第 2 期，第 154 页。

型来建构，则意味着需要为行为添附足够的实在内容，以实现特定的目的追求与价值考量，从而可以避免刑法中的行为过度抽象化。因此，行为应当作为一种类型来构建，在类型思维下，行为论的重点不再是行为概念的定义，而在于把握刑法中行为的本质，最终将万千形态、特征各异但具有相同本质的事物归类于行为之中。

（二）“类型”行为的构造

概念思维下的行为论仅仅通过观察、提取已有犯罪行为的共同特征来定义行为概念，缺乏一种目的导向的理论构造，致使最终得出的行为概念实际上只有标签意义。例如，社会行为论观察发现受处罚的犯罪行为都具社会意义，便认为行为是具有社会重要性的人类举止。可是，这种行为概念不过是一种对现象的概括，几乎没有任何刑法体系上的功能与作用。然而，在类型思维下，学者在抽取各种事物的独特个性建立类型时，会融进自己的价值判断。① 也就是说，类型的构造不只是提取出事物的共同特征，更重要的是进行事物“意义性”的思考，在类型的构造中将特定的价值与目的填充在内，从而使得类型可以实现某种功能。于是，在类型思维的指引下，建立行为论应当进行一种价值考量与目的理性的思考，也即探寻刑法中的行为有何价值，追问构造“类型”行为的根本目的何在。沿着此种方向，行为这种“类型”的本质得以显现。

1. 行为可能损害法益

当我们讨论构成要件前的行为，也即行为论的内容时，不过是要确定一个刑法关注的范围，由此作为整个犯罪论体系的基底。雅科布斯曾一针见血地指出，行为论不过是回答了这样一个问题：何时允许和必须开始对犯罪的核查?② 换句话说，行为论追问的是刑法可以和需要关注的是什么？要回答这个问题，就需要回归刑法目的本身。一般认为，刑法的任务和目的都在于保护法益，保护的方法是禁止和惩罚侵犯（包括侵害和威胁）法益的犯罪行为。③

---

① 参见［法］让·卡泽纳弗：《社会学十大概念》，杨捷译，上海人民出版社2003年版，第72页。

② 参见［德］格吕恩特·雅科布斯：《行为 责任 刑法——机能性描述》，冯军译，中国政法大学出版社1997年版，第76页。

③ 参见张明楷：《刑法学》（第5版），法律出版社2016年版，第21-22页。

因此，刑法所关注的对象必然与法益相关，刑法对完全不可能造成法益损害的情形不感兴趣。所以，“刑法行为的选定应以刑法的法益保护功能为导向”①。当我们认识到这一点之后，首先可以这样描述刑法中的一般行为：可能损害法益。于是，生活中的日常行为、根本不可能损害法益的迷信行为、纯粹减少或者避免法益损害的行为等都不是刑法中的一般行为，从一开始就不应进入犯罪构成的评价阶段。以“可能损害法益”来描述刑法中的行为，一方面能够让行为论的构造与刑法的目的相契合，另一方面能够对刑法评价的范围作出最基本的限制，以更好地实现人权保障。例如，在“张三希望身体健康的李四跑步摔死而劝说李四跑步，李四果然不小心摔死”“甲劝说仇人乙坐飞机旅游，乙碰巧在航空事故中死亡”等类似案例中，虽然行为人心怀恶意，但是因行为人的举止本身不可能造成法益损害，不属于刑法意义上的行为，我们从一开始就应该将其限制在刑法评价的界限之外。如果在行为论的构造中忽略刑法的法益保护目的，使得根本不会造成法益损害的表现都可以成为刑法评价的对象，刑法的触角就可能肆意伸展，最终触及日常生活的方方面面。

正是通过“可能损害法益”这一“事物的本质”，我们才能将作为、不作为、故意行为、过失行为等统一于行为这一类型中。也就是说，不论是何种形式，抑或各种形式之组合的行为，之所以进入刑法的视野，不过是因为它们可能损害法益。“‘类型’的精华是在抽象的、超物的、超形骸的‘意义性’上的相同，所以本来就不排除有完全无物理特征项目之相同的事物或事态也可展现出同一意义，因而属同一类型。”② 将不作为特别是过失状态下的不作为统一于行为之下是行为论的一个重要任务，其难点就在于不作为在物理形态上与作为全然不同。但是，只要认识到不作为与作为都具有“可能损害法益”这一意义性，将二者都归类于行为便不再成为问题。当我们采用类型思维描述行为时，可以发现行为的统一机能能够得到很好的实现。

对于“可能损害法益”这一意义性的描述需要在两个方面作进一步说明：其一，行为只是“可能”损害法益而不是确定损害法益。这是因为，刑法不仅关注完成形态下的行为，也规定对某些未完成形态行为的处罚，包括犯罪预备、

---

① 李世阳：《刑法中行为论的新展开》，载《中国法学》2018 年第 2 期，第 154 页。

② 林立：《法学方法论与德沃金》，中国政法大学出版社 2002 年版，第 132 页。

犯罪未遂等，刑法中的一般行为应当将它们囊括在内。而未完成形态下的行为不一定是对法益造成实害的行为，甚至有时连危害法益的具体危险都不存在。按照通常的观点，实行行为是着手的标志，而实行行为是具有侵犯法益危险的行为，并且这种危险是一种具体的、类型的危险，那么刑法中的一般行为所考虑的法益损害的危险性，仅需具备抽象的危险程度即足够。① 其二，行为只是可能“损害”法益而不是可能侵犯法益。这是因为，当我们讨论刑法中的一般行为时，还未进入违法性的评价，因而并不能确认行为是否确实地“侵犯”了法益。例如，行为人基于正当防卫而杀了人，因为该行为对法益造成了损害，它无疑是刑法关注的对象。只不过，该行为在违法性评价的过程中基于正当防卫事由而出罪，而不被评价为侵犯法益的行为。只有这样理解，才能使得行为论与犯罪论的评价不发生重叠，由此实现行为的结合机能。

用“可能损害法益”来描述刑法中的行为，可能面临的一个质疑是它将价值要素导入行为论，使得行为不再是“裸”的。但实际上，所谓行为是“裸”的，并非指行为是价值无涉的纯粹事实判断的结果，而只是相对于构成要件该当性、违法性、有责性等规范评价来说行为是中性的。所以，“行为具有价值评价的性质是不容否认的，只是应当把这种价值评价与刑法评价区分开来”。② 类型思维下的行为论虽然具有一定的价值性，但还不涉及刑法评价中的规范意义上的价值性，从而不会与犯罪论的功能相重叠。在行为论中只需一般地判断有无“可能损害法益”的行为，只有得到肯定结论，才要继续对它进行刑法的规范评价，如这种行为是否符合刑法分则规定的特定构成类型，以及这种对法益的损害是不是一种“侵害”或者说“危害”，也即是否存在违法排除事由。

2. 行为具有外部性

尽管“可能损害法益”已经基本说明行为之本质所在，但我们仍需对该本质的侧面进行进一步的描绘，以形成行为这种类型的整体性图像。同样是基于目的理性的思考，为在刑法体系中贯彻“任何人不因思想受处罚”的理念，“类型”行为的构造需要特别考虑行为的外部性，也即行为是一种外部表现，而不可能是一种未对外界产生任何影响的思想、意图和态度。这既是行为主义

---

① 参见李世阳：《刑法中行为论的新展开》，载《中国法学》2018年第2期，第155页。

② 陈兴良：《教义刑法学》（第3版），中国人民大学出版社2017年版，第72页。

的应有之义，也是人权保障的必然要求。诚然，由于只有表现于外部的行为才能实际侵害法益，法益保护之目的可以推导出行为主义。但是，过去的近代学派主张，为了“防卫社会”，应以行为人性格的危险性作为处罚理由。这种行为人主义虽与行为主义相互对立，但并不违反法益保护之目的。即使在现代，由于对恐怖主义的不安情绪日益高涨，在国外还可以看到将持有某种特定思想者作为恐怖主义的预备军而予以羁押的情况。① 也就是说，行为人主义主张特定人的邪恶想法、性格等预示着他们可能侵害法益，因此需要对其进行处罚，这就导致了思想入罪的复现。要消除这种处罚思想、处罚意思的情况，便有必要将行为主义从法益保护主义中独立出来，以对抗晚近以来的行为人主义思潮。基于这一考虑，我们需要将“可能损害法益”限定于外部表现，从而使得行为这一整体形象更加充盈，同时也能够让行为的界限机能得到初步实现。

那么，前文提到的“发表言论”应不应当归类于行为呢？类型思维下的行为论强调一种具体化的整体判断。若行为人只是说出了犯罪计划，此时还不可能造成任何法益损害，因此尚不能展开犯罪论的审查。由此观之，商讨犯罪计划、对他人透露犯罪意图、在日记里写下犯罪想法等，虽然在物理外观上与一般的行为没有什么差别，但是不具备损害法益的外部性，因而不能被认定是行为。另外，如果发表的言论直接针对特定的人，并且可能即时地造成某些法益损害，如辱骂他人，就可以成为刑法上的行为。可以发现，在类型思维的指引下，发表言论是否归属于行为的判断，不是对构成要素进行逐个涵摄的演绎过程，而是行为这种类型的本质要素“可能损害法益”“外部性”等发生勾连而形成一个整体，再与发表言论的具体情况相比照，然后进行具体化分析的过程。

3. 行为具有人的主体性

刑法是人类社会的行为规范，所规制的对象也只能是人的行为举止，考虑到这一点，人的主体性需要被纳入“类型”行为的构造中。行为具有人的主体性同样是对“可能损害法益”的进一步说明，具体来讲，产生法益损害的事件不一定是由人导致的，而可能是动物损害或自然现象发生的结果，但刑法对其并不理会，于是作为刑法评价对象的行为需要具备人的主体性。这样，行为作

---

① 参见［日］松原芳博：《刑法总论重要问题》，王昭武译，中国政法大学出版社2015年版，第15-16页。

为界限要素的机能得到进一步的实现。在古代社会，对动物或者物施加刑罚的情况时有发生，但是，这种做法早已不被人们所认可，现代刑法对自然现象也不再关心。“在物质世界中，行为有别于其他（危害）事件（events）的唯一不同在于，其实施主体是人而不是动物或自然力量。”① 因此，行为必然体现人的主体性。人的主体性并不意味着行为完全是由人全程实施并引发的流程，因为人具有主观能动性，能够利用他人或者外在之物改变事物的进程。行为既可以是利用自身条件，如挥拳打人，也可以是利用外部的自然条件，如在他人的必经之路上设置陷阱，还可以是利用他人的行为，如教唆犯利用被教唆者的行为。研究行为人所利用的条件，能够说明行为的客观性，且只有在弄清了行为人的行为包括其利用的条件之后，许多刑法理论上的重要问题才可得到科学的说明。例如，只要我们了解行为人的行为包括行为人利用的客观条件，就可以看出不作为只不过是一种以他人的行为或外部的自然进程为表现形式的行为。②

行为所具有的人的主体性意味着不可抗力下的动作不是行为，因为这种情况下的动作是由自然力或外力主导的，而不是由人这个主体独立做出的。例如，行人突然遇到无法抗拒的狂风袭击，从而撞倒了一个儿童并对其造成了伤害，这个行人的上述身体活动就不能视为刑法中的行为。同理，如果铁路口的值班人因遭暴徒袭击，身体被捆而无法放下禁止通行的栏杆，也不构成刑法中的不作为行为。引导人如何行为的功能是刑法最基本的功能。刑法的这一特性，不容许将具有刑法意义的人的主体性行为，贬低为自然或机械的运动。③ 因此，当行为人的动作不能体现出人的主体性，就不能将其视为具有刑法意义的行为，从一开始就不属于犯罪论所评价的对象。

此外，人的主体性不等于传统理论所说的“有意性”。一种有力的传统观点认为：“有意性是行为不可或缺的一部分。行为的构成必须具备心素。”④ 具体来讲，不可能由意思支配的行为，如因身体疾病而产生的反射运动、睡梦中

① ［英］威廉姆·威尔逊：《刑法理论的核心问题》，谢望原、罗灿、王波译，中国人民大学出版社2015年版，第84页。

② 参见陈忠林：《刑法散得集》，法律出版社2003年版，第262页。

③ 参见［意］杜里奥·帕多瓦尼：《意大利刑法学原理》，陈忠林译评，中国人民大学出版社2004年版，第128页。

④ 陈兴良：《教义刑法学》（第3版），中国人民大学出版社2017年版，第101页。

的行动、完全醉酒下的行动等，纵然以人为主体，但也与自然现象一样不是行为。① 然而，这种观点具有以下几个明显的缺陷：第一，如果上述行动不是刑法中的行为，那么完全丧失意思支配能力的精神病人的行动就更加不是行为。但是，传统观点并未完全否定精神病人行动的行为性，由此导致逻辑上的前后矛盾。第二，行为人是否具有意思支配能力以及意思支配能力大小如何，应当是责任阶层讨论的问题，不能由行为论来提前承担，否则行为的结合机能就得不到实现。第三，如果要求能够由意思支配的行动才是行为，一些应当由刑法规制的行为就会被提前排除。例如，传统观点认为完全醉酒下的行动不是行为，那么基于“无行为则无犯罪”，醉酒下的行动就不在刑法关注的范围之内。可是，我国《刑法》第 18 条明确规定“醉酒的人犯罪，应当负刑事责任”，这显然是传统观点无法自圆其说的。因此，即使不是意思支配下的动作，诸如睡梦中的动作、反射动作、醉酒状态下的行动、精神病人的行动等都是刑法上的行为，只不过在犯罪论的评价过程中，这些行为可能因为缺乏有责性而不构成犯罪罢了。不将有意性作为行为的必要条件，不仅可以厘清行为论和责任论各自承担的任务，进而避免二者发生混同，还使得这些不具备有意性的行为能够受到不法的评价，从而赋予公民在面对此类行为时的防卫权。② 其实，“每个自然人，不论年龄大小和精神状态如何，也就是说也包括精神病患者在内，都具有刑法上的行为能力。”③ 即使是不能由意思支配的行为，也是由“人”这个主体做出的，因而与自然事件有别。“法学风格同样是对非本质之物的正确抛弃”④，在描述行为时，无须考虑并非行为本质的所谓“有意性”，人的主体性才是关键之所在。

综上，通过“可能损害法益”“外部性”和“人的主体性”等方面的描述，我们可以把握刑法中行为的本质，从而构造出行为这一类型的整体图像。基于

① 参见马克昌：《刑法中行为论比较研究》，载《武汉大学学报（社会科学版）》2001 年第 2 期，第 136-137 页。

② 参见陈文昊：《“裸”行为概念之提倡——从结果无价值与行为无价值关于行为要素的争论谈起》，载《海南大学学报（人文社会科学版）》2017 年第 5 期，第 137 页。

③ ［德］约翰内斯·韦塞尔斯：《德国刑法总论》，李昌珂译，法律出版社 2008 年版，第 50 页。

④ ［德］古斯塔夫·拉德布鲁赫：《作为法律思维形式的事物本质》，雷磊译，载陈金钊、谢晖主编：《法律方法》（第 22 卷），中国法制出版社 2017 年版，第 7 页。

价值与目的考量而构造出的“类型”行为，显然已经具有区分刑法意义上的行为与非行为的判准，行为如何定义反而显得不重要也无太大意义。而且，“类型”行为是可以随着社会发展而不断变化的，并非像概念思维下的行为论那样局限于对行为的已有认知。例如，未来人工智能的发展状况不得而知，假如人工智能损害法益的情况大量出现，刑法的理念随之变化，那么“类型”行为的“人的主体性”或许就会被弱化，但不妨碍人工智能成为刑法评价的对象。

五、结语

长久以来，大陆法系刑法学者围绕着行为概念争论不休，却得不到一个令人满意的结果，以至于在刑法理论中具有基础性地位的行为论长期停滞不前。当我们从思维方式的层面考察一直以来的行为论，就能发现它们都遵循着概念思维。但是，概念思维下的行为论不仅因局限在行为概念的定义中而面临相应的定义难题，而且具有封闭性、空洞化等缺陷，这为我们提供一条突破行为论困境的线索。在法学研究中，仅仅将目光聚焦于概念的定义和选取是短视的，甚至是有害的。当我们采用与概念思维相对的类型思维展开研究时，传统研究进路下的行为论面临的难题就得到了解决。其一，刑法所要关注的对象形态各异，要给行为概念下一个清晰而准确的定义是极其困难的，类型思维下的行为论则不再追求给行为下定义，而是直接探寻刑法中行为的本质，通过对“类型”行为的描述勾勒出它的整体图像，这就打破了行为概念的定义僵局。其二，类型思维下的行为论不再采取概念思维下各个必备要素逐一精确涵摄的思考方式，而是采取开放式的整体比照的归类方式，从而规避以往行为概念的封闭性。其三，类型思维下的行为论蕴含着具有实在内容的目的与价值考量，不再向着抽象化的方向发展，从而改变刑法中的行为沦为空洞符号的结局。

由于克服了概念思维下行为论的种种缺陷，类型思维下的行为论完全能够实现统一机能、结合机能以及界限机能，从而可以作为整个犯罪论体系的基底。首先，通过“可能损害法益”这一行为的本质，物理形态不同的作为与不作为、主观状态不同的故意行为与过失行为都可以被囊括在刑法中的一般行为之内，从而实现行为论的统一机能。其次，作为类型的行为是一种目的理性的构造结果，围绕着“刑法可以和需要关注的客体是什么”这一问题展开，将构成要件的符合性、违法性与有责性等客体之评价因素排除在外，由此实现行为论的结合机能。最后，“类型”行为的“可能损害法益”特征首先将刑法不关心的大部分情形排除在刑法评价范围之外，“外部性”和“人的主体性”特征进一步将思想、自然现象等刑法不应当关注的情形剔除出去，从而很好地实现了行为论的界限机能。总之，类型思维下的行为论突破了传统研究进路下行为论的理论困境，实现了刑法中行为论的更新与超越。

（初审：魏静莹；校对：马越）

“附负担”概念的重新理解

栾志博*

摘　要：重新理解“负担”，需要厘清其与相近概念“条件”之关系，本身作为“义务”之属性，以及作为一种“附款”或“偶素”之体系定位。负担产生义务，对法律行为所发生的结果产生影响，以此在概念上区别于影响法律行为本身之效力的条件。但是在适用中，难以通过意思表示解释区分二者，只得适用推定规则，将产生于无偿给予之前的足以成为债务的行为约束推定为停止条件，将产生于其后的行为约束推定为负担。负担是具有法律效力的义务，它的形态应为债务，不应包括不具有法律约束力的义务以及纯粹的约束，后两者只能作为目的而影响无偿给予行为的效力。负担是一类偶素，但等同于偶素的“广义附款”是我国民法继受过程中产生的一种概念误用。然而，偶素概念不具有实践价值，也就不应将负担置于民法总论之中。

关键词：附负担；随意条件；附款；偶素；债务

一、问题的提出

“附负担”，即原《合同法》、原《继承法》以及《民法典》中使用的“附义务”，明确规定于原《合同法》第190条、第191条，原《继承法》第21条，以及《民法典》第661条、第662条与第1144条。这一概念似乎并没有太多争议，教科书往往将其当作一种实定规则加以陈述。然而在实践中，法院所

* 栾志博，中国政法大学民商经济法学院2019级民商法学硕士研究生。

认定的“义务”颇为宽泛，从赡养义务①到定期看望②，从保证居住的权利（在《民法典》设置居住权以前）③ 到金钱给付④，从用途限定⑤到不作为⑥，甚至是“结婚之目的”⑦，都被认定为义务。一些法院似乎并不强调义务之特征，也不考虑其可履行性，以至于将赠与人或立遗嘱人提出的要求一概认定为义务，进而扩张了“义务”或“负担”之含义。

《民法典》之规范也没有给出确切的答案。尽管《民法典》表明所附义务是一项可以履行的义务（第661条第2款、第1144条第1款），但是“可以履行的义务”既能与《民法典》第131条、第176条之“倡导性规范”相对应，也可能与合同编所规定的“债务”相对应。可见，法条对于“负担”或“义务”的定性，并未提供充足的有效信息。

回到理论上，“负担”与其他法律概念一样，都是我国继受西方法律过程中的“舶来品”。负担，德文语词 Auflage，意大利文语词 onere，拉丁文语词 *modus*，在日文中早期学者往往使用“前定”，⑧ 但自《日本民法典》颁布后，

---

① 参见巴某诉阿某·买买提、阿某·斯拉木阿洪、马某附义务赠与合同纠纷上诉案，新疆维吾尔自治区乌鲁木齐市中级人民法院民事判决书（2019）新01民终4448号；朱某1、朱某2等诉裘某、傅某房屋买卖合同纠纷上诉案，上海市第二中级人民法院民事判决书（2016）沪02民终2011号。

② 参见徐某1、王某诉徐某2赠与合同纠纷案，上海市杨浦区人民法院民事判决书（2020）沪0110民初12989号。

③ 参见梁某诉郭某财产所有权纠纷上诉案，广东省佛山市中级人民法院民事判决书（2005）佛中法民五终第512号；朱某、殷某1诉殷某2排除妨害纠纷上诉案，江苏省连云港市中级人民法院民事判决书（2020）苏07民终858号。

④ 参见邱某1、邱某2等诉徐某法定继承纠纷案，四川省泸州市龙马潭区人民法院民事判决书（2017）川0504民初414号；陈某、李某诉黄某、汪某五、汪某二、汪某四继承纠纷案，南京市鼓楼区人民法院民事判决书（2014）鼓民初第1785号。

⑤ 参见徐某诉席某等赠与合同纠纷案，北京市朝阳区人民法院民事判决书（2016）京0105民初55694号。

⑥ 例如，赠与人要求受赠人不得打扰其生活安宁。参见程某诉薛某赠与合同纠纷案，福建省福州市鼓楼区人民法院民事判决书（2017）闽0102民初5220号。

⑦ 参见袁某诉郭某1、杜某婚约财产纠纷案，河南省内黄县人民法院民事判决书（2018）豫0527民初5346号。

⑧ 戸水寛人『羅馬法』（日本大学41年度法科第1学年講義録，1908年）333頁参照。需要注意的是，一些民国时期的学者（如黄右昌先生）直接“形译”日文的『前定』一词。

法条与学说中使用的语词便基本统一为“负担”。① 拉丁文 *modus* 是它们共同的起源，其法律含义被认为是“为慷慨行为带来限制”，② 从而使其变得更为抑制或节制，③ 其在《学说汇纂》片段 D. 35，1，27 中表述为：“一个人在遗嘱中写道：希望给他立一个纪念碑……如果没有这样做，将取消继承人的大笔钱财……继承人们绝对应当根据遗嘱人的钱财和威望给其建立一个纪念碑。”④ 负担的效果与这一表述十分贴切，因为它可以“在法律行为中为当事人设定他项义务”⑤。更为具体的表述则进一步限制了它的适用范围，即“附加于无偿财产给与行为之条款，对于受领给与之受遗赠人或受赠与人，课以一定义务”⑥。因此，可以认为负担通过设置义务，能够“限制”或“平衡”无偿给予双方之间的利益关系。

以上定义虽然较为清晰，但并不意味着不存在任何争议。有关负担的讨论主要分布在赠与合同与遗嘱部分，⑦ 一些民法总则教科书亦对此有所涉及，因为学者往往将其当作法律行为的一种偶素，⑧ 并将其作为法律行为的附款的一种类型。⑨ 不过学界的讨论基本没有体现在立法之上，因为绝大多数设置了民法总则编的民法典，都没有将负担设置为总则的内容。《秘鲁民法典》是其中的例外，第二编法律行为编（acto jurídico）第五题即规定了法律行为的“模

---

① 参见『明治民法（明治 29・31 年）』（1896 年、1898 年），载法律情報基盤（名古屋大学大学院法学研究科）网站，https：//law-platform. jp/acts/129089d，最后访问时间：2020 年 10 月 20 日。

② 参见［葡］曼努埃尔・德・安德拉德：《法律关系总论》（第 2 卷），吴奇琦译，法律出版社 2018 年版，第 428 页。此外，*modus* 本身即有“限制”的含义。参见拉丁词典网站，www. dizionario-latino. com/，最后访问时间：2020 年 10 月 20 日。

③ 现代拉丁语系语言中，*modus* 的含义在其对应的名词（如意文、西文 modo）上几无残留，但仍然在形容词（如意文 moderato、西文 moderado）或动词（如意文 moderare、西文 moderar）上有所保留。前引安德拉德书中，亦使用葡文的形容词形式 moderado 辅助 *modus* 的含义说明。

④ ［意］桑德罗・斯奇巴尼选编：《遗产继承》，费安玲译，中国政法大学出版社 1995 年版，第 99 页。

⑤ 朱庆育：《民法总论》（第 2 版），北京大学出版社 2016 年版，第 126 页。

⑥ 史尚宽：《民法总论》，中国政法大学出版社 2000 年版，第 472 页。

⑦ “负担属于赠与法和死因给予法上的法律概念。”［德］维尔纳・弗卢梅：《法律行为论》，迟颖译，法律出版社 2013 年版，第 821 页。

⑧ 参见徐谦：《民法总论》，会文堂新记书局 1933 年版，第 312 页；费安玲主编：《罗马私法学》（第 2 版），法律出版社 2020 年版，第 86-87 页。

⑨ 参见王泽鉴：《民法总则》，北京大学出版社 2009 年版，第 396-397 页。

态”（Modalidades）。① 可见，负担似乎既是分则中的具体概念，也是总则中的一般性概念。

与此同时，学者们又格外强调负担的特殊性。首先，即使是那些认为负担是一类附款或偶素的学者，也承认负担与条件、期限具有不同的法律效果，因为它不能控制法律行为的效力。② 因此相当一部分学者未在民法总论著述中使用附款或偶素概念，甚至明确否认负担是一类附款。③ 其次，许多学者强调负担与条件的区别，尤其负担能够产生义务，而条件不具有此种效果。④ 再次，学者们往往会强调负担并不像条件与期限一样，在民法各编中均有适用余地，而是只适用于赠与以及遗嘱这些“慷慨行为”。⑤ 最后，尽管学理上主要采取“附负担”的表述，《民法典》中使用的却是“附义务”，而且立法并未明确设置履行请求权，负担所附加的义务似乎又与债务存在区别。

负担所具有的特殊性，使其与一切相似的制度都产生了区别，从中能够提炼出以下问题：①尽管已经明确负担与条件的区别在于是否产生义务，但应当如何区分二者，仍有待探索；②哪些情形可构成在赠与或遗嘱之上附加的负担，而这些负担之效力又存在何种区别，尤其是负担是否能够产生债权效力；③负担作为一类附款或偶素，它是否真的具有普遍性，以至于足以具有处于民法总则之中的体系定位。

前两个问题的解决，能够帮助我们更好地认识负担究竟是什么，在此基础上，我们便可以更清晰地确定负担在民法体系中的定位，从而使其更好地融入民法教义学体系。下文将按上述顺序，探讨负担与相关概念“条件”“义务”

① 徐涤宇教授译为“负荷”。参见《秘鲁共和国新民法典》，徐涤宇译，北京大学出版社 2017 年版，第 40 页。但本文认为如此或许不能充分体现出条件、期限与负担对法律行为效果之影响，可能称作“模态”更为合适。

② 例如朱庆育教授表示，负担“不影响法律行为生效，唯在所附义务未得到履行时，对方得以此为由撤销法律行为”。参见朱庆育：《民法总论》（第 2 版），北京大学出版社 2016 年版，第 126 页。

③ 例如黄立教授仅将“条件、期限与负担”并列讨论，并没有使用任何上位概念。参见黄立：《民法总则》，中国政法大学出版社 2002 年版，第 365 页。

④ 参见王泽鉴：《民法总则》，北京大学出版社 2009 年版，第 397 页。

⑤ 参见刘得宽：《民法总则》，中国政法大学出版社 2006 年版，第 247 页；［葡］Carlos Alberto da Mota Pinto：《民法总论》，澳门翻译公司等译，澳门法律翻译办公室、澳门大学法学院 1999 年版，第 344–345 页。

“附款”（“偶素”）的关系，重新理解负担的含义与体系定位。

二、负担与条件之不同

在采取广义附款概念的教科书中，往往会先提及狭义的附款即条件与期限，随后再指出负担与条件具有相似性，并同时指出二者判然有别。① 更有甚者，如旧《阿根廷民法典》将负担统一规定于“条件”一题之下，似乎暗示二者存在“总分”关系。② 对于二者的相似性，黄右昌先生着墨较多，他认为“前定与条件酷似，即‘*condicio*’之文字，以广义解释之，包含‘*modus*’之意义，近世设签订而赠与物件者，有时亦称为条件附”。③ 这一表述稍显模糊，可大致理解为条件的表述方式可能包含设立负担之意图，以至于当事人往往以“附条件”之名指代一些实际上构成“附负担”的情形。

二者的相似性也建立在“条件”之日常语义的基础上。“条件”可以被理解为“前提”，是实现某一目的之先决要素。既然在完成“条件”的情况下才能产生另一后果，“条件”相对这一后果而言，便可能被认为是一项义务。由此反推，“义务”似乎应当具有作为“前提”之“条件”的属性。在实践中，许多法院便是在此意义上混淆了条件与义务，他们要么认为负担是取得无偿给付的前提，从而将其定名为“条件”，④ 要么将义务等同于条件，⑤ 以至于适用

---

① 只有极少数观点认为附条件赠与包含附负担赠与。参见崔建远主编：《合同法》（第4版），法律出版社2007年版，第399页。

② 参见徐涤宇译注：《最新阿根廷共和国民法典》，法律出版社2007年版，第137-138页。

③ 黄右昌：《罗马法与现代》，丁玫勘校，北京大学出版社2008年版，第226页。

④ 参见崔某3诉崔某1、崔某2、崔某继承纠纷案，辽宁省大连市金州区人民法院民事判决书（2015）金民初重第32号；徐某诉吴某遗嘱继承纠纷上诉案件，安徽省六安市金安区人民法院民事判决书（2015）六民一终第798号。此种混淆之极致形态，可参见下面的表述：“该协议……实为附条件的赠与合同，故本案应为附义务赠与合同纠纷。”参见李宗全、田桂香诉李秀和等附义务赠与合同纠纷案，山东省莒县人民法院民事判决书（2018）鲁1122民初2264号。

⑤ 参见傅某2诉傅某1遗嘱继承纠纷上诉案，江西省赣州市中级人民法院民事判决书（2020）赣07民终2868号；李德志诉李德峰附义务赠与合同纠纷上诉案，山东省德州市中级人民法院民事判决书（2014）德中民终第696号。

附条件合同的规则。[①] 更为明显的例子可参见全国人大常委会法工委民法室主任黄薇主编的《继承编权威释义》，其明确表示“如果遗嘱人在遗嘱中为继承人或者受遗赠人接受遗产附加了义务，实际上为继承人或者受遗赠人取得遗产设置了条件”[②]。然而在其所举的示例中又表明，所附义务只是接受继承或遗赠后产生的效果，不履行义务并不会导致无法取得继承或遗赠，而只会产生取消继承或遗赠之效果。[③] 由此可见“条件”必然不是“前提”，而是一项不具有前提性质的“要求”或“约束”。

因此，如果要使条件与负担产生混淆，就必须在非法律概念的意义上使用“条件”。而若采取严格的法律概念，条件与负担相类似的情形便不会太多。一方面，条件包含“将来成否客观上不确定”之事实，[④] 它并不总是指向人的行为；另一方面，负担指向的是一项行为或一项义务，[⑤] 义务所指向的行为是一种规范性的事实，不是自然事实，只有这一义务的履行与不履行才具有自然事实的性质。是否履行义务进而完成特定的行为，往往取决于义务人的主观意志，仅当条件为随意条件时，[⑥] 其才有可能既指向人的行为又受到一方当事人（且

---

① 参见徐晓磊等诉徐正强登记管理纠纷再审案，贵州省铜仁市中级人民法院行政判决书（2017）黔06行再3号。

② 黄薇主编：《中华人民共和国民法典继承编解读》，中国法制出版社2020年版，第107页。

③ 参见黄薇主编：《中华人民共和国民法典继承编释义》，法律出版社2020年版，第106页。

④ 参见王泽鉴：《民法总则》，北京大学出版社2009年版，第397页。

⑤ 例如，邱聪智教授认为“负担之内容，须为受赠人之一定行为（给付），但不以有财产价格者为限，不作为亦无不可”。参见邱聪智：《新订债法各论》（上册），中国人民大学出版社2006年版，第211页。

⑥ 有关这一概念的用语常有不同，本文采用朱庆育教授的表述，即“随意条件”指向由当事人之意志所决定之行为，而“纯粹随意条件”（Wollensbedingung）则完全由当事人的意思决定。参见朱庆育：《民法总论》（第2版），北京大学出版社2016年版，第129页。不同观点，如芮沐先生使用“能力条件”指代本文的“随意条件”，而以“愿意条件”指代前述“纯粹随意条件”；迟颖教授则在翻译中使用“意定条件”指代本文的“随意条件”，以“随意条件”指代“纯粹随意条件”。参见芮沐：《民法法律行为理论之全部（民总债合编）》，中国政法大学出版社2003年版，第138-139页；［德］维尔纳·弗卢梅：《法律行为论》，迟颖译，法律出版社2013年版，第815-816页。

必须是受赠人或受遗赠人）主观意志的影响，从而与负担重合。①

此时，确实可能难以区分如下两种表述。第一种情形，即“如果你明天给我这本书，我就把我的手机送给你”，既像是受赠人承担了一项义务，也像是赠与人为赠与义务附加了停止条件。第二种情形，即“我把我的手机送给你，但如果你明天不给我这本书，我就收回手机”，与前一种情形相似，似乎更加肯定地承认受赠人负有一项义务，但也不能完全排除附加解除条件的可能性。如何通过解释以区分随意条件与负担，是本节的核心问题。

（一）负担与随意条件之区分

1. 初步概念区分：是否产生义务

一般认为，负担与条件的核心区别即在于负担能够产生义务。② 负担的内容实际上就是一种“给付”，③ 而条件不具有此种效力。④ 亦有学者从其效果界定，即“负担不影响无偿行为之效力，唯得强制其履行耳，故其性质与条件不同”⑤。总之，作为条件的行为，其是否完成，只具有作为事实的意义；⑥ 而作

---

① 富井政章早已指出“负担本与单纯之随意条件相似”。参见［日］富井政章：《民法原论》（第 1 卷），陈海瀛、陈海超译，中国政法大学出版社 2003 年版，第 358 页。葡萄牙学者安德拉德亦持相似观点。参见［葡］曼努埃尔·德·安德拉德：《法律关系总论》（第 2 卷），吴奇琦译，法律出版社 2018 年版，第 429-430 页。

② 为了减少语词使用上的争议，本节将“义务”限定为具有法律约束力的义务，不包括道德义务等不具有法律约束力的义务，对后一种情况的讨论将在下一节展开。

③ 参见［意］Enrico del Prato：《死因继承中的意思自治和法定性》，李媚译，载费安玲主编：《罗马法与学说汇纂》（第 7 卷），中国政法大学出版社 2016 年版，第 79 页。

④ 洪逊欣先生就此作出过经典的表述：“条件虽有停止法律行为效力之作用，但无强制性质；反之，负担虽有强制性质，但无停止法律行为效力之作用。”（Die Bedingung suspendiert, zwingt aber nicht; die Auflage zwingt, suspendiert aber nicht.）洪逊欣：《中国民法总则》，三民书局 1989 年版，第 414 页。弗卢梅也有类似表述：“停止条件虽具有延迟效力，但不课以义务；负担虽课以义务，但不具有延迟效力。”参见［德］维尔纳·弗卢梅：《法律行为论》，迟颖译，法律出版社 2013 年版，第 821 页。

⑤ 梅仲协：《民法要义》，中国政法大学出版社 1998 年版，第 130 页。葡萄牙学者平托同样认为，条件不产生义务但影响法律行为效力，负担产生义务但不影响法律行为效力。参见［葡］Carlos Alberto da Mota Pinto：《民法总论》，澳门翻译公司等译，澳门法律翻译办公室、澳门大学法学院 1999 年版，第 344-345 页。

⑥ 亦有观点主张在附条件赠与中，受赠方也要相应地承担一定的义务。参见崔建远：《合同法学》，法律出版社 2014 年版，第 349 页。

为负担的行为，其是否完成，则具有规范评价的效果。①

尽管以是否产生义务作为区分负担与条件的标准并不存在障碍，但在前文的举例之下，判断当事人是否通过其表述设定一项义务，并没有那么轻松。换言之，具体判断当事人所表述的行为只具有事实性的意义，还是具有规范性的意义，并不像二者概念之间的差别一样清晰。无论随意条件是作为停止条件还是解除条件，在条件成就或不成就的情况下，都会导致作出行为的一方失去期待利益（因停止条件不成就而无法取得利益）或既得利益（因解除条件成就而失去已经取得的利益）。如此，便可以将一方当事人的行为与特定的不利益后果联系起来，从而产生条件与负担（义务）在实践推理上的相似性：如果某种行为的作出会导致不利益后果，那么当事人就需要不作出此种行为，反之则需要作出此种行为。由此，条件似乎产生了一定的强制性，从而与外部视角下的义务共享这一特征：② 当事人一旦违反他人对其行为作出的特定要求，就会被剥夺一些利益，条件便意味着一种外在强制力，能够迫使当事人作出特定的选择，进而“使得对他人意思的影响成为可能”③。简言之，当事人看起来是在条件的强迫之下作出特定行为。

然而，正如胡长清先生早已指出的，尽管随意条件能够产生一定的强制性，但是尚不足以生成义务。④ 而且，仅从具有强制性这一点来看，无法推导出义务的存在，这是因为任何真正的义务都同时具有内外两个面向的效力，即内部视角的规范性与外部视角的强制性。⑤ 反观条件，至多只能在客观上产生一定程度的强制力，但无论如何都不可能进入主观的规范性世界，至多只能影响客观呈现出来的当事人实践推理结果，无法影响当事人的规范性态度。在附条件的情况下，当事人在做与不做之间仍然拥有选择的自由，而且无论是做还是不

---

① 正如胡长清先生所言，“条件系事实，而非义务”。参见胡长清：《中国民法总论》，中国政法大学出版社 1997 年版，第 269 页。

② 有关义务的外部视角，参见［英］H. L. A. 哈特：《法律的概念》（第 2 版），许家馨、李冠宜译，法律出版社 2006 年版，第 85-86 页。

③ ［德］维尔纳·弗卢梅：《法律行为论》，迟颖译，法律出版社 2013 年版，第 816 页。

④ 参见胡长清：《中国民法总论》，中国政法大学出版社 1997 年版，第 269 页。

⑤ 有关义务的内部视角，参见［英］H. L. A. 哈特：《法律的概念》（第 2 版），许家馨、李冠宜译，法律出版社 2006 年版，第 81-84 页。

做皆非“应当的”或者是“不应当”的，更不存在任何足以要求当事人主动完成此种行为的社会压力。例如，在前文所举的事例中，如果没有人能够强制受赠人给予书本，包括但不限于请求履行乃至申请法院强制执行，那么受赠人是否给予书本就不可能具有直接的规范意义，只能作为一种可能具有法律意义的事实。而如果存在义务，结论就会与之相反，内在视角下的受赠人会认为自己应当做某事或者不做某事，也会受到相对人的请求权或者法院执行权的客观约束。

更何况，条件可能具有的“强制”功能也并不充分。条件的意义一方面在于分配风险与计划未来，① 另一方面在于保持当事人的选择处于开放状态。质言之，条件的设置并未限制当事人作出选择的可能性，当事人仍然可以自由选择是否作出条件所指向的行为，无论结果是否对自己有利。更何况，在随意条件中，原则上并不存在条件拟制规则的适用余地，② 那么无论当事人作出何种选择，都不应产生相反的效果，以作为强制手段。因此，条件通过“利益”之手段对行为产生的引导作用，③ 明显强于其可能具有的强制力。甚至可以认为，随意条件的意义不是为一方当事人创设义务，而是保护“一方当事人自由实施一定行为，并以之控制法律行为效力的利益”④。如此，随意条件的功能与负担截然相反。

2. 法律适用区分：从规范性到推定规则

虽然上文的推理能够在抽象意义上区分条件与负担（义务），但是问题并未就此结束。前文的工作只是将“是否存在义务”的模糊判断，替换为“当事人对于做某事或不做某事的选择是否具有规范性”这一相对具体的判断，然而其中的核心“规范性”仍然不是一个清晰的概念。

---

① 参见王泽鉴：《民法总则》，北京大学出版社 2009 年版，第 394-396 页；李永军：《民法总则》，中国法制出版社 2018 年版，第 639 页。

② 参见翟远见：《〈合同法〉第 45 条（附条件合同）评注》，载《法学家》2018 年第 5 期，第 179 页。

③ 参见张俊浩主编：《民法学原理》（修订第 3 版上册），中国政法大学出版社 2000 年版，第 263-264 页。

④ C. M. Bianca, Diritto civile, Vol. 3, Il contratto, seconda edizione, Milano: Giuffrè editore, 2000, pp. 561-562. 转引自翟远见：《〈合同法〉第 45 条（附条件合同）评注》，载《法学家》2018 年第 5 期，第 179 页。

若随意条件是停止条件，即“如果你明天给我这本书，我就把我的手机送给你”。此种情形与我国司法实践中所经常认定的一种附负担的无偿给予行为——“生养死葬”——结构相近：只有受赠人或者遗嘱受益人履行了生养死葬义务，才能取得无偿给予之财产。但是，这一观点颇值检讨。首先，如果认为此种情况下存在义务，可能违反立法者的原意，也会违反负担之通用含义。例如，《德国民法典》第525条第1款明确规定：“赠与附有负担者，赠与人如已为给付，得请求该负担之履行。”而作为我国民法之先行的《大清民律草案》以及《民国民律草案》，也仿照德国立法例，分别于第629条第1款、第495条第1款表明“附有担负之赠与人，若自己已为给付，得向受赠人请求实行担负”①，可惜史尚宽先生主笔的《民国民法典》并未沿用这一条文。我国《合同法》1995年1月试拟稿第209条第2款同样表明，不履行负担之请求权产生于“赠与人已为给付”之后。② 其次，若认为此时存在义务，便会产生许多难以解释的问题：如果先履行某一义务才能取得无偿给予，那么在后的无偿给予是否仍是无偿的？此种约定的正当性又应作何解释？至少目前，我们不能给出确定的答案。最后，即使是报酬性赠与，也不会与其报答的对象（在先给出的利益）产生法律上的联系，③ 而在先给出的利益更不会构成一项义务。④ 总之，很难认为无偿给予之相对人会负有一项在先的义务。若必须对无偿给予之相对人提出一定的要求，以作为取得无偿给予的前提，那么方式似乎只有一种：停止条件。

若随意条件为解除条件，即“我把我的手机送给你，但如果你明天不给我

---

① 参见修订法律馆编：《法律草案汇编》，修订法律馆司法公报处1926年版。

② 参见何勤华等编：《新中国民法典草案总览》（下册），北京大学出版社2017年版，第1876页。

③ 参见［德］克里斯蒂安·冯·巴尔、［英］埃里克·克莱夫主编：《欧洲私法的原则、定义与示范规则：欧洲示范民法典草案》（第4卷），付俊伟译，法律出版社2014年版，第1347页。

④ 例如，《葡萄牙民法典》第941条直接在定义中排除了在先之利益构成义务之可能性：“如赠与人为曾获提供之不导致其负债务之劳务给予报酬而作出慷慨行为，则该具报酬性质之慷慨行为视为赠与。”《西班牙民法典》第619条亦有相同规定。

这本书，我就收回手机”，则难以简单地区分何为条件、何为负担。① 我们能够非常清晰地从概念中把握二者的区别：解除条件成就，赠与当然地、溯及性地归于无效；不履行负担，赠与并不会自动地消灭，而且赠与的撤销仅对将来发生效力。② 但这只是完成区分之后的当然推论，仍无助于实现二者的区分。

无法区分作为解除条件的随意条件与负担的原因在于，二者所能造成的最终结果是相同的：无论是赠与合同因解除条件成就而解除，还是赠与合同因法定撤销权生成而被撤销，都会产生受赠人失去手机的后果。因此，尽管二者在法律上以不同路径来实现这一结果，但是此种路径的差异确实难以从当事人的意思表示的客观含义中轻松地识别出来。换言之，当事人只会表达“失去手机”这一后果，但往往不会明确表示（也不必表示）受赠人会依何种基础失去手机。更何况，根据《民法典》规范之直接文义，在附义务赠与以及附义务遗嘱中，都不存在利害关系人的请求权，而只存在撤销权。③ 法定撤销权与解除条件在某种程度上具有相似性，因为它们都只能作为间接的“强制手段”，不能直接产生对受赠人或遗嘱受益人的强制力，即撤销权只是以消极方式剥夺已经取得的利益，无法产生要求相对人积极地完成行为的压力。以上两点进一步

---

① 实践中亦有类似案例，如在分家协议中约定：“如有子女不尽赡养之责，父母将有权收回其继承的部分财产。”此时法院将其认定为负担。参见周某1诉周某2附义务赠与合同纠纷上诉案，贵州省毕节市中级人民法院民事判决书（2018）黔05民终4693号。值得注意的是，此处系分家协议，所以“继承”一词的使用颇有不当，应将其解释为“赠与”。卡泽尔也曾提出过一套分析标准，即“如果……将给予某物”是条件，“给予某物，因而……”是负担，但很明显，此种标准只适合区分停止条件与负担，不宜用来区分解除条件与负担。参见［德］马克斯·卡泽尔、罗尔夫·克努特尔：《罗马私法》，田士永译，法律出版社2018年版，第140页。

② 参见黄右昌：《罗马法与现代》，丁玫勘校，北京大学出版社2008年版，第219-226页；［葡］曼努埃尔·德·安德拉德：《法律关系总论》（第2卷），吴奇琦译，法律出版社2018年版，第429-430页。

③ 须强调一点，《民法典》将一般赠与的法定撤销权与附负担赠与的法定撤销权合并规定，而在我国台湾地区等规范性文件上，两者是相互分离的，即后者并不被纳入“赠与撤销权”之范畴。参见林诚二：《民法债编各论》（上册），中国人民大学出版社2007年版，第215-216页。

削弱了从意思表示的客观含义中区分随意解除条件与负担的可能性。①

因此，欲作出准确的定性，理论上就应转向当事人的内部视角，探讨当事人的主观真实意思，② 尤其是考察双方是否持有规范性态度。③ 无论是附条件还是附负担，都需要双方达成合意，④ 所以双方合意的内容对于法律关系性质的判断至关重要：如果双方都认为“给予书本”在交易中是无偿受益人必须完成的事情，那么双方对此便持有一种规范性态度；如果双方都认为“给予书本”不过是一种辅助性的要求，无偿受益人仍可自己决定是否完成这一行为，只是在其行为违反无偿给予人的意愿之时，其受益应当被撤销，那么双方便不具有规范性态度。

尽管以上规则是具有一定价值的意思表示解释之尝试，但如何探求真意，确定双方究竟如何看待此种行为约束，依然是非常模糊的。在通过探求主观意思亦不能准确探知双方的规范性态度的情况下，可行的方法便只能为意思表示的推定规则。对此不同的立法例有不同的思路，如《德国民法典》第 2075 条将遗嘱继承上的负担推定为解除条件，《奥地利民法典》第 709 条更是将其拟制为解除条件；⑤ 相反，《智利民法典》第 1089 条则不认为此时产生解除条件，而

---

① 有观点认为，此种表述“使得赠与合同的效力在订立时便具有一定的不确定性，虽无强制性，但一旦发生约定情况，便具有自动解除合同的功能，故其属于附条件赠与”。参见赵峰：《论附义务赠与合同中赠与人的救济》，载《中国政法大学学报》2021 年第 2 期，第 181 页。此种推论未免粗糙。当事人的意思表示中至少没有表现出“自动解除”之义，反而“收回”之类的表述更符合撤销权之结构。因此，难以通过对意思表示客观含义的简单解释，确定其设定的约束究竟具备何种属性，而应尝试探讨当事人是否具备规范性认识。

② 周枏先生即表明“负担与条件不能区别的，应以当事人的意思和订立法律行为时的情况决定之”。周枏：《罗马法原论》（下册），商务印书馆 2014 年版，第 679 页。

③ 参见吴炳枞：《债权各论》，载李秀清、陈颐主编：《朝阳法科讲义》（第 4 卷），吴一鸣点校，上海人民出版社 2014 年版，第 283 页。

④ 参见曾志时：《民法总则》，朝阳学院 1936 年版，第 164 页。

⑤ 《德国民法典》第 2075 条：“被继承人以附有条件之终意处分为财产之给与，使受益人于一定时期不为特定行为或继续为特定行为，而其作为或不作为全凭受益人之意思者，于有疑义时，推定其给与系以受益人之作为或不作为为解除条件。”《奥地利民法典》第 709 条：“继承人给与他人遗产，同时附以负担者，其负担，视为解除条件，不履行负担者，丧失遗产。”本文参考的译本分别为：《德国民法典》，台湾大学法律学院、台大法学基金会编译，北京大学出版社 2017 年版；《奥地利普通民法典》，戴永盛译，中国政法大学出版社 2016 年版。为保持行文简洁，下文引用时不再列出。

是负担了一项义务。[①] 概言之，后一种规则似乎更加合理。一方面，此时已经存在财产给予，尽管它是无偿的，但是就此提出相应的要求具有朴素的正当性；[②] 另一方面，如富井政章所言："盖因负担，非如条件之有强大效力也。"[③] 不履行负担仅会产生撤销权，甚至未必导致法律行为消亡，解除条件的成就却会直接导致法律行为失效，两种情形对法律关系稳定性影响的大小殊有不同。依据"宁可有效而非消亡"（magis ut valeant quam ut pereant）的解释规则，采取影响较小、更具有稳定性的方案显然更为妥当。[④]

（二）附负担与附条件的结构差异

以义务及其核心"规范性"在概念上区分负担与随意条件，并以推定规则的介入在法律适用上区分负担与随意条件之后，还可发现二者对法律行为的影响在结构上同样存在差异。

首先，负担因其内容为一项义务，它对法律行为的影响方式不同于条件。按照一般的法律行为效力分析框架，停止条件使得法律行为成立之后不生效（效力待定），或者使得生效的法律行为归于无效。负担却只能产生撤销权，甚至不会直接作用于法律行为。而若套用莱嫩设计的精致的分析框架，结论会更加清晰：意思表示与法律行为的效力分处两个阶层，负担因其与法秩序无涉，应当属于意思表示阶层，是双方对于法律行为内容的约定；条件则无关意思表

---

① 《智利民法典》第 1089 条："如将某物分配给某人，使该人取得该物，但有义务将其运用于某一特别目的，例如完成某一工作或承受特定负担，则此等运用为负担而非停止条件。因此，负担并不中止分配物的取得。"《智利共和国民法典》，徐涤宇译，北京大学出版社 2014 年版。为保持行文简洁，下文引用时不再列出。

② 有学者认为，此种情况下赠与人处于"优势地位"。参见陈帮锋：《溯源与重构：忘恩负义制度研究》，载《比较法研究》2014 年第 1 期，第 102 页。也有观点认为，承受负担是受赠人"得到馈赠后的感激"的一种表达方式。参见李昊：《民法典继承编草案的反思与重构》，载《当代法学》2019 年第 4 期，第 18 页。

③ 参见［日］富井政章：《民法原论》（第 1 卷），陈海瀛、陈海超译，中国政法大学出版社 2003 年版，第 359 页。

④ 参见［葡］曼努埃尔·德·安德拉德：《法律关系总论》（第 2 卷），吴奇琦译，法律出版社 2018 年版，第 430 页；［葡］Carlos Alberto da Mota Pinto：《民法总论》，澳门翻译公司等译，澳门法律翻译办公室、澳门大学法学院 1999 年版，第 344-345 页。

示，它是控制法律行为效力生灭的工具。①

其次，既然负担涉及一项义务，那么它似乎不能被简单地当作对法律行为的修正或限制。负担并不如同条件与期限一样，只修改法律行为的生效时间或限定其失效时间，它修改的是法律行为的内容，除非认为负担所设定的义务只是法律行为的“身外之物”。更何况，负担的效果并不限于变更法律行为的主要内容，还有创造新的内容，② 毕竟负担很有可能指向无偿给予本来所不曾涉及的内容。

最后，有关负担的合意与有关条件的合意具有不同的地位：前者若非附着在法律行为之上，也能够独立地构成法律行为的内容，因此负担的添加能够直接“修改”当事人之间有关权利义务的合意；后者则只能“附着”在法律行为之上，对其效力加以“控制”或“修改”，它只是单独达成的、附属的、对意思表示作出自我限制的合意。③ 由此，附负担之合意其实处于法律行为的“内部”，因为它能够影响法律行为的效果，即通过法律行为产生法律后果；附条件或附期限则处于法律行为的“外部”，“粘贴”在法律行为之上，不能影响法律行为的效果，只能影响法律行为本身的效力状态。也正是因为负担构成法律行为的内容，所以它不能控制法律行为的效力；相反，条件与内容无涉，所以它可以控制法律行为的效力。简言之，负担影响法律行为所产生之效果，条件影响法律行为本身之效力。

总而言之，负担与条件存在两个方面的区别：效力上的区别在于是否能够生成义务，结构上的区别则在于对法律行为的影响方式，前者作为法律行为的内容影响其效果，后者作为法律行为的附加因素影响其效力。如此看来，条件（以及期限）确实可以被认为是“附加”在法律行为之上的，更何况由于它的内容指向特定的法律行为的时间元素，所以必须依附于特定的法律行为才能存

① 有关莱嫩教授提出的理论框架，参见王琦：《德国法上意思表示和法律行为理论的新发展——兼论对中国民法总则立法的启示》，载《清华法学》2016 年第 6 期。另外，殷秋实副教授亦提出有一定相似性的有效与生效二分模型，在此模型下，负担甚至都不具有足以影响法律行为效力的作用，条件则当然属于“生效”阶层。参见殷秋实：《论法律行为的效力评价体系》，载《比较法研究》2017 年第 6 期。

② 参见［德］维尔纳·弗卢梅：《法律行为论》，迟颖译，法律出版社 2013 年版，第 94 页。

③ 同上注，第 822 页。

在。负担则很难被认为具有此种特征，虽然它对于法律行为的成立而言同样是可有可无的，但一旦被“附加”在法律行为之上，它就会成为法律行为的内容，与之融为一体，从而难以认为它是“附着于”法律行为之上的独立条款。况且，若将其移出，仍有可能成为单独的法律行为，以至有观点不当地认为它可能构成“负担合同”。① 如此，不仅负担与条件在内容与结构上存在差异，而且二者名称中的“附”，也具有不同的意义。

三、负担的内容展开

“附负担”还有另一个“名字”：“附义务”。学界较多使用“附负担”，立法则长期使用“附义务”，后者显然更为“通俗”，而且当前在中国大陆得到较为普遍的使用。② 二者的差异似乎只存于使用习惯之中，并不在于其本质，因此多有将二者“画等号”的表述。③ 如此，本文亦暂时认为二者具有相同的含义，且指涉相同的对象，并主要使用“负担”一词。

不过从语词上看，中文的“负担”显然不等于“义务”。而且，在比较法上，负担也并不总是指向某一种义务，而只是一种不具有强制性的约束。例如，旧《阿根廷民法典》第1826条规定，赠与的负担可以涉及对赠与标的之使用或用途的限制，也可以规定应由受赠人履行的给付义务。而在我国实践中，被认定为“义务”的情形亦十分庞杂，这在某种程度上也表明“负担”之范畴可能

---

① 参见赵峰：《论附义务赠与合同中赠与人的救济》，载《中国政法大学学报》2021年第2期，第190页。

② 绝大多数合同法教科书使用的表述以“附义务赠与”为主。参见《民法学》（第2版），中国政法大学出版社2011年版，第632页；崔建远：《合同法学》，法律出版社2014年版，第348页。但绝大多数继承法教科书使用的表述却以“附负担遗赠”为主。参见刘春茂主编：《中国民法学·财产继承》，中国人民公安大学出版社1990年版，第474页；张平华、刘耀东：《继承法原理》，中国法制出版社2009年版，第327页。

③ 参见《中华人民共和国合同法精解》，中国政法大学出版社1999年版，第153页。此外，大陆民法学教科书中经典的表述为“附义务的赠与又称为附负担的赠与”。参见李永军、易军：《合同法》，中国法制出版社2009年版，第467页。但是在我国台湾地区，因为其“民法”并未使用“附义务”的表述，学界仍使用“附负担”一词。参见林秀雄：《继承法讲义》，元照出版有限公司2017年版，第313页；李淑明：《债法各论》，元照出版有限公司2011年版，第112页。

大于“义务”。此外，就算是义务也不一定具有相同的属性，它们未必都具有债之效力，甚至未必具有法律约束力，[①] 所以在义务内部也应作适当区分。以上有关“负担”含义理解的分歧，都会降低它在适用上的确定性，因此确定“负担”的精确含义至关重要。

《民法典》使用的“附义务”一词应当发挥基本的语义限制作用：学理上“负担”的含义，原则上不应超过“义务”的字面范围，因此完全不构成义务的情形可以被暂时排除，对于可附加的“义务”的区分，便构成下文分析的起点。

（一）负担是具有法律效力的义务

1. 负担之义务为债务

在法律中规定一项义务，其“潜台词”似乎必然是一项具有法律效力的义务，因此有观点认为，负担之义务一定是给付义务，[②] 仅当附加事项构成法律义务并具有强制执行可能性时，才能成立附负担赠与。[③] 承接这一观点，本文同样假设负担之义务是法律义务。不过，此种法律约束力应当如何体现，则因实证法的规定而存在疑问。例如，我国《民法典》中仅为无偿给予一方提供撤销权，《德国民法典》第 1940 条更是直接表明在遗嘱或遗赠之负担中“不予他人请求该给付之权利”。[④] 如此，此种约束似乎不是债之约束，但若非债之约束，又可能是何种约束呢？民法中最典型的义务便是债务，债权人对债务人享有请求权（请求力），并可申请强制执行（执行力），仅在特殊情况下不得强制

---

① 参见［意］Enrico del Prato：《死因继承中的意思自治和法定性》，李娟译，载费安玲主编：《罗马法与学说汇纂》（第 7 卷），中国政法大学出版社 2016 年版，第 79 页。不过，该文的语用逻辑与本文不同，其作者认为，存在债权人的情况下是附义务的；不存在债权人的情况下才是附负担的。

② 参见《中华人民共和国合同法精解》，中国政法大学出版社 1999 年版，第 153 页。

③ 参见郭明瑞、王轶：《合同法新论：分则》，中国政法大学出版社 1997 年版，第 88 页；周辉斌：《论附负担赠与合同的含义及效力——以我国首起助学合同纠纷案为例》，载《时代法学》2006 年第 6 期，第 47 页。

④ 实践中亦有我国法院采如此见解，以致背离“附义务”之文义。参见邱某 1、邱某 2 等与徐某法定继承纠纷案，四川省泸州市龙马潭区人民法院民事判决书（2017）川 0504 民初 414 号。

执行。[①] 此时，若认为在附义务赠与以及附义务遗嘱中的所附义务并非一种债务，那便会存在两种假设：一为负担之义务并非债务，而是另外一种具有法律约束力的义务；二为负担之义务仍然是债务，只是法律未明确规定其效力，但完全可以通过体系解释推导这一结论。

如果第一种假设成立，就需要说明此种法律约束力是如何体现的。在此种假设下，撤销权是不履行负担之义务的唯一“救济手段”，我们也必须从中发现法律约束力。承接上文分析，一项义务的存在，意味着既有在义务人内部视角下的规范性态度，也有在外部视角下的强制力。后者尤为直观，它不仅体现为对不履行的制裁，更体现为对行为本身的强制。显然，仅凭撤销权的存在，无法实现对行为的强制，至多可以将其理解为，在特定行为不履行之后发生的间接的、具有补充性的惩罚手段或压力手段。[②] 撤销权所能产生的“强制性”程度与解除条件无异，二者均只能以“不作出特定行为就剥夺利益”的方式，引导行为人作出行为，但行为人选择是否作出此种行为的自由实际上仍未被彻底排除。又因为不存在其他的制裁手段，无法通过法律手段形成足够的外在压力，进而无法形成内部视角下具有法律意义的规范性态度。这一交易结构类似于早期罗马法上“诚信的给予”（*datio ob rem honestam*）规则：给予的一方能够有效完成给予，但通过此种给予无法缔结民法上的契约，即无法发生债之关系；给予人不享有对特定要求的履行请求权，接受人也不承担对待给付义务；在接受人未作出相应行为时，给予人只能主张不当得利请求返还已经给予的财产。[③] 此种结构无法产生真正的法律约束，而只产生一种具有矫正性的法律后果。因此，第一种假设无法成立，负担之义务无法表现为债务以外的其他形态的法律约束力。

第一种假设的失败即在逻辑上意味着第二种假设的成立：既然不存在债之关系之外的其他法律约束方式，甚至在前一假设下完全无法推导出法律约束力

---

① 参见王泽鉴：《债法原理》（第 2 版），北京大学出版社 2013 年版，第 68-69 页。

② 更何况，如果参考其他撤销权（重大误解撤销权、欺诈胁迫与乘人之危撤销权），可以发现撤销权的功能至多在于矫正，甚至只是“更正”，与义务的功能相去甚远。有关其他撤销权的功能，参见朱庆育：《民法总论》（第 2 版），北京大学出版社 2016 年版，第 318-319 页。

③ 参见刘家安：《交付的法律性质——兼论原因理论的发展》，载《法学研究》2004 年第 1 期，第 43 页。

的存在，那么此种法律约束就应当是债之关系。而且，许多比较立法例都直接承认无偿给予一方享有履行请求权。[①] 不过当前的问题在于，无法根据《民法典》相关法条的字面含义，直接推导出针对负担之义务的请求权之存在。况且，自古罗马以来，许多法学家都曾拒绝承认负担受益人为第三人的情况下请求权的存在，[②] 一些当代学者也认为在附义务遗嘱中无法生成利害关系人的请求权。[③] 而在支持性论据之中，尽管有相当一部分学者主张履行请求权是存在的，这一观点甚至构成民国时期的通说，[④] 但是他们都没有充分说明设置履行请求权的正当性，而只是将其径行归入既有的权利义务体系之中。[⑤] 因此，有必要正面论证此种权利义务关系为债之关系。

在法律中，很难想象一个没有权利的义务，因为权利义务是统一在一个法律关系之中的，二者相互对立、相互依存。[⑥] 因此，我们可以初步认为，在主张一项义务存在的同时，就必然会主张一项权利的存在。通过简单推理便可推断出，针对负担之义务的权利是债权请求权，相应地便可确定负担之义务是债务。第一条路径为，传统观念下民法中的权利可分为请求权、支配权、形成权、抗辩权四类，[⑦] 针对负担之义务的权利显然不可能是后三种，只可能是请求权。

---

① 例如，《瑞典债务法》第 246 条第 1 款、《智利民法典》第 1426 条、《意大利民法典》第 793 条第 2 款、《葡萄牙民法典》第 965 条。

② 参见周枏：《罗马法原论》（下册），商务印书馆 2014 年版，第 839 页。

③ 此种观点更多存在于遗嘱（遗赠）之中，学者们多未提及利害关系人的履行请求权。参见彭诚信主编：《继承法》，吉林大学出版社 2007 年版，第 140-141 页；张平华、刘耀东：《继承法原理》，中国法制出版社 2009 年版，第 329-330 页。当然，这也可能产生于立法用语的影响。此外，依据向第三人履行债务之法理，若认为所附义务为不真正利他合同，亦可否定负担受益人享有请求权；但在第三人表示接受的情况下，则宜承认请求权的存在。参见王洪亮：《债法总论》，北京大学出版社 2016 年版，第 475 页；黄立主编：《民法债编各论》（上册），中国政法大学出版社 2003 年版，第 181 页。

④ 参见韦维清：《民法债编各论》，大东书局 1931 年版，第 79 页。

⑤ 参见余延满：《合同法原论》，武汉大学出版社 1999 年版，第 600 页；李永军、易军：《合同法》，中国法制出版社 2009 年版，第 467 页。

⑥ 参见王泽鉴：《民法总则》，北京大学出版社 2009 年版，第 91 页。但是，在更为深刻的法理学视角下，权利与义务具有对应性的观念未必当然成立。参见陈景辉：《权利和义务是对应的吗?》，载《法制与社会发展》2014 年第 3 期。

⑦ 参见朱庆育：《民法总论》（第 2 版），北京大学出版社 2016 年版，第 514-519 页。

第二条路径则是霍菲尔德的权利义务关系矩阵:[①] 针对负担之义务的权利，不可能是排除对方请求的 privilege，亦不可能是形成对方法律状态变动的 power，更不可能是免受对方变动自己法律状态的 immunity，而只可能是请求对方履行的 right，right 又与请求权基本同义。[②] 民法中的请求权可分为债权性的请求权与非债权性的请求权，后者需要建立在特定关系之基础上，如物上请求权,[③] 而在附义务的情况下显然不可能存在这些特殊关系。因此，负担之义务之相对人的权利一定是债权，负担之义务为债务。[④] 《德国民法典》第 2192 条更是进一步验证，既然负担得准用遗赠义务履行之规定，那么它自然具有与遗赠义务相同的属性，即债务。[⑤]

概言之，既然证明了负担之义务是债务，那么《民法典》合同编实质规定的债的一般规则，尤其是债务履行以及不履行救济规则，便可适用于负担之义务,[⑥] 负担履行请求权的存在亦是当然之理。

2. 负担债务之标的

负担之义务既然是债务，当然可以对于它的标的——给付——作进一步区分，一个基础的分类方式即给予、作为与不作为三分法。[⑦] 无论是赠与合同还是遗嘱，如果不采取广义的“消极财产减少也构成总体财产的增益”的观念,[⑧]

---

① See Wesley Newcomb Hohfeld, *Some Fundamental Legal Conceptions as Applied in Judicial Reasoning*, The Yale Law Journal, Vol. 23: 1, pp. 16-59 (1913).

② 参见王涌:《寻找法律概念的“最小公分母”——霍菲尔德法律概念分析思想研究》，载《比较法研究》1998 年第 2 期，第 155 页。

③ 此外还包括人格权请求权、亲属请求权以及继承请求权，但显然都不适用于附义务的情形。参见朱庆育:《民法总论》(第 2 版)，北京大学出版社 2016 年版，第 515 页。

④ 亦有学者持此种观点，参见郑玉波:《民法债编各论》(上册)，三民书局 1981 年版，第 165 页；余延满:《合同法原论》，武汉大学出版社 1999 年版，第 599 页。

⑤ 《德国民法典》第 2192 条:“第 2065、2147、2148、2154-2156、2161、2171、2181 条(作者注：均关于遗赠债务的履行问题)有关以终意处分为给与(Zuwendungen)之规定，于负担准用之。”

⑥ 合同不履行的相关规则，均属实质上之债总规范，从而可以适用于各类债之关系。参见翟远见:《论〈民法典〉中债总规范的识别与适用》，载《比较法研究》2020 年第 4 期，第 115 页。

⑦ 参见［意］阿雷西奥·扎卡利亚:《债是法锁——债法要义》，陆青译，法律出版社 2017 年版，第 34 页。此种分类在“拉丁法族”的民法典中极为常见。

⑧ 参见刘家安:《赠与的法律范畴》，载《中国政法大学学报》2014 年第 5 期，第 61 页。

其核心都在于财产权利的移转。最具典型性的负担之义务的标的是财产给予，它可以被限定（或者说扩张）为财产性权利的移转，因为它们都能够使相对人实现积极财产的增益。① 由此，以给予为给付标的之负担，便同赠与以及遗嘱产生明显的对应关系。另有观点在此基础上再度限缩，认为仅当利用所赠与之物提出负担之给付，而非基于受赠人自己的财产履行负担之时，才能成立附负担赠与，否则将构成双务有偿合同。② 这一限定过于强调给予之“对物性”，反而削弱了给予作为债之给付标的之“对人性”，存在性质错误，并不可取。

与此相对，其他并不导致相对人积极财产增加的行为，可被称为“非给予性债务”，它包括作为之债与不作为之债。非给予性债务可能会涉及财产利益的变动，如消极财产的减少（我送你一辆车，你应当免除我的债务）或者以行为的方式取得财产性利益（我送你一辆车，你应当每周为我洗一次车），但是不会发生财产权利的移转。它也可能不会变动财产利益，只是要求受益人为特定行为（我送你一辆车，你应当为我宣传），或不作为（我送你一辆车，你 5 年内不能离职），甚至可能涉及财产，但至多涉及受益人财产的单方面减少（我给你 1 万元，你应当以我的名义修建一座纪念碑）。③

作出以上区分的意义在于判断救济方式。在具有债之效力的情况下，所有给付皆可被请求履行，但是并非所有情况都适宜强制履行。给予之债以及那些变动财产利益的非给予性债务在绝大多数情况下都适宜强制履行，④ 而那些涉

---

① 参见徐涤宇译注：《最新阿根廷共和国民法典》，法律出版社 2007 年版，第 402 页。

② 参见侯英泠：《附负担赠与之瑕疵担保责任》，载《月旦法学教室》2017 年第 176 期，第 17 页。

③ 参见［意］Enrico del Prato：《死因继承中的意思自治和法定性》，李媚译，载费安玲主编：《罗马法与学说汇纂》（第 7 卷），中国政法大学出版社 2016 年版，第 79 页。一些教科书所举事例，亦经常属于这一范畴，如“给予学生助学金，留学归国后须回国任教”或“赠与花园，但须免费向公众开放 5 年”，等等。参见郑玉波：《民法债编各论》（上册），三民书局 1981 年版，第 165 页。

④ 排除强制履行可能性的情形，依《民法典》第 580 条第 1 款之规定，包括法律上或者事实上不能履行、债务的标的不适于强制履行或者履行费用过高，以及债权人在合理期限内未请求履行。给付不能以及债权人怠于请求是两种可能普遍发生的可能性，履行费用过高仅涉及具有特殊的经济利益的情形，并非财产给予之特性。反观以行为作为标的之给付，则可能因其涉及义务人的人格，而排除被强制履行之可能。参见王洪亮：《债法总论》，北京大学出版社 2016 年版，第 208-218 页。

及人的行为的债务，包括具有人身性的债务、不作为之债，都难以强制履行，只能转向损害赔偿。甚至在一些情况下，因为负担之义务不具有财产属性，难以计算损失的价值，从而难以转换为损害赔偿。① 相当一部分教科书所列举的负担之义务的事例即属于此种类型。② 或许正是考虑到此种情况，古今中外的立法者都设置不履行负担的撤销权，以期在无法充分运用债务不履行规则的情况下，仍然能够维护当事人之间的利益均衡。总之，从给予之债到非给予性债务，适用债法救济的可能性呈现出递减态势，但撤销权始终存在。

（二）负担不含不具有法律效力的约束

1. 不具有法律约束力的义务

以上讨论均建立在立法规定的义务一定是具有法律约束力的义务的预设之上。但是，如果我们将视角从具体的法律规范世界退回到抽象的规范世界，就不得不承认不具有法律约束力的义务的存在。③ 这些义务可能是无法产生法律约束力的道德义务，也可能是一些基于情谊产生的不具有法律意义的义务，总之它们都是处于“法外空间”的义务。④ 相对于非给付性的债务，此种义务几乎不存在经济属性，反而具有更多的精神属性，以至于无法完全适用财产法乃至法律的规定。⑤ 但此种情况下的义务人也有可能在主观上持有规范性态度，认为自己“应当”做某事。此种关系仍是一类广义霍菲尔德矩阵中的 right-duty 关系，但是权利人无法通过法律手段实现 right，义务人也不会被强制手段强迫履行 duty。在规范世界中，此种行为因为符合某种外在的社会规范（如道德规

---

① 无论是运用“代位理论”还是“差额理论”，都无法计算其经济价值，因为它本身所具有的经济属性可能非常弱。至于相关计算方法，参见王洪亮：《债法总论》，北京大学出版社 2016 年版，第 279-280 页。

② 例如，朱庆育教授所举例子为“赠你一辆车，但须每天用此车接送残疾人甲上下班”，此义务显然无法强制履行，而且其是否具有法律约束力，亦可商榷。参见朱庆育：《民法总论》（第 2 版），北京大学出版社 2016 年版，第 126 页。

③ 有关一般化的权利与义务的讨论，参见陈景辉：《权利和义务是对应的吗?》，载《法制与社会发展》2014 年第 3 期，第 33 页。

④ 参见王雷：《情谊行为、法外空间与民法对现实生活的介入》，载《法律科学》2014 年第 6 期，第 42 页。

⑤ 参见［葡］曼努埃尔·德·安德拉德：《法律关系总论》（第 2 卷），吴奇琦译，法律出版社 2018 年版，第 431-433 页。

范、社会交往规范）的要求而具有一定的规范性，从而可被认为是一种义务。但在法律世界中，此种行为无法被请求履行或者被申请强制执行，所以无法被认为是一项真正的义务，它与法律义务（债务）之间的区别主要在于是否存在法律约束力。

附加此种不具有法律约束力的义务至少不会违反法条的文义。例如，当事人之间约定“我赠与你一台手机，你应当每周去寺庙替我烧一炷香”或者立遗嘱人立遗嘱表示“我死后张三取得我的房子，张三应当每年都去我墓前祭拜”，这都能为社会观念所接受。[①] 而且，附负担赠与或附负担遗嘱的救济措施并未与债务不履行规则完全绑定，而是额外允许撤销权的存在，这为不具有法律约束力的义务保留引入《民法典》并获得救济的可能性。可见，允许负担包含不具有法律约束力的义务，似乎不会超过法条的文义范围，也能够与既有规则体系兼容。

然而，这一假设是完全不可成立的。若将负担可以包括不具有法律约束力的义务的观点代入上一节的结论，就会面临危机：此种义务并不具有法律效力，不可能作为法律行为的内容，也就不可能改变法律行为的效果。如此，将会模糊已经厘清的附负担与附条件之间的边界。是故，尽管不具有法律效力的义务与法律义务没有太多形式上的差别，也不可混为一谈，避免模糊的解决方案也非常简单：将不具有法律约束力的义务排除在负担的概念之外。

最后，附加不具有法律约束力的义务的情形，虽与负担相斥，但与附条件、附期限却具有更高的相似性：此种义务不会影响法律行为的内容，不会影响法律行为的效果，而是被“附加”在其之上且具有影响法律行为效力的可能性。[②] 只要承认不履行此种义务时也能够产生撤销权，它的作用就相当于一项随意条件：义务之不履行是撤销权的停止条件，不履行义务这一条件成就之时，撤销权立即产生。

总之，不具有法律约束力的义务能够借由《民法典》“附有义务”之文义进入法律世界，当事人可以将其附着在无偿给予行为之上，但是，因其内容不

---

① “举轻以明重”，有的学者认为“好好学习”都可以作为赠与所附义务，那么这些更为具体、更具有可行性的要求自然也能成为义务。参见崔建远主编：《合同法》（第5版），法律出版社2010年版，第412-413页。

② 近江幸治『民法講義Ⅰ・民法総則』（成文堂，2018年）321頁参照。

具有法律约束力，所以只能作为撤销权的停止条件，从而间接影响法律行为的效力。

2. 纯粹的约束

除了不具有法律约束力的义务，无偿给予人还有可能在给予上附加一定的约束。此种约束无意于为无偿接受人设定义务，无偿给予人也无意于取得相关行为的履行请求权。无偿给予人只是对给予财产的使用作出限制（我送你一辆车，你只能用它来运营网约车），或者为无偿接受人提出建议（我送你一辆车，希望你以后不要再抽烟了）乃至命令（我送你一辆车，你必须每周给我打电话）。① 以上情形亦与“目的性赠与”（Zweckschenkung）相似，它们同样提出一项不可能请求履行，但确实希望或要求受赠人完成的行为，② 并且未必具有财产属性。③ 在罗马法上，亦有类似的“为了目的的给”（*datio ob rem*）之规则，当接受人不能实现目的时，便可能产生返还的效果。④ 质言之，所有的不构成义务的情形，其实都可归为一类，因为它们都是对无偿接受人之行为作出的不具有强制力的约束，而且无偿给予人也都希望能够完成这一行为。如此，无偿给予人所附加的、不构成义务的、对无偿接受人之行为的要求，客观上表现为一种约束，主观上则表现为单方（或双方）之目的。此种约束自然不能纳入负担的范畴，因为它与不具有法律效力的义务一样，都无法成为法律行为的内容，影响法律行为的效果。而它若想对赠与或遗嘱的效力产生影响，则需要绕过法条以“义务”一词设定的语义障碍，因为此种约束只是当事人之间的个别要求，并非某种具有普遍性的外在规范的细化，当事人也不会因为受到某种外在压力而产生规范性态度。故而，突破口只能存在于主观层面的目的之上。当事人交易的共同目的，在赠与合同中需要双方同意；虽然遗嘱中不存在合意

① 参见吴炳枞：《债权各论》，载李秀清、陈颐主编：《朝阳法科讲义》（第4卷），上海人民出版社2014年版，第283页。

② 参见黄立主编：《民法债编各论》（上册），中国政法大学出版社2003年版，第180页。

③ 参见张展为：《赠与合同法理浅析》，载徐国栋主编：《罗马法与现代民法》（第3卷），中国法制出版社2002年版，第326页。

④ 参见［德］马克斯·卡泽尔：《论交付的正当原因》，田士永译，载中国政法大学德国法研究中心编：《中德法学学术论文集》（第1辑），法律出版社2003年版，第229-230页；［德］马克斯·卡泽尔、罗尔夫·克努特尔：《罗马私法》，田士永译，法律出版社2018年版，第516页。

的过程，但是遗嘱受益人可以通过放弃或拒绝接受的方式排除立遗嘱人所附加的目的，只要他接受遗嘱给予，就可推定他同意相应目的。目的本身不具有约束力，但若将其订入双方的合意，便自然可以产生约束力，由此以意思自治之路径，对无偿给予产生影响。而无偿行为与其目的关联甚重，可能产生目的不达之不当得利返还请求权。① 总之，此种解释路径实质上将此类约束一概归入目的性赠与之范畴。②

3. 两种约束的合并

在某种意义上，如果无偿给予人设置不具有法律约束力的义务，他在主观上其实也将其设置为无偿给予之目的，只是由于此种约束在客观上具有义务之属性，依法条的文义尚可额外存在撤销权。但归根到底，不具有法律约束力的义务，与纯粹的约束更为接近，而非负担。为避免与负担混淆，下文便将不具有法律约束力的义务以及纯粹的约束，统称为“不具有法律效力的约束”。此种分类方式存在相似观点的支持，民国时期即有学者认为，附负担赠与有两种含义，第一种情况下，赠与人无意于取得请求权，只是希望对赠与物的用途加以约束；第二种情况下，赠与人本意在于使受赠人负担债务，是为“真正负担”。③ 葡萄牙学者安德拉德亦采取类似的分类方式，将表达一种祈望、建议、劝告的约束归入“单纯负担”的范畴，并与产生法律义务的“本义负担”相对。④

不具有法律效力的约束，在结构上只能附加在赠与或遗嘱之上，在效果上不会变动法律行为的内容，只能通过作为目的影响法律行为的效力。它们之间的区分标准主要在于是否存在某种非法律的社会规范，且在此规范之下足以生成一种义务，这影响了它们的救济方式：若构成不具有法律效力的义务，当事

---

① 法定撤销权通过撤销的方式“取回”既有利益，目的性赠与则因目的不达导致交易基础丧失，从而可主张不当得利返还请求权。张展为亦持相同观点，参见张展为：《赠与合同法理浅析》，载徐国栋主编：《罗马法与现代民法》（第 3 卷），中国法制出版社 2002 年版，第 326 页。

② 相反观点则认为，义务是主观目的之客观化。参见赵峰：《论附义务赠与合同中赠与人的救济》，载《中国政法大学学报》2021 年第 2 期，第 190 页。但由于主观目的不能一概客观化为义务，应当作出进一步区分。

③ 参见吴炳枞：《债权各论》，载李秀清、陈颐主编：《朝阳法科讲义》（第 4 卷），上海人民出版社 2014 年版，第 283 页。

④ 参见［葡］曼努埃尔·德·安德拉德：《法律关系总论》（第 2 卷），吴奇琦译，法律出版社 2018 年版，第 431 页。

人可以主张法定的撤销权与不当得利返还请求权；若不存在此种规范，则构成纯粹的约束，当事人只能主张不当得利返还请求权。①

（三）小结：负担范畴的限缩

应前文论证，在此作简要总结。赠与或遗嘱可以附加一系列的指向受赠人或遗嘱受益人一方之行为的规定。这些对于行为的约束，可分为法律义务以及不具有法律效力的约束，两者在性质上判然有别，且在救济方式上也存在明显区别。法律义务必定是债务，可以按照给付之区分方法分类，并且从给予之债向非给予性债务呈现出债法救济方式之丰富程度递减的特征。具体而言，不具有法律效力的约束包括不具有法律约束力的义务以及纯粹的约束，它们不能适用债法救济，但因它们在主观上构成了无偿给予的目的，所以可以适用不当得利返还请求权；不具有法律约束力的义务则因其具有义务属性，还可额外主张撤销权。总之，从给予之债向纯粹的约束，呈现出法律约束力递减，且救济方式的丰富程度递减的特征。

“负担”的最大语义，其实可以包括以上所有情形。例如，前文提到的罗马法“*datio ob rem*”规则，其中的*rem*（目的）不限于具体的行为约束，也可以是对方的给予，以至这一规则可以将以互易为典型的罗马法上的无名契约包含在内。但是，此种扩张包含太多情形，而且在履行以及救济等问题上都不具有普遍的适用可能性，也就不必采用。而若将其限缩，则会产生研究上的特殊意义。将负担之义务理解为法律义务（债务）时，具有法律上的典型性；而在债务之中，给予之债又是其典型，它能够实现积极财产的移转，而且与其所附着的法律行为（赠与以及遗嘱）具有相同的实质，更何况它还具有强制履行的可能性，也就具备最为全面的救济方式适用可能性。因此，将负担限缩为最具代表性的“给予义务”，能够更加典型地作出分析。

当然，真正具有法律意义的“负担”或者“义务”，应当包括所有能够产

① 此外还有一种判断标准，即此种行为相对于赠与所具有的经济地位：若系为了完成这一行为而赠与，则为目的性赠与；若此行为系赠与人所希望的赠与后作出的“回报”，则产生法定撤销权。史尚宽先生还额外列举了所定用途事实上履行所有利益之强度、契约当事人之信任关系、所定用途之内容及其金钱价值等参考因素。参见史尚宽：《债法各论》，中国政法大学出版社2000年版，第139页。

生债务之情形，其中又以具有财产增益意义的作为义务为重。仅在经济属性上，此种作为义务与给予义务并无差异，但是二者在法律结构上存在明显不同，前者并不变动财产权利的归属，而完成财产权利归属变动的交易才是财产交易中的典型。因此，为了保持研究的典型性，仍有必要将负担限缩为“给予义务”，只是“具有财产属性的作为义务”与其具有几乎完全相同的效果，在研究过程中其实已经一并对其进行探讨。而那些不具有财产属性的作为义务以及不作为义务，则在法律属性上与给予义务相同，它们都可以被理解为一种“法律上的利益”。因此，这些义务也可以与给予义务适用相同规则。

如此看来，虽然本文为实现研究的典型性，将负担限缩为“给予义务”，但实际上却同时分析了所有的给付类型。换言之，对典型形态的研究，能够推及与之具有相同属性的其他形态。故而，即使将“负担”限缩为“给予义务”，也可推广到“给付义务”。不构成债务的约束，自然不能成立负担，但因与其具有相似性，亦有参照适用之余地。

四、负担的体系定位

前文已然充分揭示负担的含义与效力，而且已经充分展现负担与条件、期限在含义、效力、对法律行为内容与结构的影响等方面的显著差异。学者们虽已经意识到这一点，但仍然将负担与条件、期限共同当作附款。因此，仍有必要分析附款这一“上位概念”，以进一步确定负担在民法体系中的定位。

许多学者认为，附款系“条件”与“期限”的上位概念，其意义在于控制法律行为的生效或者失效。① 还有一些学者认为，附款的含义还有广狭二分，广义的附款是一种“法律行为的附属条款”，是当事人根据自己的意思额外附加的条款，② 从而可以将负担包括在内。③ 不过，他们一边主张广义的附款包括

① 参见梁慧星：《民法总论》，法律出版社2011年版，第102页；［日］四宫和夫：《日本民法总则》，五南图书出版股份有限公司1995年版，第283-284页；俞树毅、金耀龙：《法律行为附款制度之反思》，载《兰州学刊》2015年第12期，第147页。

② 例如，唐纪翔先生认为：“法律行为，乃私法上之自治行为，故当事人对于法律行为，得任意添加附随条款。”唐纪翔：《民法总论》（下卷），开明书局1932年版，第269页。

③ 参见张俊浩主编：《民法学原理》（修订第3版上册），中国政法大学出版社2000年版，第263页。

负担，一边却强调负担与条件、期限存在差异，即负担不会影响法律行为的效力。[①] 此种广义的附款概念有助于纳入更多元素，但“稀释”了狭义附款概念中条件与期限的共性，即法律行为的效力控制功能。

与广义的附款相似，还有不少学者将负担列为一类偶素。“偶素”系“某种法律事实，因当事人之附加，而成为法律行为之原素者”[②]，其与要素、常素的区别在于，是否添加偶素不影响法律行为的效力，而且即使不添加也不会有法律规定填补相应的内容。[③] 偶素的功能在于“任意改变为要素或常素所定之效果”[④]。此种理解与广义的附款概念结合，可以将其限定为“改变法律效果的附属条款”[⑤]。通过简单的分析，便可将广义的“附款”与“偶素”联系起来：要素与常素是某一类法律行为所当然具备的元素，[⑥] 除此之外的一切元素自然是偶然的、被添加上的、具有附属性的，“附款”与“偶素”实为同一事物的两种表达方式。[⑦]

广义的附款概念与法律行为的偶素一体两面，有其存在的道理；狭义的附款概念同样因统摄存在相似性的条件与期限，而具有特殊的意义。这一区分也同第一节负担与条件之区分联系起来：广义的附款，不仅影响法律行为自身的

---

① 参见朱庆育：《民法总论》（第 2 版），北京大学出版社 2016 年版，第 125 页。

② 梅仲协：《民法要义》，中国政法大学出版社 1998 年版，第 91 页。

③ 参见《民法学》（第 2 版），中国政法大学出版社 2011 年版，第 138 页。

④ 芮沐：《民法法律行为理论之全部（民总债合编）》，中国政法大学出版社 2003 年版，第 76 页。

⑤ 由此，有观点认为，“买回约款”也属于附款之一类，因为它也能改变法律行为的效果。参见洪逊欣：《中国民法总则》，三民书局 1989 年版，第 414 页。姚瑞光先生甚至认为“附款”系附带条款、附带规定，并与法令附则、条约附约相类比，以至于认为“附款”并非任意加入之条款，而是与正文有同一效力的独立条款，最终否定在民法上使用“附款”概念的意义。参见姚瑞光：《民法总则论》，中国政法大学出版社 2011 年版，第 257 页。史尚宽先生提出了一个极为广义的附款概念，还包括了所有权保留约款、利息约款、担保约款、免责约款。但他同时也主张，“民法就此概念，未设一般之规定，而于其间并无一贯之原理”。因此，并无对其抽象并作统一规定之必要，反而固有意义的附款仅指确定法律行为效力之发生或消灭之约款。参见史尚宽：《民法总论》，中国政法大学出版社 2000 年版，第 472 页。

⑥ 参见吴奇琦：《法律行为三元素（要素、常素、偶素）理论的诞生发展史》，载《交大法学》2020 年第 2 期，第 60 页。

⑦ 参见［葡］曼努埃尔·德·安德拉德：《法律关系总论》（第 2 卷），吴奇琦译，法律出版社 2018 年版，第 43-44 页。

效力也影响法律行为的效果，[①] 狭义的附款则仅影响法律行为自身的效力。二者虽非截然不同，但也并非完全不存在关联，还容易产生混淆，自有厘清之必要。

（一）“附款”广狭二义的历史基础

附款之广义与狭义的区分，并非这一概念本身存在的问题，实乃我国民法学术发展过程中的一项具有偶然性的事件，它可能是我国在继受西方现代民法的过程中，在不同学术路径中进行选取所产生的结果。我国民法概念与语言体系来源于日本，最初的引介路径大致有三条：[②] 梅谦次郎创办的法政速成科的留学生笔记及译作；[③] 早在 1907 年即已翻译出版的富井政章著作《民法原论》（第 1 卷）；[④] 以松冈义正为民法讲师的京师法律学堂笔记。[⑤] 以上三者塑造了我国民法学者对于“附款”概念的最初认知，也很有可能构成附款含义之争的起源。

在梅谦次郎所著《日本民法要义 · 总则编》中，虽未使用“附款”一词，但使用“附随事项”一词来指涉同一概念。梅谦次郎认为，附随事项的下位概念包括条件与期限，功能则是“停其（法律行为）效力或使消灭”。[⑥] 尽管“附随事项”这一表述稍显宽泛，但由于梅谦次郎对其效力作出了严格的限定，因此在其概念体系中，并不存在将负担纳入附款（附随事项）的可能性。

富井政章似乎迈入另一个方向，其在“法律行为的附款”一节的开篇写

---

① 例如，刘得宽教授先表示，条件与期限可对法律行为的“效力之发生或消灭”作一定限制，随后表明“如此对法律行为的效果，由当事人任意加以限制者，便为法律行为之附款”，从而将负担纳入其中。参见刘得宽：《民法总则》，中国政法大学出版社 2006 年版，第 246-247 页。

② 相关书籍、笔记的出版信息，参见北京图书馆编：《民国时期总书目（1911-1949）· 法律》，书目文献出版社 1990 年版。

③ 参见日本法政大学大学史资料委员会编：《清国留学生法政速成科纪事》，裴敬伟译，广西师范大学出版社 2015 年版。

④ 根据《民国时期总书目（1911-1949）· 法律》一书的统计，先于该书出版的民法学书籍有两种，与其同年出版的民法学书籍有四种，但均为留学生编纂的笔记，学术价值殊有不同。因此，在当时该书很有可能产生了巨大影响，并很有可能形成了中国对于民法学系统性的最初印象。

⑤ 相关笔记有两套，在当时均有较大的影响力。其一由熊元楷、熊元襄两兄弟编纂，已由上海人民出版社编译出版，其二由汪庚年编纂。本文参考前一套笔记。

⑥ 参见［日］梅谦次郎：《日本民法要义 · 总则编》，孟森译述，商务印书馆 1913 年版，第 187 页。

道："凡为法律行为者，可任意变更法律上之效果，及其制限，此通例也。以此目的，而繁其行为之效力于某事实中，必有条款，分为条件及期限二端。"① 这句话似乎自相矛盾：若依前段，此条款之"目的"在于导致法律上效果之变更，那么它就不会限于规制法律行为之生效与失效；但若依最后半句，则又将回归狭义的附款概念。不过，富井政章随后对负担作出如下定义："负担者，制限或变更法律行为效力范围之附款也。"② 这一定义表明他的立场：将负担涵摄于附款之项下，并认为其足以变更法律效果。最后，富井政章的著作亦将法律行为偶素这一概念引入了我国的民法学体系，此点亦可作为理解附款定义的参考因素："所谓偶素者，非法律行为之本质，由当事者特加于法律行为之条款也。"③ 可见，偶素与附款的概念确实难以区分，它们都是法律行为中"非本质"，但又属于"特别约定"的内容。

松冈义正则在两种观点之间"徘徊"。他虽然没有在民法总论的知识框架中提及负担这一概念，但起始便倾向于采取广义的附款概念："法律行为之附随条款（即附款）之数极多，然重要而适用之范围且最广泛者，为条件及期限。"④ 这句话表明，条件与期限只是附款中最重要且适用范围最广泛的两类，但并非其全部。鉴于条件与期限的功能仅限于控制法律行为的效力，由此便可逆推，松冈氏所理解的附款之功能不应仅限于法律行为的效力控制。然而在介绍条件之时，他却对附随条款作出严格的定义："当事人因以法律行为效力之发生或消灭，使系于不确定之未来事实之成否，而任意附加于法律行为之意思表示之成分，古来称为附随条款……"⑤ 如此，松冈义正又回归到狭义附款概念的轨道，这与前文是矛盾的，此种矛盾恰恰体现出继受之初附款定义的混乱。

此外，我国的罗马法研究似乎也影响了附款的含义。虽然在罗马法研究中，

---

① ［日］富井政章：《民法原论》（第1卷），陈海瀛、陈海超译，中国政法大学出版社2003年版，第329页。

② 同上注，第358页。

③ 同上注，第230页。

④ ［日］松冈义正口述：《民法总则》（下册），熊元楷、熊元襄编，上海人民出版社2013年版，第283页。

⑤ 同上注，第284页。

罕见“附款”或类似概念的使用，① 但是在研究相关问题时，学者们往往都会将条件、期限与负担（贾文范与黄右昌两位先生采早期日译，称其为“前定”）前后排列，从而使这三者看似具有相似性和关联性。② 此种编排同样受到日本罗马法教科书的影响，如黄右昌先生在写作罗马法教科书之时，参考日本早期罗马法学者户水宽人的著作，③ 后者即采取此种编排方式。④

当然，此种编排模式实际上来自欧洲罗马法与民法研究的传统。彭梵得指出，罗马法允许当事人在一定的范围内对行为的结果进行调整，并将能够变更行为后果的附带约定（dichiarazione accessoria）称为条件（*condicio*）、约定（*lex*）与负担（*modus*），此三者即与条件、期限、负担一一对应。⑤ 德国民法学者马克尔代（Ferdinand Mackeldey）早于 19 世纪就已将负担同原因、条件、期限等元素统称为法律行为的“模态”，并将其纳入法律行为偶素的范畴。⑥ 后世如弗卢梅亦曾指出，“在普通法理论中，人们一般将条件、期限和负担一起予以讨论”，它们的共性则是产生法律行为的不确定性。⑦ 欧陆民法学者也经常认为负担是一种附属条款，⑧ 部分立法例也采取了类似表述，如《秘鲁民法典》直

---

① 贾文范先生是其中的“少数派”。不过，他对附款概念的表述似乎令人难以理解，本文因此不将其作为正文内容：“法律行为之正当效力，往往由当事者间附以条款而始发生，当事者若舍此条款而他求，法律上即不予以效力，故罗马法称此条款为法律行为之附随条款（简言之为附款）。”参见贾文范：《罗马法》，清华大学出版社 2019 年版，第 48 页。

② 参见王去非：《罗马法要义》，上海法学书局 1934 年版，第 90-92 页；陈允、应时：《罗马法》，商务印书馆 1939 年版，第 174 页；黄右昌：《罗马法与现代》，丁玫勘校，北京大学出版社 2008 年版，第 219-226 页；贾文范：《罗马法》，清华大学出版社 2019 年版，第 50 页。

③ 参见黄右昌：《罗马法与现代》，丁玫勘校，北京大学出版社 2008 年版，第 44 页。其中提及了户水宽人与渡边安积的教科书，而黄右昌先生教科书的体例与其具有高度相似性。

④ 戸水寛人『羅馬法』（日本大学 41 年度法科第 1 学年講義録，1908 年）333 頁参照。

⑤ 参见［意］彼得罗·彭梵得：《罗马法教科书》，黄风译，中国政法大学出版社 2017 年版，第 51-52 页。

⑥ See Ferdinand Mackeldey, Lehrbuch des heutigen Roemischen Rechts, Erster Band, G. F. Heyer, 1833, § 160. 转引自吴奇琦：《法律行为三元素（要素、常素、偶素）理论的诞生发展史》，载《交大法学》2020 年第 2 期，第 53 页。

⑦ ［德］维尔纳·弗卢梅：《法律行为论》，迟颖译，法律出版社 2013 年版，第 821 页。

⑧ 参见［葡］Carlos Alberto da Mota Pinto：《民法总论》，澳门翻译公司等译，澳门法律翻译办公室、澳门大学法学院 1999 年版，第 344 页。此外，许多葡萄牙学者都持此种观点，他们认为负担是债务履行的“态样”“方式”“变更”。参见吴奇琦：《法律行为三元素（要素、常素、偶素）理论的诞生发展史》，载《交大法学》2020 年第 2 期，第 58 页。

接规定法律行为的“模态”，《奥地利民法典》第695条第1句亦表示：“被继承人得以附加条件、期限或负担，或者以表明其意图的方式，限定其遗嘱的内容。”

相较而言，狭义的附款概念可能没有如此深厚的理论基础。附款对应的德文单词为“Nebenbestimmung”,[①] 若将其翻译为中文，可直译为“附随条款”，简称“附款”自然也无妨。在狭义的附款概念之下，它仅涉及法律行为的效力。然而，在当前译为中文的德国民法教科书中，基本未见“Nebenbestimmung”“附款”或者“附随条款”的身影。德国学者往往将条件与期限并列，而未提炼上位概念。[②] 学说风格与德国颇为相似的日本，倒是普遍使用狭义的“附款”概念，但是仅将条件与期限相互并列，并未提及负担。[③]

可见，狭义的附款与广义的附款在使用逻辑上是泾渭分明的：如果采用狭义的附款概念，就只包括条件与期限，它的功能仅在于控制法律行为的效力；如果采用广义的附款概念，就不应将其置于法律行为的效力部分，而是应当使用“偶素”这一方面的含义。[④] 在历史脉络中，狭义的附款概念可能是日本学者对德国学理进行加工的结果，如今已成为通说。民国时期的民法学者多师从日本，更易以此作为建构体系的基础。但是在多条继受路径中，狭义的附款概念与广义的附款概念（偶素）相互杂糅，以致形成今日附款概念的广狭二义之分，负担的体系定位也因此受到极大的负面影响。有的学者在“附款”的两种含义间来回“穿梭”,[⑤] 既认为附款决定法律行为的效力，又承认负担是一类附

---

① 当代民法总论教科书或研究暂且缺乏对德文等原文语词的标注，民国时期则多有类似标注。参见欧宗祐：《民法总则》，商务印书馆1928年版，第195页；胡元义：《民法总则》，好望书店1934年版，第323页；史尚宽：《民法总论》，中国政法大学出版社2000年版，第472页。日本教科书亦多作此标注。近江幸治『民法講義Ⅰ・民法総則』（成文堂，2018年）321頁参照。

② 参见［德］汉斯・布洛克斯、沃尔夫・迪特里希・瓦尔克：《德国民法总论》（第41版），张艳译、杨大可校，冯楚奇补译，中国人民大学出版社2019年版，第215页；［德］迪特尔・梅迪库斯：《德国民法总论》，邵建东译，法律出版社2013年版，第626页。

③ 这一观点，自早期的梅谦次郎，至中期的我妻荣，到当代的诸多学者，几乎一脉相承。我妻栄『中華民国民法総則』（日本評論社，1946年）137頁参照；近江幸治『民法講義Ⅰ・民法総則』（成文堂，2018年）321頁参照；［日］山本敬三：《民法讲义Ⅰ・总则》（第3版），解亘译，北京大学出版社2012年版，第267页。

④ 我国大陆学者与我国台湾地区学者在讨论广义附款时，常常将其置于“法律行为的效力”这一章节之中，如此看来并不妥当。

⑤ 朱庆育教授的观点最为典型，他一方面认为“法律行为的附款，即是当事人通过条件或期限的设置控制法律行为生效或失效时间的手段”；另一方面表示“广义上，法律行为的附款还包括‘负担’，即在法律行为中为当事人设定他项义务”。参见朱庆育：《民法总论》（第2版），北京大学出版社2016年版，第125-126页。

款，如此既将附款限制为法律行为的效力控制工具，又承认它是法律行为的偶素，颇为不当。实际上，在涉及负担时，只有广义的附款概念才有意义，此种定义也更符合民法学的研究传统。

在澄清历史脉络的基础上，为避免混淆，本文更倾向于以“附款”指代法律行为效力的控制工具，即条件与期限，此种用法也接近德日通说以及我国学者的日常理解；① 另外，则以“偶素”替代与之同义的广义附款概念。

（二）偶素概念下负担的定位

法律行为元素之三分，是注释法学家的经典逻辑方法“划分与区别”之应用。② 根据考证，其源头在于巴尔杜斯对于法律行为之元素的三分法：本质（*essentialia*）、本性（*naturalia*）、偶性（*accidentalia*）。③ 其中，偶性（*accidentalia*）被认为是“以一种特别方式或者说透过简约而被附加于实质和本性之上的形式，这一形式可以在不导致主体发生实质性转变的情形下被附加或减去”，它是当事人自主添加的约定，④ 无论如何都不会被理解为“法律之规定使然者”⑤，甚至法律行为中“常规而言都不存在”⑥ 的元素。后世如弗卢梅也认为，“附加约定”（*accidentalia negotii*，实乃偶素）并不是构成法律秩序所预先规定的法律行为类型的约定，而是在达成这些约定的同时所制定的额外规则，“特别是一些偏

---

① 典型表述，如附款是“法律行为效力自治的时间维度”。参见朱庆育：《民法总论》（第2版），北京大学出版社2016年版，第125页。

② 参见李中原：《中世纪罗马法的变迁与共同法的形成》，载《北大法律评论》（第7卷第1辑），北京大学出版社2006年版，第222页。

③ 参见吴奇琦：《法律行为三元素（要素、常素、偶素）理论的诞生发展史》，载《交大法学》2020年第2期，第45页；李中原：《中世纪罗马法的变迁与共同法的形成》，载《北大法律评论》（第7卷第1辑），北京大学出版社2006年版，第222页。

④ 参见［美］詹姆斯·戈德雷：《现代合同理论的哲学起源》，张家勇译，法律出版社2006年版，第77页。

⑤ Baldus, Commentaria ad C. 4, 38, 13, n. 6 et 7; Bartolus, Commentaria ad D. 12, 1, 3. 转引自吴奇琦：《法律行为三元素（要素、常素、偶素）理论的诞生发展史》，载《交大法学》2020年第2期，第46页。

⑥ Daniel Nettelbladt, Systema Elementare Vniversae Ivrisprvdentiae Positivae, Halle (Saale), 1749, § 68 (S. 84). 转引自吴奇琦：《法律行为三元素（要素、常素、偶素）理论的诞生发展史》，载《交大法学》2020年第2期，第51页。

离法定规则的规则”[①]。安德拉德也认为，偶素并不涉及法律行为的类型识别或者特征化认定，但它对于当事人旨在追求的特定法律效果而言至关重要。[②] 总之，偶素的意义在于，以法律行为的类型化（要素、常素）为基础，对法律行为的元素作出“个性化”的设计。

此种理解塑造了继受欧陆民法的国家和地区的法学学者对于法律行为之偶素的理解，[③] 而若在此意义上理解与其含义相似的广义附款概念，自然可以将负担纳入其中，这一观点在民国时期更是得到普遍接受。[④] 然而对照偶素概念，又可进一步检讨在使用广义附款概念的过程中存在的误区。尽管条件、期限与负担的确能够被统合在同一个概念之下，但并不能望文生义地理解为“附款”。在引入这一词语之初，它本身即具有特定的学术定义，所以无论如何它都不会等同于“附加在法律行为之上的条款”[⑤]。即使从字面含义出发，学者们探讨的也是有关条件、期限与负担的意思表示与确定法律行为内容的意思表示之间的关系，[⑥]

---

① 参见［德］维尔纳·弗卢梅：《法律行为论》，迟颖译，法律出版社2013年版，第94页。值得注意的是，尽管弗卢梅认为法律行为的偶素主要是关于条件和期限的约定，但对于偶素的定义已经足以包括负担。

② 参见［葡］曼努埃尔·德·安德拉德：《法律关系总论》（第2卷），吴奇琦译，法律出版社2018年版，第43-44页。

③ 例如，比户水宽人更早的罗马法学者渡边安积，直接使用了“契约实行上之制限（Modality）”作为标题，并将场所、时（期间）与条件作为其下位概念。（为保留原貌，“形译”自日文）。渡辺安積『羅馬法』（英蘭堂，1886年）320頁参照。

④ 例如，徐谦先生表示，负担可以“限制或变更法律行为效力之范围”。参见徐谦：《民法总论》，会文堂新记书局1933年版，第313页。曾志时先生认为，附款系“当事者对其意思表示所欲望发生之效果，加以一定限制之条款”。曾志时：《民法总则》，朝阳学院1936年版，第163页。欧宗祐、胡元义两位先生的论据均与之相似。参见欧宗祐：《民法总则》，商务印书馆1928年版，第196页；胡元义：《民法总则》，好望书店1934年版，第323页。不过遗憾的是，当时的学者仍普遍认为条件与期限系“主要”的附款，因而规定于总则之中，而非其具有特殊性质。

⑤ 例如，史尚宽先生称其为“附加于法律行为的一切约款之总称”。参见史尚宽：《民法总论》，中国政法大学出版社2000年版，第472页。黄立教授亦将负担简单称为“无偿行为或死因行为之附加条款”。参见黄立：《民法总则》，中国政法大学出版社2002年版，第388页。

⑥ 就属于附款的合意是作为有别于法律行为本体的另外的合意构成（附款说），还是将两者作为一个整体的合意构成（单一行为说），存在争议。参见胡长清：《中国民法总论》，中国政法大学出版社1997年版，第269页；［日］山本敬三：《民法讲义Ⅰ·总则》（第3版），解亘译，北京大学出版社2012年版，第267-268页。

尤其是附款是否独立于赠与或遗嘱的意思表示，[①] 而非这些条款所具有的"附随性"。因此，以字面意义为基础，主张附款包含条件、期限与负担的观点，并不可取。换言之，"广义附款"的概念是根本错误的。[②]

广义附款概念是不精确的，这也并非意味着偶素概念是绝对正确的。负担可以构成偶素，它也的确符合偶素的定义，不过此种观点在以下两大方面仍可能存在问题。首先，条件、期限与负担之间并不存在明显的共同点。第一，条件与期限的特征与功能更为相似，它们都将某一事件的发生与否系于法律行为，并决定其效力，二者的唯一区别在于该事件是否必然发生，[③] 负担显然与之不同。第二，条件、期限与负担只不过是在非常抽象的意义上才具有相同的变动法律行为效果的作用，即必须认为"法律行为效果"包含法律行为的效力与内容。但是，法律行为的效力与法律行为的内容之间不存在明显联系。除此之外，条件、期限与负担别无共同效力，亦无其他可以共同适用的规则。[④] 第三，如果采用"偶素"概念，在此项下还包含其他的"附属条款"，它们与条件、期限、负担不存在任何共同点，更不存在任何可以共同适用的规则。[⑤] 况且，前文提到的不具有法律效力的约束也可归入偶素的范畴，但它与负担存在质的差别。可见在民法理论体系中，"偶素"这一概念只具有逻辑分析的意义，而无

---

① 参见胡元义：《民法总则》，好望书店1934年版，第323页；曾志时：《民法总则》，朝阳学院1936年版，第163-164页；李宜琛：《民法总则》，正中书局1947年版，第277页；周新民：《民法债编分则新论》（上册），会文堂新记书局1937年版，第86页。

② 直至现在，这一用法还颇为常见。参见赵峰：《论附义务赠与合同中赠与人的救济》，载《中国政法大学学报》2021年第2期，第181页。

③ 参见王泽鉴：《民法总则》，北京大学出版社2009年版，第396页。

④ 李宜琛先生即表示，负担与条件、期限的相似之处，仅在于对法律行为的内容设置了特殊的限制，"然除此一点而外，则无共通之原则"。参见李宜琛：《民法总则》，正中书局1947年版，第278页。洪逊欣先生也持类似观点。参见洪逊欣：《中国民法总则》，三民书局1989年版，第414页。

⑤ 近江幸治认为，条件、期限与负担之外的针对特别问题的约款，应称之为"附随约定"，而不可称之为法律行为一般的附款。近江幸治『民法講義Ⅰ·民法総則』（成文堂，2018年）321頁参照。

规范适用的价值，亦无必要过分强调它的理论作用。① 第四，作为偶素概念的反面，与附条件、期限与负担的法律行为相对，还存在另一个法律概念："纯粹（法律）行为"②。《学说汇纂》片段 D. 50，17，77 表明："纯粹行为（*Actus legitimi*）不允许设立期限或条件。"③ 所谓纯粹行为，即那些因其性质应当具有稳定性，不应因为当事人的武断安排而产生不确定性的行为。在这些行为之上不应添加偶素，反而必须立即生效并付诸实施。④ 不可置否，负担也与这一概念关联不大，因为它从不影响法律行为在效力上的确定性。这进一步表明，尽管负担符合偶素的定义，但是"偶素"概念并不具有足够的统合性的实践价值。

其次，负担对法律行为的影响，明显强于条件与期限。第一，有观点认为偶素应当具有相对性，即只有在法律行为的主要内容（双方的主要权利义务）之上作出修改的条款，才应被称为偶素。⑤ 负担并不是对既有权利义务的修补，而是对既有权利义务的添加。它除了具有价值应小于或等于无偿给予财产的价值之约束以外，与一般的债务不存在区别。第二，有观点认为，若负担之内容违法或违反公序良俗，就会导致赠与无效。⑥ 此点可以从侧面反映负担在赠与中的重要地位。相反，条件违法或违反公序良俗，则仅可能视为未附条件。⑦

---

① 安德拉德指出，鉴于法律行为上利益或状况的多样性，附属条款的样态一定是变化无穷的，因此一般情况下无须将其作为理论的讨论对象，仅有少数的典型约定才有必要纳入讨论。参见［葡］曼努埃尔·德·安德拉德：《法律关系总论》（第 2 卷），吴奇琦译，法律出版社 2018 年版，第 44 页。

② 《智利民法典》第 1192 条第 1 款、第 1723 条第 5 款便在涉及纯粹性的规定中加入了负担。

③ 参见徐国栋：《我国〈民法典〉规定的纯粹法律行为的罗马法起源、比较法沿革和本土适用》，载《河南财经政法大学学报》2021 年第 1 期，第 158 页。

④ 同上注，第 160 页。

⑤ 例如，有观点认为，偶素对于法律行为的定性而言并无必要，但对于特殊的法律效果的产生必不可少。参见［葡］曼努埃尔·德·安德拉德：《法律关系总论》（第 2 卷），吴奇琦译，法律出版社 2018 年版，第 43 页。当然，赠与以及附负担赠与、遗嘱以及附负担遗嘱是否存在性质的区别，有待本文的进一步讨论。这一讨论也可能会根本性地决定负担是否是法律行为的偶素。

⑥ 参见《民法学》（第 2 版），中国政法大学出版社 2011 年版，第 632 页；邱聪智：《新订债法各论》（上册），中国人民大学出版社 2006 年版，第 211 页。当然，亦有相反观点。参见周枏：《罗马法原论》（下册），商务印书馆 2014 年版，第 678 页。

⑦ 参见翟远见：《〈合同法〉第 45 条（附条件合同）评注》，载《法学家》2018 年第 5 期，第 175-176 页。

第三，负担的添加深刻改变了赠与以及遗嘱。梅仲协先生指出“唯法律行为之特性，亦不因附加偶素而有变更”①，前文提及的巴尔杜斯的观点也说明，偶素的添加不会导致主体发生实质性转变，当改变一个事物的偶素时它仍然是原来的事物。② 但实际上，负担的添加至少在效果上使得受赠人或遗嘱受益人承担了财产给予义务，此种义务无法被认为是“附属”的，甚至可以合理怀疑，附负担赠与同赠与、附负担遗嘱同遗嘱，是否仍然具有相同的属性。而若此种怀疑成立，负担之偶素属性当然不攻自破。③

总之，负担的地位不同于条件、期限以及其他的附加约定，它甚至可以脱离“偶素”而进入“要素”的范畴，因为它完成的已经不再是简单的、可有可无的修改性的工作。由此观之，“附负担”之“附”不同于“附条件”或“附期限”之“附”，负担并非被“附加”于赠与或遗嘱之上。④“附”字表达的含义毋宁是“以赠与或遗嘱为基础”，表明负担是存在于赠与或遗嘱之上的一种特别约定。⑤ 周枏先生即表明：“负担是当事人于法律行为的普通效力之外所附加的特别义务⑥。”因此，本文不再使用“附加负担”的表述，而是改为“设置负担”，以此明确区别于附条件与附期限。

（三）民法体系中负担的非普适性

负担非本文所重新定义的附款（法律行为的效力控制工具），它所具有的

---

① 梅仲协：《民法要义》，中国政法大学出版社 2004 年版，第 91 页。

② 参见费安玲主编：《罗马私法学》（第 2 版），法律出版社 2020 年版，第 88 页。

③ 一个经典的定义是：“一个事物当改变其实质时就变成了不同的事物，当改变其附质时则否。附属条款则超出其本质，可以增加也可以删减，而不会实质性改变合同标的。”参见［美］詹姆斯·戈德雷：《现代合同理论的哲学起源》，张家勇译，法律出版社 2006 年版，第 78 页。

④ 一些学者认为负担系“附随赠与而生”，这一观点恐怕落入了附负担与附条件、附期限具有相似构词法的陷阱。参见崔建远主编：《合同法》，法律出版社 2010 年版，第 413 页。

⑤ 例如，有学者认为，负担具有“附随性”，即负担“只能由遗嘱继承人或受遗赠人承担，遗嘱人不得对未得遗产利益的人设定义务，即不得设立单纯的负担”。参见张平华、刘耀东：《继承法原理》，中国法制出版社 2009 年版，第 327 页。此种解释将“附”字解释为不得独立存在，有其独特的意义，值得肯定。

⑥ 参见周枏：《罗马法原论》（下册），商务印书馆 2014 年版，第 678 页。

偶素属性也不具有规范适用上的意义，且负担更不具有适用上的普遍性，难以充当民法总论的内容。相较而言，条件与期限，在一定限制之下，均可适用于民法各编，[①] 称其为民法总论的制度也并无不当。然而在《民法典》中，负担仅明文存在于赠与以及遗嘱两处。学理上亦无扩张，只有极少数观点认为在婚前财产协议或离婚协议上可以附加负担，[②] 更多的是“大方”承认负担的适用范围受限。[③]

归纳之，其他的可能设置负担而无法设置负担的情形，大致可以分为四类：其一为处分行为。处分行为履行由负担行为设定的债务，完全切断与其他法律关系的联系，只是高度抽象的单向移转所有权的行为，更何况其中只包含让与合意。因此，在此之上不存在附加义务的空间。[④] 其二为以买卖合同为典型的双务有偿合同。在此种情况下，双方处于交换关系之中，任何一方承担的义务都可以被认为是对方承担义务的对价。因此，即使在此种交易中设置负担，也会被吸收进原有的给付义务群，不再独立存在。[⑤] 其三为夫妻财产协议与离婚财产协议等以身份关系为基础的财产行为。这些情形下的财产行为多为基于财

---

① 参见翟远见：《〈合同法〉第45条（附条件合同）评注》，载《法学家》2018年第5期，第170-171页；翟远见：《〈民法典〉第160条（附期限法律行为）评注》，载《法学家》2020年第5期，第176-177页。

② 参见李全一：《附负担民事法律行为公证实务探讨》，载《中国公证》2015年第10期，第49页。

③ 曾志时先生承认负担仅适用于无偿行为之中。参见曾志时：《民法总则》，朝阳学院1936年版，第164页。胡元义先生更是直接将负担认定为“赠与及遗赠之附款”。参见胡元义：《民法总则》，好望书店1934年版，第324页。葡萄牙学者也普遍认为，负担条款只能附加于慷慨行为，甚至明确表示负担是偶素具有普遍适用可能性之反例。参见［葡］Carlos Alberto da Mota Pinto：《民法总论》，澳门翻译公司等译，澳门法律翻译办公室、澳门大学法学院1999年版，第344-345页；［葡］曼努埃尔·德·安德拉德：《法律关系总论》（第2卷），吴奇琦译，法律出版社2018年版，第43-44页。

④ 如果将此“相反义务”理解为对待给付，亦可从有偿与无偿分类的角度出发展开分析：有偿性与无偿性仅与要因行为有关，处分行为在此问题上保持“中立”，因此它无法附加另一项相反的义务。参见朱庆育：《民法总论》（第2版），北京大学出版社2016年版，第140页。

⑤ 参见［葡］曼努埃尔·德·安德拉德：《法律关系总论》（第2卷），吴奇琦译，法律出版社2018年版，第430页。周枏先生则予以反驳：若甲卖房于乙，要求乙将买受之房屋出租给丙，此种要求亦是负担。参见周枏：《罗马法原论》（下册），商务印书馆2014年版，第678页。

产共有的分割，而分割亦可被理解为对既有财产的相互给予,① 因此，即使添加负担也可将其纳入此种具有交换性的框架。其四为不具有给予内容的无偿行为。有学者甚至就此提出猜想，认为负担可以附加在其他无偿行为之上。② 如果采取广义的负担概念，认为可以附加不具有法律效力的约束，恐怕可以承认其效力。但是，既然本文将负担限定为债务，尤其是给予义务，那么其必然不符合公平的考量：一方作出某一不涉及财产利益移转的无偿行为（如无偿保管),③ 另一方却要承担给予财产的义务，这略显荒谬。④ 此外，二者的共同点为“无偿性”，其效果仅在于降低注意义务、赔偿标准等一系列“优待”提供无偿给付一方的规则,⑤ 但这些规则显然不足以为设置负担提供正当性。

在无偿的具有给予内容的行为，也就是赠与以及遗嘱之中，才不存在以上问题：赠与以及遗嘱不仅包括处分的内容；无偿获利的一方本来无须承担任何义务，不存在既有的交换框架；一方无偿给予在先，另一方作出相反的给予，亦不违反公平观念。尽管在传统观点下，赠与系单务行为、遗嘱是单向的，但似乎并非不能解释出足以容纳一个“反向义务”的空间。因此，将无偿给予行为作为负担之基础，颇具可行性。概言之，尽管一些教科书在民法总论部分提及负担，但是它的体系定位并不在于此。负担的适用范围限于赠与以及遗嘱，至多可以作为一种跨越两编的“局部公因式”。⑥

---

① 参见谢在全：《民法物权论》（修订第5版上册），中国政法大学出版社2011年版，第387页。

② 参见［葡］曼努埃尔·德·安德拉德：《法律关系总论》（第2卷），吴奇琦译，法律出版社2018年版，第428页。

③ 传统观点为，除却“性质所不许”的内容，无偿合同均得准用赠与合同之规定。根据本文所述，此种“性质”至少应当扩展到涉及给予的部分。参见郭明瑞、王轶：《合同法新论：分则》，中国政法大学出版社1998年版，第78页。亦有观点认为，赠与契约是无偿契约的代表。参见李淑明：《债法各论》（第7版），元照出版有限公司2015年版，第100页。

④ 此外，谢铭扬教授还指出，即使涉及财产移转，但财产移转不具有终局性的，如无偿消费借贷，亦非赠与。参见黄立主编：《民法债编各论》（上册），中国政法大学出版社2003年版，第172页。

⑤ 参见郑玉波：《民法债编各论》（上册），三民书局1978年版，第153页。

⑥ 有观点认为负担因“至少被加进某些不只隶属一个民法分则的法律行为之中”，而可被安置于民法总则之中。参见［葡］曼努埃尔·德·安德拉德：《法律关系总论》（第2卷），吴奇琦译，法律出版社2018年版，第44页。对此加以修正，将负担当作局部的、跨越分编的“小”公因式，可能是更为妥当的体系安排。

五、结语

本文初步解决了“负担”不是什么，以及“负担”是什么的问题。

在负担不是什么的问题上，负担不是随意条件。负担与随意条件，以是否构成义务为标准，极易在概念上区分开来，但在认定上，由于当事人的表述很有可能极为相似，所以必须引入推定规则：首先，若将某一行为设定为取得赠与或遗嘱财产的前提，那就应当认为它是随意生效条件；若将某一行为设定为取得赠与或遗嘱财产之后的要求，那就应当认为它是负担。其次，负担不包括不产生义务的约束，无论是立法的用词“附义务”，还是此类约束的性质，都与产生义务的约束严格区分开来。最后，负担不是附款，因为附款其实应当是条件与期限的上位概念，之所以认为负担是一类附款，是因为附款与偶素在继受过程中发生了混淆。

在负担是什么的问题上，首先，负担是义务，且是一类债务，由此负担受益人享有履行请求权，也可主张债法救济。其次，负担是偶素。它作为偶素并没有特殊的意义，或者说偶素这一概念本身就不具有实践价值，它只简单地归纳所有法律行为中偶然的、个性化的条款。最后，负担是“局部公因式”。它并不具有普遍适用的可能性，也就不能成为民法总论中的概念，但可以同时适用于赠与以及遗嘱，这就意味着其具有一定的抽象性。同时，负担的“局部公因式”地位也暗示着，赠与以及遗嘱可能具有一些被我们忽略的共同点。

总之，研究负担是什么与不是什么，只是一个起点。在此之后，有必要讨论赠与以及遗嘱在何种程度上具有共同点，为何它们都可以设置负担，而它们在设置负担以后又会产生何种变化。这也是本文之研究成果所额外带来的启示。

（初审：孙娟；校对：蔺锦波）

实务纵深

SHIWU ZONGSHEN

证券执法和解制度的困境与出路

郝心茹*

摘　要：证券执法和解制度作为一种多元化的纠纷解决机制，以其灵活便捷的程序成为美国 SEC 监管执法的"快刀手"。基于提高行政执法效率及保护投资者利益等方面的考量，我国证券领域也开始积极探索行政和解的执法模式。然而，自 2015 年《行政和解试点实施办法》出台以来，证监会与当事人达成的两例和解实例中却显现出适用条件严格、信息披露不足、程序保障机制缺乏等诸多问题，使得和解存在异化为单方强制权的可能。随着新《证券法》和《证券期货行政和解实施办法（征求意见稿）》的配套实施，证券执法和解制度有望得以改进，但就具体制度的操作及优化路径而言，宜在坚持投资者保护的理念之下，从实体控制、信息公开以及监督救济等方面着力。

关键词：证券执法和解；行政和解；SEC 和解制度

一、问题缘起：证券执法和解因何困顿?

证券执法和解作为行政和解在证券监管领域的执法新尝试,① 系指当事人在涉嫌违法行为受到证监会调查期间，向证监会提出书面申请与和解承诺，就纠正涉嫌违法行为、交付和解金及赔付投资者损失等相关事项与之协商缔结行政和解协议，并最终履行完毕，证监会据此终止调查以替代可能产生的强制性处理决定的一种结案方式。② 就法律关系而言，二者作为行政主体与行政相对

---

* 郝心茹，中央财经大学法学院 2020 级法律（法学）硕士研究生。

① 有学者认为，证券行政和解由证券执法和解、证券复议和解与证券诉讼和解共同构成，因三者适用条件不同而有必要加以区分。证监会在《行政和解试点实施办法》中将证券行政和解等同于证券执法和解的说法不够准确科学，本文对此不作特别区分。参见李东方：《论行政权行政执法和解制度——兼评中国证监会行政和解试点实施办法》，载《中国政法大学学报》2015 年第 3 期，第 35-36 页。

② 参见《证券期货行政和解实施办法（征求意见稿）》（以下简称《征求意见稿》）第 2 条。

人构成行政法律关系；从监管执法角度来看，二者则作为监管者与被监管者形成监管关系。[①] 在一定程度上讲，证券执法和解兼具公法和私法的特征：当事人只有符合法律规定的特定条件时才能提出和解申请，行政机关对是否适用和解协商结案也拥有主导权和最终决定权。但是，行政机关一旦同意和解，双方就可以针对和解内容展开相对平等的协商，就支付和解金、整改方案等事项达成一致。[②] 有鉴于此，达成证券执法和解签订行政合同，是行政法律关系主体合意的结果，进而产生当事人应当履行相关承诺、行政机关据此结案等法律后果。由于资本市场交易关系复杂、市场主体庞杂、所涉利益巨大，行政机关于行为违法性认定、证据收集等方面存在技术困难，而和解作为一种合意、柔性的行政执法形态，在当事人的行为处于法律属性模棱两可、似是而非状态时，无疑能够为破解如上证券监管难题发挥独特作用。[③]

实际上，基于通过协商交纳和解金等灵活形式作为结案处理的独特优势，证券执法和解业已成为境外发达国家资本市场普遍运用的执法模式。然而在我国，尽管国务院于2013年提出“探索建立证券期货领域行政和解制度，开展行政和解试点”[④]，但直到2015年证监会颁布《行政和解试点实施办法》（以下简称《和解试点办法》），并联合财政部发布《行政和解金管理暂行办法》（以下简称《和解金管理办法》），证券执法和解制度才算正式落地。[⑤] 且迄今为止仅有的两例和解实践，仍于申请门槛、信息公开、监督救济等方面存在诸多问题，反映了我国证券执法和解制度难以有效适用，存在异化为单方管制权的嫌疑。如何充分发挥证券执法和解平衡当事人与监管机关利益、纾解执法效率与资源配置紧张关系的制度优势？换言之，如何优化证券执法和解过程中涉及的诸多实践技术细节？这些问题亟须作进一步省思和考量。本文将从我国证券执法和

---

① 参见席涛：《〈证券法〉的市场与监管分析》，载《政法论坛》2019年第6期，第124页。

② 参见白云锋：《证券执法和解行政优益权平衡限缩论——对〈行政和解试点实施办法〉“和解终止条款”的反思》，载《证券法苑》2017年第5期，第139页。

③ 参见宋功德：《证券执法和解机制》，载《甘肃行政学院学报》2010年第3期，第99页。

④ 《国务院办公厅关于进一步加强资本市场中小投资者合法权益保护工作的意见》，国办发〔2013〕110号，2013年12月25日发布。

⑤ 参见林丽霞、薛承勇：《我国试行证券监管和解制度问题初探》，载《证券市场导报》2006年第10期，第29页。

解的制度不足及执法窘境出发，并吸收借鉴域外经验的合理之处，旨在为证券执法和解制度的现实难题提供可能的化解之道。

二、省思检讨：现行和解制度的不足与实践困境

（一）制度层面：证券执法和解制度功效不彰

1. 适用条件较为严苛

《和解试点办法》第6条规定，行政和解制度适用于涉嫌“实施虚假陈述、内幕交易、操纵市场或者欺诈客户等违反证券期货法律、行政法规和相关监管规定的行为”，虽然“等”字具有一定的开放性，但由于尚缺明确的配套解释，证券执法和解是否同样适用于涉嫌实施证券欺诈以外的其他证券违法行为不无疑问。从《和解试点办法》颁布实施后的五年实践的情况来看，证券执法和解数量寥寥无几。① 由此不免令人猜想，对案件类型的限制可能阻却部分有意申请和解的当事人。不过令人欣慰的是，《征求意见稿》已然意识到上述问题，第4条作出相应修订：一是放宽适用案件类型，由限定行为类型转为采用“涉嫌从事违法行为”说；二是拓宽和解实施主体，删除“证监会派出机构不得适用行政和解程序”说。上述举措展现了证监会深度推行行政和解制度的努力和决心，也将行政和解制度实施的目标重新拉回至提高执法效率、兼顾投资者损害赔偿上。②

但是，《征求意见稿》第4条在适用条件方面依然保留“案件事实或法律适用难以完全明确”的限制。从证监会对外公布的和解申请案例来看，若案件事实已经查明、抑或法律关系明确，则不能适用证券执法和解程序。③ 例如，

---

① 证监会新闻发布显示：“2019年共收到行政和解申请9件，受理5件。”参见《中国证监会2019年法治政府建设情况》，载证监会官网2020年4月17日，http://www.csrc.gov.cn/pub/newsite/zjhxwfb/xwdd/202004/t20200417_ 373995.html。

② 参见方达律师事务所：《行政和解专题：简析〈证券期货行政和解实施办法（征求意见稿）〉修订要点》，载微信公众号“方达律师事务所”，2020年11月13日。

③ 笔者于2021年4月20日在证监会官网以“行政和解试点实施办法”为关键词，检索获得3例和解申请案，成功和解的2例为高盛案和上海司度案，未达成和解的1例为华仁集团案。

在华仁集团案中，当事人在证监会组织的听证会上申请证券执法和解，但证监会以涉案事实清楚、证据充分、法律依据明确而不具备和解条件为由未予采纳。① 值得讨论的问题是，如此限制是否仍然严苛？限制和解的适用条件有利于降低具有决定权的监管机关滥用权力的风险，但风险防控的根本途径是从和解内容和程序设计等方面予以加强，而非简单地压缩和解适用空间，② 一味限制产生的实际效果恐怕便是因噎废食，违背设置证券执法和解制度以探索多元化纠纷解决机制的本意。

2. 当事人权利缺乏救济

《和解试点办法》第 9 条规定，当事人可以从收到案件调查通知书之日至作出处罚决定前的期间内申请启动证券执法和解程序。问题在于，证监会的案件调查通知书不会载明当事人涉嫌违法的具体信息，如在康美药业信息披露违法案中，案件调查通知书仅简单表明公司因涉嫌信息披露违规被立案调查，违法事项、标的金额等具体信息皆未予以明确。③ 如此导致的消极后果是，由于目前的和解程序缺乏证监会与当事人之间的沟通机制，当事人实则只有待行政处罚告知书下发才能充分判断和解的可能性，自然因与证监会掌握的信息不对称而处于较为被动的地位，因而不利于其平等行使和解权利。

《和解试点办法》第 18 条规定，证监会立案调查不足 3 个月的，和解申请一般不予受理。《征求意见稿》删除“必要调查程序”3 个月的和解申请限制期间，并于第 13 条保留协商期限 3 个月的规定，但同时增加“每次延期最长不超过三个月，延期不得超过三次”。换言之，自证券执法和解申请受理之日起，证监会必须在一年内结案。这有助于避免行政和解无限制拖延，实现保护当事人权益、提高执法效率的目的。另外，第 20 条亦增加规定“行政和解协议达成后，中国证监会无正当理由不履行行政和解协议的，当事人有权提起行政复议或者行政诉讼”。行政和解协议属于典型的行政协议，根据《行政诉讼法》第

---

① 参见证监会〔2015〕51 号行政处罚决定书，载证监会官网 2015 年 10 月 30 日，http：//www. csrc. gov. cn/zjhpublic/G00306212/201511/t20151125_ 287177. htm。

② 参见方世荣、白云锋：《行政执法和解的模式及其运用》，载《法学研究》2019 年第 5 期，第 86-87 页。

③ 参见《康美药业股份有限公司关于收到中国证监会立案调查通知的公告》，载康美药业公司官网，http：//www. kangmei. com. cn/uploadfile/2019/0102/20190102032040438. pdf，最后访问时间：2021 年 4 月 20 日。

12 条第 11 项及相关司法解释规定，当事人因行政和解纠纷提起行政诉讼自无疑义。[①] 然而，关于行政和解协议是否可以提起行政复议，目前理论和实务中仍存在争议，[②] 期待有权机关进一步作出解释，以明确当事人权利的救济渠道。

3. 审查监督机制缺位

有学者认为，证券执法和解法治路径的构建主要包括三个方面：实体权利义务的控制、程序规范的限制约束以及内外部的监督救济。[③] 证券执法和解是行政机关与当事人双方基于自愿，通过协商、妥协、让步达成合意，从而终结行政程序的一种新型综合执法方式，行政机关在此过程中兼任游戏的规则制定者和一方参与者。因此，倘若和解不能被监督约束，便很可能会产生权力滥用风险，具体表现为在事实不清、证据不足等不具有可罚性的情况下，行政机关利用和解方式借达成合意之名，行单方强制之实，最终无法实现当事人与投资者利益的全面保护。颇为遗憾的是，由于《和解试点办法》与《征求意见稿》皆未考虑设置中立的审查监督机制，即便行政机关于和解过程中未履行或不当履行信息披露义务，当事人权益以及公众知情监督权亦无从救济。

《和解试点办法》第 28 条规定，中国证监会应当依照规定以公告形式公开行政和解协议。《征求意见稿》则予以删除，改为于第 17 条第 1 款与第 2 款规定，在签订行政和解协议和当事人履行完毕全部义务两个时点，证监会应当分别公布中止调查决定书和终止调查决定书。该条第 3 款还明确规定，当事人如系负有相关披露义务的主体，仍应当依法履行披露义务。由于中止调查决定书、终止调查决定书属于程序性通知内容，其中是否披露涉嫌违法行为情况及行政

---

① 参见方达律师事务所：《行政和解专题简析：〈证券期货行政和解实施办法（征求意见稿）〉修订要点》，载微信公众号“方达律师事务所”，2020 年 11 月 13 日。

② 关于行政协议争议是否属于行政复议的受理范围，最高人民法院在裁判实践中甚至出现冲突案例：支持属于行政复议受理范围的案例有（2019）最高法行申 8145 号，谢某等与安徽省淮北市相山区人民政府行政复议案；不支持属于行政复议受理范围的案例有（2019）最高法行申 13485 号，马某诉天津市武清区政府行政复议申请不予受理决定案。学界围绕行政协议的“行政性”与“契约性”也争议颇多，参见王利明：《论行政协议的范围——兼评〈关于审理行政协议案件若干问题的规定〉第 1 条、第 2 条》，载《环球法律评论》2020 年第 1 期；崔建远：《行政合同族的边界及其确定根据》，载《环球法律评论》2017 年第 4 期。

③ 参见殷守革：《行政和解的兴起及其法治化逻辑》，载《成都行政学院学报》2019 年第 3 期，第 41 页；殷守革：《行政和解法治论》，山西人民出版社 2020 年版，第 3 页。

和解协议主要内容，以及如何算作达到公开透明的程度尚不明确。① 实际上，现行的信息披露行为揭示证监会业已违反自己制定的规则，不仅降低了监管机关自身的执法权威，也不免令人质疑行政和解协议的公平合法性与行政权力的正当性，这一问题的根源在于既有立法对证监会信息披露程序的监督约束不足。

（二）执法层面：行政机关实施效果差强人意

1. 证券执法和解比率偏低

从 2015 年开展行政和解试点工作以来，我国证监会仅达成两例执法和解。第一例为 2019 年高盛案，该案当事人涉嫌“从事了其他相关股票及股指期货合约交易”②。第二例则为 2020 年上海司度案，该案当事人则涉嫌“违反账户管理使用的有关规定”。③ 从案件类型来看，两案涉嫌违法行为均非《和解试点办法》第 6 条列举的证券欺诈行为，而是非常规的新型证券违法行为。正如前文猜测，证监会实则允许在执法实践中放宽证券执法和解的适用范围。纵然如此，5 年来的上千件审结案件中仅有 2 件达成和解，基于我国证券执法和解欠缺活力的客观事实，和解结案率可见一斑。与之形成鲜明对比的是，经美国证券交易委员会（SEC）统计，有一半以上的当事人会在诉讼程序进行前选择和解，而且还有大量案件在诉讼程序中和解，故最终以民事诉讼或行政审裁程序结案的仅约 10%，和解结案率高达 90%。④ 不难发现我国证券监管一直处于高压严打状态，仅以制裁方式追究违法行为，过于强调执法的惩戒功能，而缺乏和解等多元化的案件处理方式，亦导致行政机关负担过重，结案周期冗长。证券执法和解制度远未有效发挥提升监管效能的作用。

---

① 参见方达律师事务所：《行政和解专题简析：〈证券期货行政和解实施办法（征求意见稿）〉修订要点》，载微信公众号“方达律师事务所”，2020 年 11 月 13 日。

② 参见证监会〔2019〕11 号公告，载证监会官网 2019 年 4 月 23 日，http://www.csrc.gov.cn/zjhpublic/zjh/201904/t20190423_ 354756.htm。

③ 参见证监会〔2020〕01 号公告，载证监会官网 2020 年 1 月 2 日，http://www.csrc.gov.cn/pub/zjhpublic/zjh/202001/t20200120_ 370183.htm。

④ SEC 委员曾在公开讲话中表示：“尽管始终可以选择进行审判，但在 SEC 处理的案件上却很少见。SEC 目前通过和解处理了大约 98%的执法案件，2012 年，在 734 宗案件中，仅有 22 宗进入审判程序。” See Luis A. Aguilar, *A Strong Enforcement Program to Enhance Investor Protection*, SEC (Oct. 25, 2013), https://www.sec.gov/news/speech/2013-spch102513laa.

2. 和解结案周期冗长、执法负担重

高盛案从2016年7月开始调查至2019年4月终止调查，历时近3年。上海司度案从2015年11月立案至2019年年底达成和解，耗时4年。尽管如此，证监会仍未实施明确的行政处罚，而是最终选择和解，分别达成1.5亿元与6.7亿元的巨额和解金赔付。可以推断，倘若证监会没有掌握一定的线索，当事人也未必自愿接受高额赔偿金，弥久耗时亦间接反映调查期间所耗费的人力、资金等，执法成本势必也是高昂的。应当注意的是，《证券法》未曾明确约束证监会执法的结案期限，且实践中曾出现调查时间长达8年的案件。① 但是，如若耗时过长、久拖不决，对当事人而言损伤元气，对证监会也是劳财伤民，即便最后以和解方式结案，证券执法和解的程序经济优势恐怕也难以凸显。换言之，对于事实不清、证据不足的特定案件，经过调查程序是必要的，但调查期间不宜过长，应当根据从个案中掌握的线索、情况灵活作出选择，充分发挥证券执法和解的积极作用。

3. 信息披露程度不足

信息公开对于公权力正当行使以及投资者利益保护均有着重要影响，而从目前仅有的两例和解案例来看，公告只是简略概括了涉案经过以及和解协议的大致内容，后者包括和解金、当事人采取整改内控措施以及证监会据此终止调查三项。具言之，公告中对违法个人的相关信息未予公开，对涉案行为事实、整改措施均是笼统表述，当事人提交和解申请的明确时点乃至和解金补偿受损投资者的具体方案更是没有披露。即便行政和解协议的私法特征使之具有一定的秘密性，但如此“秘密”对于投资者利益以及证券市场的公平竞争秩序所产生的不良影响又该如何消除？况且，证监会在高盛案与上海司度案中进行对外公告的时点，皆是行政和解协议实质内容履行完毕因而决定终止调查审理程序之后，如此实践直接反映出证监会执法过程因信息暂不公开而致透明度偏低，相应折损投资者利益保护的实际效果。

4. 和解金落实与否未予公开

除却提高行政执法效率，证券执法和解还以保护投资者利益与稳定证券市

① 参见证监会〔2014〕69号行政处罚决定书，载证监会官网2014年7月1日，http://www.csrc.gov.cn/pub/zjhpublic/G00306212/201409/t20140919_260656.htm。

场为监管目标。① 上市公司涉嫌违法行为经受调查，中小投资者无疑是最大的受害者。投资者提起证券虚假陈述民事诉讼，实则仍需以行政处罚或刑事裁判为前置程序。② 投资者转为选择证券执法和解程序，不仅有效丰富其救济途径，而且能够突破前置程序的门槛。另外，当事人主动缴纳和解金后，受损投资者可依实际损失获得相应赔偿，与一般行政处罚或民事诉讼程序相比，证券执法和解可以更能及时地填补损失。根据《和解试点办法》第 35 条与《和解金管理办法》第 11 条的规定，和解金用于弥补投资者因当事人行为所遭受的损失。《和解金管理办法》第 13 条更是明确由投保基金公司执行投资者补偿方案并于官网公开披露。然迄今为止，虽然高盛案和上海司度案均成功和解并交纳巨额和解金，但证监会与投保基金公司未曾就和解金的管理、使用和补偿方案作出公告或者予以说明。此种不作为不仅违反了证监会自己制定的规则，降低监管机关的执法权威，而且更为重要的是，无从知晓更无权参与协商补偿方案的投资者，无疑丧失一条获赔渠道。一言以蔽之，和解制度实施情况与其价值追求存在错位脱节的现象。

三、他山之石：美国证券执法和解规则及经验借鉴

在 1946 年《联邦行政程序法》（Administrative Procedure Act）以及 1990 年《行政争议法》（Administrative Disputes Act）的基础上，美国又制定了针对证券执法领域的 1995 年 SEC《行为规范》，经过如上一系列立法行动，美国建立了相对完善的证券执法和解操作指引规则，且拥有规范成熟的证券执法和解实践经验，皆值得我国学习借鉴。当然，由于中美两国的证券监管权力格局与证券执法制度均存在很大差距，二者能否在证券执法和解的具体执法路径上作出相

---

① 参见《〈证券期货行政和解实施办法（征求意见稿）〉修改说明》，载证监会官网 2020 年 8 月 7 日，http://www.csrc.gov.cn/pub/zjhpublic/zjh/202008/P020200807602156503761.pdf。

② 2015 年，最高人民法院借立案登记制改革契机，于《关于当前商事审判工作中的若干具体问题》取消行政处罚和生效刑事判决作为证券虚假陈述民事诉讼的立案受理前置程序，但并未修改《最高人民法院关于审理证券市场因虚假陈述引发的民事赔偿案件的若干规定》，也未再出台新的司法解释。且在司法实践中，个别法院仍坚持前置程序作为立案受理的前提。参见张保生、周伟：《前置程序取消后，证券虚假陈述民事诉讼制度面临新挑战》，载微信公众号“中伦视界”，2018 年 7 月 11 日。

同选择，应当结合我国国情进行审慎的分析判断。

（一）证券执法和解的适用条件

证券执法和解并非一把万能钥匙，用之不慎就会削弱法律权威。因此，在实践中应当对监管机关和解裁量权设置必要门槛，加以规范和监督，防止监管者滥用和解代替行政处罚，最终造成监管目标的落空。为了规范实施证券执法和解，SEC《行为规范》（Rules of Practice）第 240 条细化和解的适用范围、程序和考虑因素等内容，并以法定条件模式确立适用条件，“在时间、诉讼性质和公共利益允许的情况下均可以考虑和解要约”①，采用较为宽松的积极型和解条件，以此赋予 SEC 相对灵活的自由裁量权。但在实践中，SEC 选择和解的首要原因其实为规避诉讼风险，当诉讼获得的收益小于和解协议带来的好处时，既会影响 SEC 之后在类似案件中的执法活动或谈判地位，也会浪费时间、人力、资金等有限的执法资源。②

（二）证券执法和解的程序规范

以 SEC 的执法行动为标准，证券执法和解过程大致可分为三个阶段：其一，和解程序的启动与受理阶段；其二，是否达成和解协议的协商谈判阶段；其三，达成和解协议后的履行阶段。

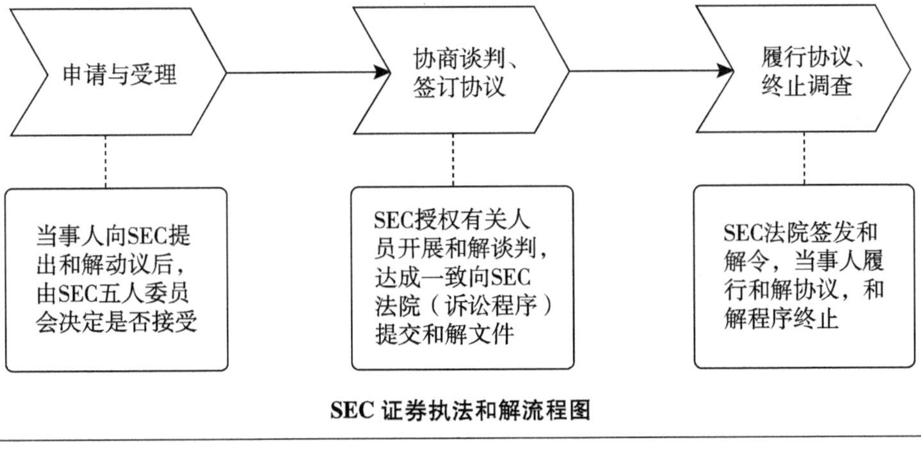

SEC 证券执法和解流程图

---

① 2019 SEC Rules of Practice § 240, Settlement (a).

② See Robert Khuzami, *Testimony on "Examining the Settlement Practices of U. S. Financial Regulators"*, SEC (May. 17, 2012), https: //www. sec. gov/news/testimony/2012-ts051712rkhtm.

1. 启动与受理

美国证券执法和解启动的时间范围与主体资格皆比较宽泛，行政机关从发现线索、受理案件到正式调查、发出威尔斯声明（Wells Submissions），再到进入行政审裁或民事诉讼程序，直至结案前，无论是哪一方均可以主动提出和解，且和解要约应当包含和解金、作出放弃听证会等权利限制承诺。[①] 和解对于双方而言均有好处，对监管机关而言，谈判协商的和解方式使得监管者解决了法律属性模糊的监管棘手困境，一方面可以节约行政资源、降低执法成本，解决执法资源与执法需求无限性之间的矛盾，快速恢复市场秩序；另一方面有利于平息诉讼争议、得到当事人的认同，更好地达到教育当事人的监管目的。[②] 对当事人而言，当事人在被调查阶段主动提出和解申请，通过支付和解金等方式与监管机关达成协议，监管机关因实现目的而终止调查，便可以节省参与配合漫长的行政执法程序所带来的大量时间和金钱损失，避免影响公司的正常经营活动与损失的进一步扩大。此外，在和解过程中，当事人还可以争取不公开部分案件事实，尽可能地减少对公司声誉的负面影响，及时恢复经营运作。

有学者认为，证券执法和解可视为一种依申请行为，作为当事人的一项权利，必须由其主动提出和解申请才能启动和解程序。如此有利于贯彻自愿和解的原则，确保和解是当事人的自愿选择，而不是迫于监管者的压力。[③] 然而，美国制度并非如此，证券执法和解更偏向于一种契约式的双方合意，既然是合意，那么双方均享有提出和解的权利。笔者认为，在有效的审查监督机制下，行政机关也有提出和解的权利，反之，如果不具有中立的司法审查机制，即便只有当事人有权提出和解，在行政机关仍然具有最终决定权的情况下，仍然无法避免其权力滥用的风险。

2. 协商并缔结协议

当事人提交和解要约后，SEC 将授权相关执法人员与当事人就具体和解条

① See 2019 SEC Rules of Practice §240, Settlement (a).

② 参见岳卫峰：《我国构建证券执法和解制度的逻辑缺陷和可能路径》，载《河北法学》2015 年第 3 期，第 59-60 页。

③ 参见丁丁、侯凤坤：《我国引入证券执法和解制度的法律争点与解决途径》，载《证券法苑》2013 年第 2 期，第 849 页。

件展开协商谈判，包括 SEC 执法措施的选择、指控内容的表述、民事罚金以及附带后果的豁免请求等。[①] 和解协议中的一项重要内容是当事人是否需要承认违法。当事人在和解协议中可以“既不承认也不否认违法”（Neither-Admit-Nor-Deny），以防和解不成的同时在后续诉讼程序中被置于不利地位。如果当事人明确否认违法，SEC 将继续启动执法程序，避免影响自身的执法权威。和解协议中当事人对其涉嫌违法行为既不承认也不否认，但仍然予以纠正并履行相应的补偿义务，有利于监管机构节约执法资源，提高执法效率，可是在一定程度上也会导致公众产生 SEC 因执法调查不力而选择和解的印象，质疑 SEC 的执法权威。[②] 因此，从 2013 年起，为避免一和了事，SEC 开始增强执法行动的威慑效果，针对受损投资者众多等严重危害公共利益的特定违法行为，当事人在和解协议中必须承认并允许对外公开违法事实。[③]

“既不承认也不否认”的措辞，反映了以退为进的执法和解政策具有一定的包容性。[④]“承认违法”则更加强调执法的威慑性和惩罚性，不仅有利于警醒其他潜在的违法当事人，而且有助于市场秩序的稳定和谐。对我国而言，和解更倾向于是双方的让步。[⑤] 在此种情形下，特定认诺案件的标准需要根据实际情况作出衡量，以免削弱和解政策的有效性。

3. 履行与法律效果

---

① 参见刘洪涛等：《证券行政执法实效研究——美国、英国和香港地区的经验和启示》，载上海证券交易所官网 2008 年 10 月，http：//www. sse. com. cn/aboutus/research/jointresearch/c/plan20081017e. pdf。

② 在 SEC 与花旗银行和解案中，一审地区法院认为此种和解不合理公平、不符合公共利益，因而拒绝签发同意令，随后二审巡回法院撤销一审裁决，双方成功和解。但是此案也标志着当事人不需承认或否认违法向特定案件中需要承认违法的转折。See SEC *v.* Citigroup Glob. Mkts. Inc. , 827 F. Supp. 2d 328（S. D. N. Y. 2011）; SEC *v.* Citigroup Global Markets Inc. , 752 F. 3d 285, 294（2d Cir. 2014）.

③ 特别是在大量投资者受到伤害或处于危险之中，或者被告人进行了严重的不当行为或非法阻碍委员会的调查程序的情况下，认罪才是适当的。See Luis A. Aguilar：*A Stronger Enforcement Program to Enhance Investor Protection*, SEC（Oct. 21, 2013）, https：//www. sec. gov/news/speech/2013-spch102513laa.

④ 参见洪艳蓉：《证券执法的制度价值及其实现——来自美国的经验借鉴》，载《北大法律评论》（第 17 卷）第 1 辑，北京大学出版社 2016 年版，第 147 页。

⑤ 参见李东方：《论证券行政执法和解制度——兼评中国证监会〈行政和解试点实施办法〉》，载《中国政法大学学报》2015 年第 3 期，第 45 页。

证券执法和解带有一定的私法色彩，需要监管机关与当事人在平等磋商基础之上达成合意。和解协议一经达成，就对双方产生约束力。任何一方对和解不服，均可以向法院提出诉讼。在民事诉讼中，如果双方达成和解、法官颁授同意令（consent decree），则和解协议获得了藐视法庭的禁制效果，不再具有可诉性。如果当事人违反和解内容，不履行协议义务，SEC 可以藐视法庭罪追究其责任。①

和解的效力主要体现于对行政处罚的替代性。② 通常情况下，如果没有和解，则法律效果在形式上表现为行政处罚。而且从实质上看，和解当事人所作出的承诺与行政处罚的内容无异，可能行政处罚的程度相比严重一些。因此，和解能够实现行政处罚的大部分功能，具有代替行政处罚的法律效果。例如，美国《联邦行政程序法》规定，行政机关接受和解方案，则该方案就成为一项行政决定，只接受有限的司法审查。③ 但和解并不排除利益相关者寻求民事诉讼或司法机关提起刑事指控的权利。

（三）证券执法和解的保障机制

1. 和解审查监督机制

美国 SEC 在联邦证券监管中具有独立的执法地位，为杜绝执法机关权力寻租的情况发生，SEC 内设部门采取职能分立的原则，各部门各司其职，分工合作。就和解审查机制而言，在当事人或调查部门提出和解申请后，相关和解文件和意见将提交至 SEC 五人委员会审查，由其就和解提议是否符合公共利益作出合理判断。同时，五人委员会一般只向负责就拟议和解进行谈判的工作人员提供谈判所必需的某些事实，而负责调查监管活动的调查执法机关并不会实质参与和解程序启动之后的协商谈判。④ 由此，于决策机关内部形成权力制衡机制，一方面有利于行政权力的监督与制约，防止行政自由裁量权的滥用；另一

---

① See Anthony DiSarro, *Six Decrees of Separation: Settlement Agreements and Consent Orders in Federal Civil Litigation*, American University Law Review, Vol. 60: 275, p. 277 (2010).

② 参见叶林、张辉、张昊：《证券执法和解制度的比较研究》，载《西部法学评论》2009 年第 4 期，第 25 页。

③ See Administrative Procedure Act, 5 U. S. C. § 706 (2021).

④ See 2019 SEC Rules of Practice § 240, Settlement comment.

方面也有利于公平审查案件是否可以和解，保障当事人的和解权利。

在外部权力机关监督机制上，SEC 和其他行政机关一样受到国会和法院的监督，对于行政审裁程序的和解，任何一方不服均可以向法院提起诉讼。但实践中，由于和解协商过程一般都会经历来回不断的谈判博弈，和解双方通常缺乏动因而诉诸法院。而对于民事诉讼程序的和解，则必须经过法院审查判断，以达到监督的目的。传统上，法院对和解方案虽然具有最终决定权，但通常都会尊重行政部门的专业性，秉持司法谦抑原则，不过多地进行实质性审查，而是注重客观程序的正当性。

2. 和解信息公开

根据《情报自由法》①（Freedom of Information Act）、《隐私权法》②（Privacy Act）等信息公开制度，SEC 同意和解后将签发和解令并进行公告，和解公告包括当事人涉嫌违法行为、调查的情况、和解协议的主要条款及有助于投资者理解和解过程的其他信息等。SEC 应当公开除涉及国家安全、商业秘密或者个人隐私外的行政审裁过程与最终决定等，从而保障公众知情权及市场投资者利益并预防权力的暗箱操作。③ 在实践中，SEC 在和解公告中披露信息是较为详细的。比如，在瑞幸咖啡案件中，SEC 和解公告较为清晰地说明瑞幸财务造假的违法行为以及和解金用途④。再如，马斯克私有化特斯拉公司案中，公告中也说明基本事实、和解理由、法律依据等内容，甚至说明马斯克推特行为导致特斯拉股价暴涨 6%，引起市场混乱等起诉理由，而且也明确公开和解方案的整改内控措施，如要求马斯克辞去公司董事长的职务、公司任命其他独立董事等。⑤ 公告重点会根据个案有所差别，即便不会尽数公开全部和解内容，但是基本上也使公众能较为清楚地了解案件的来龙去脉。

---

① See Freedom of Information Act, 5 U. S. C. § 552 (2021).

② See Privacy Act, 5 U. S. C. § 552a (2021).

③ 参见洪艳蓉：《美国证券交易委员会行政执法机制研究："独立""高效"与"负责"》，载《比较法研究》2009 年第 1 期，第 31 页。

④ See *Luckin Coffee Agrees to Pay $ 180 Million Penalty to Settle Accounting Fraud Charges*, SEC (Mar. 19, 2020), https://www.sec.gov/news/press-release/2020-319.

⑤ See *Elon Musk Settles SEC Fraud Charges; Tesla Charged With and Resolves Securities Law Charge*, SEC (Feb. 26, 2018), https://www.sec.gov/news/press-release/2018-226.

3. 和解金的分配与公开

通过行政和解获得的赔偿金以及行政处罚或诉讼中当事人缴纳的罚款都将归入公平基金，投资者可直接获赔而无须经过诉讼程序的诉累。2002 年《萨班斯-奥克斯利法案》（Sarbanes-Oxley Act）第 308 条中确立公平基金制度，将追缴违法行为人的违法所得、民事罚款与和解金并入其中，由 SEC 制定基金分配计划，法院审查监督，最终用于补偿投资者损失。① 2006 年《公平基金与吐赃计划规范和实践规则》（Rules of Practice and Rules on Fair Fund and Disgorgements Plans）又对公平基金的具体操作落实细化，包括基金的设立、分配程序、支付补偿以及信息公开等详细规则。② 一般情况下，SEC 在当事人缴纳和解金的 60 天内提交和解金分配方案，方案中应当包含补偿范围、补偿标准、补偿程序以及基金管理等内容。原则上，基金优先补偿投资者损失，如有剩余则上缴财政。在分配方案的公开与利害关系人的参与方面，公平基金遵循 SEC 信息公开的规定，在其官网上披露方案。以上补偿程序均在法院监督之下进行。因而，美国通过完备的和解金规则为和解金的分配程序提供规范，以完善的信息披露规则保障利害关系人的参与，从而维护投资者利益。

四、前瞻展望：优化证券执法和解制度的路径思考

美国成熟的证券市场执法经验表明，在物质、人力等资源有限的情况下，以和解方式结案不仅可以提高证券执法效率，而且能够实现惩戒违法违规行为的目的。虽然我国与美国在监管权力设置与证券市场发展情况上皆存在较大差异，但现阶段我国正值证券市场不断深化改革、法治化完善健全的大好时机，可以有条件地对美国和解经验加以借鉴和引进，着重从实体权利义务、程序规范、监督救济等角度优化证券执法和解制度，使和解制度的实施既能有效打击违法违规活动，又能保证行政公权力的正确行使，维护当事人及利害关系人的合法权益。

---

① See Sarbanes-Oxley Act §308, 15 U.S.C. §7246 (2021).

② See Rules on Fair Fund and Disgorgements Plans §1100-1106.

（一）实体保障：降低和解门槛并加强投资者参与

1. 降低和解适用之门槛

不同国家的法律文化和证券监管执法环境决定不同的和解适用模式。域外也有如英国、新加坡等一些国家认为，设定和解条件不切合实际，效果也不令人满意，故直接授权监管机关根据具体个案事实作出自由裁量。① 我国《和解试点办法》第6条第2项、《征求意见稿》第4条第4项均同时规定积极条件和消极条件，其中也包含“有利于保护投资者合法权益的其他情形等”相对灵活的自由裁量权。而事实上，对我国而言，采取法定条件模式是相当必要的。证券执法和解制度尚处起步阶段，行政机关的权力相对较大，法定条件模式有利于从源头降低滥用和解的风险。但具体适用条件不应过于严苛。从证券执法和解运行机理来看，风险防控的根本途径是从和解内容和程序设计等方面予以加强，而非简单地压缩和解适用空间。② 通过美国的制度实践同样可以获知，完善合理的制度设计足以有效规范行政机关滥用和解的风险。我国《行政处罚法》第32条规定，当事人主动采取事后补救行为等情形的，行政机关应当从轻或减轻处罚。此种一方积极改过，另一方从宽量罚的和解式处理也并非以法律或事实不明的状态为前提。③ 因此，对于一些虽然事实清楚、法律适用明确，但违法行为严重程度较低、受损投资者较少的案件，实际上可以直接纳入和解的适用范围中。

2. 保障投资者的知情参与权

如前文第二部分所言，证券执法和解制度的目标之一是保护投资者利益，因而投资者如何参与和解过程，防止行政机关与当事人进行利益交换，也是使和解制度具备规范性与正当性的一大要件。④ 美国SEC《行为规范》规定，行

---

① 但是，英国监管机关通过执法实践活动，也会总结与和解相关的参考标准，如违法行为的严重程度、当事人是否配合协作等。参见叶林、张辉、张昊：《证券执法和解制度的比较研究》，载《西部法学评论》2009年第4期，第23页。

② 参见方世荣、白云锋：《行政执法和解的模式及其运用》，载《法学研究》2019年第5期，第86-87页。

③ 同上注，第90页。

④ 参见罗慧明：《证券行政和解中投资者行使参与权与知情权的困境与出路——程序性规范的研究视角》，载《证券法苑》2015年第2期，第173页。

政机关在恰当的情况下应当听取利害关系人的意见，以发挥监督作用。[①] 我国台湾地区“行政院金融监督管理委员会”“缔结行政和解处理原则”第7条规定，可以根据特定案情，在协商谈判过程中设置听证程序，以征询利害关系人的意见或者要求当事人与利害关系人达成民事和解，进而将之作为行政和解的前提。

与之相较，《征求意见稿》第16条却将《和解试点办法》第27条第4项的规定改为证监会可以在和解协商过程中就所涉及的专业问题向投资者保护机构征求意见，删除“采取适当方式，就投资者损失情况听取投资者的意见”。对投资者的知情参与权保障力度有所下降，有失妥当。

那么，应当如何具体落实投资者的知情参与权？笔者认为，首先，所有投资者均应当拥有对和解协议的知情权，而实现投资者的知情权必须依赖于信息公开制度。但受害投资者或者利害关系人知情权的保障囿于事后场域恐难以及时预防其可能遭受的损失，和解双方磋商谈判的重要考量因素之一即为和解金。为避免和解金争议，在行政机关与当事人的和解谈判过程中，可能会在制度上具有通过和解金来接受补偿的特定受害投资者有必要获得通过听证会等方式来实现一定的和解参与权，或是异议权。[②] 如果被和解行为并未侵害到其他特定的、可辨识投资者利益，和解的利益关系方则仅为代表公共利益的监管机关和当事人，则普通投资者无权参与和解过程。

（二）程序完善：公开非敏感信息与和解案卷查阅权

完善信息披露制度是保护市场广大投资者知情权的关键。而证券执法和解信息由于其特殊性，一方面要保护当事人的合法权益，另一方面也要维护市场广大投资者的利益。为了平衡两种利益之间的冲突，应当把握好一定的尺度，在避免降低当事人的和解积极性的同时，保障公众的知情监督权。[③] 本文认为，我国证监会应当建立异于一般行政违法信息公开的特殊制度，可以通过公开非敏感信息、设置和解案卷查阅权两种方式予以适当的信息公开。

---

① See SEC Rules of Practice：Rule 202.4（a）.

② 参见任莉：《证券监管和解理论与制度研究——我国证券监管路径新选择》，载《中财法律评论》（第3卷），知识产权出版社2010年版，第131页。

③ 参见李润：《契约理论下证券和解制度的正当性分析——以万福生科案中对投资者权益的保护为视角》，载《证券法苑》2013年第2期，第862页。

1. 公开非敏感信息

美国 SEC 在和解公告中的信息披露较为详细，包括基本事实、理由和依据等，以此保障公众知情权。但由前文第一部分的问题分析可见，目前我国的和解信息公开程度远远达不到使投资者了解涉案事实经过的程度。因此对我国而言，行政和解案件信息不能不公开，而且应当明晰其公开范围。证监会可以对涉及商业秘密等敏感信息保密，而其他一般信息，尤其是关涉投资者利益的案件情况，则应予以公开，以加强社会监督并提升行政和解公信力。在行政机关与当事人成功达成和解协议之后，包括后续的和解金分配计划等均应当根据法律规范予以公开，并在行政机关官方网站、报刊等媒体上进行披露。

2. 设置和解案卷查阅权

如前文第二部分所言，《征求意见稿》增补公开中止调查决定书、终止调查决定书等程序性通知内容，但是其中披露程度尚不明确。笔者认为，既然证监会选择公开此类过程性信息，就应当保证公开达到足以实现信息需求的程度，以概括方式作模糊处理，本质上仍相当于未公开。鉴于过程性信息一般只涉及利害关系人，不如对和解案卷查阅权的方式实现依申请公开,① 在保障实现利害关系人权益的同时，规避完全对公众公开可能对执法效果产生的消极影响。具体而言，在对当事人下达中止或终止调查决定书后，证监会应当在官网披露相关行为，告知利害关系人有权申请查阅完整的涉案执法和解信息，从而使其知晓、了解进而参与听证或提出异议。但对于其他内容，还是应当在官网上主动公开，以保障社会公众监督的实现。

（三）监督救济：决策权力制衡和司法中立审查

和解程序的完善对证券执法公正与效率的价值目标实现至关重要。良好的程序设计，不仅能够促进和解的及时、快速实现，维护证券市场秩序的稳定，而且还能够使当事人和利害关系有效参与其中，对其相关权益给予必要的保障，

---

① 参见梁艺：《证券执法和解信息公开的范围及其限度——以证监会［2019］11 号公告为分析对象》，载《财经法学》2020 年第 2 期，第 36-37 页。

使公益和私益在证券执法和解中达到双赢的效果。①

1. 和解决策机关的内部权力制衡

为防止利益输送情况的出现，从行政机关内部控权角度而言，和解部门、调查部门、审理部门应当予以分立，而审理部门即和解决策机关应实行委员会式的集体决策机制。诸如美国、德国、英国在证券监管组织形式上均采取委员会或董事会制，有利于民主科学决策、保持中立立场，也适应现代金融监管独立性与专业性的需求。② 参考美国 SEC 的执法和解经验，五人委员会作为负责证券监督和管理工作的最高主管机关，当事人提出和解申请后，须经其非公开会议投票决定是否接受申请，和解协议也需要经过委员会投票或者法院确认才能通过生效。③ 我国证监会也已考虑到利益区隔的现实必要性，将执法调查部门与和解部门职能分离。但更进一步，对于和解决策机关即审理部门，或可考虑建立集体决策机制，由证监会正、副主席担任，委员会在审理过程中可以就所涉及的专业问题向证券交易所等机构或专家学者等咨询意见，既可以增强证券监管机构的专业性、权威性和独立性，也可群策群力，防止出现“一言堂”的专制情形。④ 集体会议讨论决定是否接受或者同意和解协议，可确保和解不受个人或者单个部门的影响，实现内部权力的监督制衡，避免和解协议损害当事人和投资者利益。

2. 和解协议的司法中立审查

和解制度的公平公正离不开有效的外部监督救济程序。一方面，尽管和解协议是当事人与监管机关双方平等自愿达成的合意，但不可否认权力机关在和解过程中具有天然强势地位，外部监督对当事人利益和投资者利益的保护至关重要。另一方面，随着证监会执法权力的扩张，控权机制也应引起重视。因此，

---

① 参见董文媛：《浅谈我国证券执法和解程序的构建》，载《行政程序的法治化：中国法学会行政法学研究会 2009 年年会论文集》（上册），中国政法大学出版社 2011 年版，第 237 页。

② 参见李东方：《证券监管机构及其监管权的独立性研究——兼论中国证券监管机构的法律变革》，载《政法论坛》2017 年第 1 期，第 85 页。

③ 参见郭雳：《美国证券监管执法中的调查与和解制度》，载杨紫烜编：《经济法研究》（第 5 卷），北京大学出版社 2007 年版，第 375 页。

④ 参见李东方：《证券监管机构及其监管权的独立性研究——兼论中国证券监管机构的法律变革》，载《政法论坛》2017 年第 1 期，第 85 页。

建立并完善司法监督，是行之有效的执法机制不可或缺的内容。① 有学者认为，应当借鉴美国司法审查机制下的证券行政和解制度，使法院对和解方案拥有否决权。② 笔者认为，由于证券案件具有高度复杂性和专业性，我国法院恐缺乏相关经验。最重要的是，SEC 虽然具有独立执法地位，但同样受到国会和法院监督，直接引入美国司法监督之下的和解制度欠缺现实可行性。但为防止行政和解公权力的滥用，有效的司法审查是必不可少的。在当事人与证监会之间因和解协议的履行、变更、终止、解除等产生的诉讼纠纷中，法院可以考虑引入专家陪审员制度，听取专家意见来辅助法官作出专业的判断。事实上，对我国而言，证监会与当事人达成和解协议后若产生纠纷诉至法院，法院对和解协议的审查也应当是有限度的，选择尊重行政机关的行政行为首次判断权。一般情况下注重程序审查，而对行政机关在和解中是否具有实质性过错等实体内容应当遵循谨慎非必要的原则，除了基于公共利益等原因，不应试图解决协议背后的事实争议。③

（四）制度协调：顺畅衔接民事诉讼与刑事追责标准

1. 和解与民事诉讼、先行赔付机制的衔接

对当事人而言，和解可以替代行政处罚，但对投资者而言，和解并不能替代证券民事诉讼、先行赔付，而是与之共同构成获得赔偿的重要渠道。美国 SEC 的受损投资者即便在获得和解金补偿之后，仍有权向法院提起民事赔偿诉讼。但在和解之后的证券民事赔偿诉讼中，关键问题就在于和解案件的事实与证据能否在民事诉讼中使用。相比依据明确清楚的行政处罚决定书提起的民事索赔，投资者自行举证难度较大。根据《最高人民法院关于证券纠纷代表人诉讼若干问题的规定》，证券执法和解是否能作为投资者证明当事人侵权事实存在的证据，迄今为止仍存在一定疑问。因而，为衔接和解案件与民事赔偿诉讼，

---

① 参见洪艳蓉：《美国证券交易委员会行政执法机制研究："独立""高效"与"负责"》，载《比较法研究》2009 年第 1 期，第 34 页。

② 参见吴陶：《论我国证券行政执法领域和解制度之构建》，载《云南大学学报（法学版）》2013 年第 2 期，第 54-55 页。

③ 参见许晓骁：《试论证券行政和解中的权力制约机制》，载《公司法律评论》2016 年卷，上海人民出版社 2016 年版，第 159-160 页。

应当在优化和解公开信息制度的基础之上，进一步明确和解事实的证据能力。此外，借鉴 SEC 和解经验，在涉案金额较大、受损投资者较多、违法情节相对严重的和解案件中，证监会可以要求当事人承认违法，在增强执法效果的同时，减轻投资者民事索赔的举证压力。

关于和解与先行赔付的衔接，先行赔付本质上是一种民事和解，发生在行政行为之前，由发行人的控股股东、实际控制人、相关的证券公司先行垫资赔偿投资者。承担先行赔付责任，便实已满足“已经或承诺赔偿投资者损失”的和解条件，二者在计算标准、赔偿范围等方面理应保持一致。此外，应当协调好先行赔付人向和解当事人（发行人）追偿的问题。先行赔付人可以直接从和解金中追偿，也可以另行起诉追偿。①

2. 和解与刑事追责标准的衔接

在美国 SEC 的执法和解实践中，对和解案件的处理不会影响检察机关对当事人提起的刑事指控，当事人往往与 SEC、检察机关同步达成和解，两者互不干涉，即行政和解并不具有排除司法机关提起刑事诉讼的效力。换言之，刑事追诉的实施不会影响到行政和解的适用空间。然而，我国于规范层面确立刑事追诉案件不得适用行政和解的原则，即《和解试点办法》《征求意见稿》均规定当事人行为涉嫌犯罪应当移送司法机关处理的情形不得适用和解。虽然是出于防止权力寻租、犯罪嫌疑人逃脱罪责等公平正义的考虑才作出如此规定，但是我国刑事立案追诉标准较低，成交额在 50 万元以上便会受到刑事立案追诉，② 无意之中影响了和解制度的实施。如此使得本来就不“富裕”的和解适用条件雪上加霜，实质上又被刑事追诉制度压缩适用空间。退一步来讲，随着社会经济发展水平的提高，10 多年前的证券犯罪入刑标准已与现实情况不相适应，有必要对数额标准作出适度调整。一项制度生命力的焕发不仅在于行政机关的切实执行，也需要与其他制度之间的配合协调。因此应当及时修改上调证

---

① 参见高振翔、陈洁：《美国证券执法和解制度镜鉴》，载《证券市场导报》2020 年第 11 期，第 77-78 页。

② 参见 2010 年最高人民检察院、公安部关于印发《关于公安机关管辖的刑事案件立案追诉标准的规定（二）》的通知，其中第 35 条“内幕交易、泄露信息案”与第 36 条“利用未公开信息交易案”均规定立案追诉标准之一为证券交易成交额累计在 50 万元以上。

券犯罪的入刑数额标准，进而变相放宽证券执法和解制度的适用空间。[①] 对此笔者建议，完善刑事责任标准应当在保证证券期货犯罪震慑效力的情况下，结合新修订的《证券法》《证券期货违法行为行政处罚办法（征求意见稿）》对于行政处罚标准的提升幅度加以考量，以保证行刑顺畅衔接，从而更好地保障资本市场效率与投资者权益。

五、结语

证券监管主体的一举一动都会影响到投资者的切身利益或投资选择。在事实不清，法律属性不明的情况下，监管权的滥用有可能导致市场扭曲，此时以柔性执法代替刚性执法有利于稳定市场秩序，维护证券市场的高流通性，这也是对公共利益的实质保护。而我国的证券执法和解制度作为一项新制度，适用之初必然面临着众多的问题和挑战。如若缺乏相应完备的法律机制和实践经验，则容易出现异化趋势，使得监管机关借合意之名行单方强制之实，违背其作为合意型监管模式的初衷。[②] 因此，判断证券执法和解制度的合理与否，和解协议的约定是一方面因素，协议背后的实体权利义务、程序制度设计、监督救济途径等诸多因素更应涵盖在内，否则，罔视当事人权利和投资者权益的行政执法和解，不仅欠缺利益的平衡，更违背证券行政执法的应有之义。新《证券法》第171条对证券和解制度的明确，标志着我国证券执法和解迈入新的阶段。去年8月，证监会又修订发布《征求意见稿》，证券执法和解的法律基础进一步夯实，体现了我国转变证券监管理念以及创新执法模式的坚定信心。然而，唯有解决前述问题，证券执法和解制度才能真正有效激活。

（初审：李嘉宁；校对：郭淑媛）

---

① 参见高振翔、陈洁：《美国证券执法和解制度镜鉴》，载《证券市场导报》2020年第11期，第78页。

② 参见殷守革：《论行政和解中的行政优先权行使》，载《行政与法》2019年第5期，第98页。

正当程序原则在学位撤销纠纷中的司法适用

尹嘉希*

摘　要：学位撤销程序制度的缺位为法院适用正当程序原则余留空间。在适用方法上，通过法律解释及漏洞填补的方式，法院对正当程序原则的适用，经历从寻求法定程序的“法”依据到突破法定程序的“原则之治”的过程。在内涵表现上，司法不仅探求学位撤销程序是否符合最低限度程序标准，同时追寻正当程序原则所蕴含着的实质性含义。追溯正当程序原则在司法适用过程转变之缘由，以程序尊严理论为依托的自然正义观，向法院提供适用正当程序原则的理念。强化程序的形式审查为法院适用正当程序原则夯实基础，进之，法院再以利益衡量判断程序正当与否、以正当程序原则审查高校专业判断权及采取明显不当诉讼标准等方面，深入对学位撤销程序的实质审查，使得司法权有效破解大学自治藩篱。但仅依赖正当程序原则破解学术自治界限远远不够，尤其是对影响相对人重大权益的学位撤销纠纷而言，以平衡好司法介入和学术自治的关系为前提，法院应当迈入对学术自治事项实质审查的新阶段。

关键词：正当程序原则；学位撤销；程序正义；学术自治

在我国，正当程序原则主要通过司法判决得以生长，尤其是在教育行政类案件中，从田某案、刘某案到于某案，正当程序原则的轮廓在法院的裁判说理中逐步变得清晰起来。可以说，正当程序原则不仅在我国的司法实践中“晨光初现”，① 而且通过司法判决的个案推动获得发展。② 如果说田某案是正当程序原

* 尹嘉希，北京科技大学文法学院 2019 级法律（法学）硕士研究生。

① 参见何海波:《司法判决中的正当程序原则》，载《法学研究》2009 年第 1 期，第 127 页。

② 参见周佑勇:《司法判决对正当程序原则的发展》，载《中国法学》2019 年第 3 期，第 27 页。

则在教育行政类案件适用的里程碑，那么于某案则激起了正当程序原则在学位撤销案件运用的千层浪。及至2019年轰动一时的翟某案，抛开社会各界对此的非议之声，学界更为关注北京电影学院撤销翟某博士学位的程序正当性，如湛中乐教授所言："……最后也是最关键的，在撤销翟某学位的过程中，有没有严格遵守正当程序。"① 对此，有必要深入研究正当程序原则在学位撤销案件中的司法适用，探讨为何法院会在学位撤销案件中涉及更多的程序性审查，进而观察法院适用正当程序原则的法理基础和司法观念为何，以及如何运用这一原则把握司法审查与高校自治权的关系。

一、适用方法：由法定程序开辟的生长路径

在学位撤销案件中，法院经历了从法定程序到正当程序的发展历程，具言之，其适用模式和论证方式从作为规则的"正当程序"逐步过渡到作为原则的"正当程序"。在这一过程中，法院通过对学位法规范进行法律解释以及对校内规章进行合法性审查来寻求法定程序的"法"依据，并且采纳类推适用的方法以突破法定程序的限制，从而为正当程序原则之适用提供正当性依据。

（一）法定程序之"法"依据：两条路径的寻求

为正当程序原则的司法适用寻求正当性基础，首先需从法律规则中探索是否存在充分的合法性支持。通过梳理目前规定学位撤销程序的实定法，可知法院对包含学位撤销程序的相关法规运用具体的法律解释方法，对校内规章中程序性规定则在合法性原则的指引下进行较为抽象的合法性审查。

1. 学位撤销程序的实定法依据现状

梳理现行法规范中涉及学位撤销程序的规定，首先，就法律和行政法规层面而言，以《中华人民共和国学位条例》（以下简称《学位条例》）为代表的法律并未具体规制学位撤销程序，其中第17条仅规定："学位授予单位对于已经授予的学位，如发现有舞弊作伪等严重违反本条例规定的情况，经学位评定

① 湛中乐：《北京电影学院撤销翟某博士学位》，载《法制日报》2019年2月20日，第13版。

委员会复议，可以撤销。”同样，行政法规级别的《学位条例暂行实施办法》第25条只表明“学位授予单位可根据本暂行实施办法，制定本单位授予学位的工作细则”。至于学位撤销的具化规定与程序保障问题则留白待补。其次，就立法层级较低的部门规章而言，与学位撤销程序有关的法律条文主要包括《普通高等学校学生管理规定》第55条、《学位论文作假行为处理办法》第13条以及《高等学校预防与处理学术不端行为办法》第29条。由此可见，涉学位撤销程序的法规条文较少且皆有一定的局限：第一，立法层级较低。上述三规章基本都是教育部发布或者教育部会同其他部门制定的部门规章，尚无一部位阶高、统领性的法律或者行政法规具体规制相应的学位撤销程序；第二，适用范围褊狭。《普通高等学校学生管理规定》涵纳了一些程序性规定，但是该规定限定的实施范围仅为学校对于学生作出处分之际，而学校实施学位撤销行为时学生一般已毕业且不受学校之教学管理，因而该程序性规定是否能延伸至学位撤销程序尚存商榷；第三，无法统筹所有学位撤销程序流程。《学位论文作假行为处理办法》第13条只规定了告知以及听取陈述、申辩的程序权利，而《高等学校预防与处理学术不端行为办法》第29条第5款虽承认高校因学术不端行为可以撤销学位的权利，并且也规制了相应的调查处理程序，但是在某些情形下是否依然能适用该条款存有疑虑：一是当因非学术不端情形而撤销学位时，二是当非该办法规定的调查处理主体行使撤销学位权时。

一言以蔽之，我国现行法规尚未对适用学位撤销程序进行统一规制。如此现象产生两大后果：一方面，为法院在高校学位撤销纠纷中余留自由裁量空间，即给予法院适用正当程序原则的司法裁量权；① 另一方面，由于现有立法之不足，也使得法院必须通过法律解释的方法寻求撤销学位适用“法定程序”之法依据。

2. 法依据的创设：针对学位法规范进行法律解释

“在法律的日常实践中，最重要的问题是对文件的解释。”② “法律解释是法

---

① 高校对学位撤销程序规定拥有的裁量权也可从《学位条例暂行实施办法》第25条、《高等学校预防与处理学术不端行为办法》第39条等对高校制定内部程序规则的授权法中寻求依归。

② ［英］丹宁：《法律的训诫》，杨百撰译，群众出版社1985年版，第1页。

律方法论中最重要的方法，在司法实践中发挥着重要作用。”① 法院对学位撤销程序进行审查的同时，不可避免地须对学位法规范的条文作出相应解释。“法律规定之文义，失之过于狭隘，不足以表示立法之真意，因而扩张法文之意义，以期正确适用。”② 在遵循文义“预测可能性”的射程之内，法院审理学位撤销案件时亦被允许运用扩张解释的方法。例如，在唐某案中，原告以湘大送达撤销学历决定时没有告知其拥有救济权利与救济途径为由，主张其行为违反法定程序。审判法院依据《普通高等学校学生管理规定》第55条认定湘大违反法定程序时，该条仅载明“学校应当告知学生作出决定的事实、理由及依据，并告知学生享有陈述和申辩的权利，听取学生的陈述和申辩”，且结合该规定全文都未明确学校作出处分时应当告知学生救济权利与途径。由此可见，法院在本案中对于该条款进行了扩张解释，认为“未告知原告相应的权利救济途径的行为构成程序违法”③，即认为所谓“告知陈述、申辩的权利”也能扩张解释为“告知权利救济途径”。

此外，在李某案中，原告因读博期间所发表的学术论文抄袭而被学校撤销博士学位，二审法院以被告作出撤销决定时“没有通知上诉人，没有听取上诉人的陈述及申辩，没有向上诉人说明相关事实根据和理由及拟作出的决定”为由，认定其违反法律程序。如上判决作出依据为《学位论文作假行为处理办法》第13条第1款，但值得注意的是，原告被撤销学位的原因是其读博期间的学术论文造假，而非为毕业这一特定时点所撰写的学位论文造假。对此可以理解为，审判法院在该案中重新限定《学位论文作假行为处理办法》的适用范围，将学位论文的“可能语义”延展至为获得学位而必须发表的若干学业论文，进而实质丰富学位论文的文义内涵。从该案中也能管窥出法院试图通过对学位规范的解释（不论是对“学位论文”的文义解释还是对包含程序规定本身的扩张解释）来寻找适用正当法律程序的实定法依据所作的努力。

---

① 陈金钊：《司法过程中的法律方法论》，载《法制与社会发展》2002年第4期，第32页。

② 杨仁寿：《法学方法论》（第2版），中国政法大学出版社2013年版，第150页。

③ 唐某诉湘潭大学教育行政管理（教育）纠纷案，湖南省湘潭市雨湖区人民法院行政判决书（2018）湘0302行初第165号。

3. 审查“法”规范：针对高校校规的合法性审查

一般而言，在教育行政案件领域内，法院多尊重高校校规中关于授予、撤销学位程序的规定，而这种尊重的基础来源于上位法规范的要求。质言之，法院在审查学位撤销案件时一定程度上恪守严格规范主义，借助更高位阶的学位法规范来审查高校校规的合法性，从而为高校撤销学位权力给予合法性保障。比如，在柴某案中，审判法院认为：“《上大学位实施细则》相关条款对博士学位授予条件进行了限定，规定了学位授予的申请程序、博士学位审批、不授予学位的情形，来源于上位法的授权，并未违反《学位条例》和《暂行办法》的规定。”① 以个例所窥探的结论是：学位授予、撤销程序规则的制定属于高校自我保留的范围，因而其具有较大的自治权利，且审判法院一般较为尊重该权利。

并且，法院也通常仅于上位法的范畴内对高校所制定学位撤销规则进行审查。例如，在栗某案中，法院审查出在对原告适用学术不端处理程序时，被告实际依据的《中国海洋大学研究生学术不端行为处理办法》与《高等学校预防与处理学术不端行为办法》相悖：一是前者规定的调查主体是学位评定委员会，而后者规定的调查主体是高等学校学术委员会，二者显然是不一致的；二是按照新法优于旧法的原则，被告在对原告进行调查处理时未能适用最新出台的后者，没有采取听取陈述、申辩等方式保障原告的救济权利，进而导致程序违法。② 据此，法院对于校内规章的审查侧重于在上位法之“法”的范围内追寻学位撤销程序的合法依据，从而导致一般情形下仍停留在形式审查的范围内。

（二）正当程序原则之显现：类推适用的功用

既有法规范对学位撤销程序的制定缺漏以及以合法性审查为主的形式审查，皆不能完全保障学位撤销案件相对人之重大权益。在此实践矛盾之下，由法定程序主导的“规则之治”，亟须转向适用正当程序原则的“原则之治”。据此，当上述方式不足以达成适用法定程序的逻辑圆满时，类推适用这一填补现行学位撤销程序缺位的方法便“闻时而动”，成为法院填补法律漏洞的重要手段。

---

① 柴某诉上海大学教育纠纷案，上海市浦东新区人民法院行政判决书（2019）沪0115行初第362号。

② 参见栗某诉中国海洋大学撤销硕士学位决定案，山东省青岛市崂山区人民法院行政判决书（2017）鲁0212行初第91号。

与此同时，正当程序原则也得以浮出水面。何谓类推适用？依学界通说，应当是针对类似的案件或情形需采用相同的处理办法，① 并且“对同等情形予以同等对待的原则可以成为发现法律漏洞的工具”②。在学位撤销案件中，法院普遍会将学位撤销这一行政行为与行政许可的撤销或者行政处罚进行类比，从而得出撤销学位所依据的程序也应当和行政许可或者行政处罚中所规制的程序相类似的看法。

早在陈某案中，一审法院认为“向符合法定条件的人颁发学位证书，是对被授予人专业资格或技能的一种认可”，将学位授予行为类比作行政许可行为；而二审法院并未明确学位授予是行政许可行为，且未对学位授予与学位撤销行为作对比之举，而是笼统地将学位撤销行为称为“特殊处理行为”，否认其是行政处罚行为，且认定原告学位的撤销程序“违反了先调查取证，听取意见，再作出处理的行政法基本原则”，从而认定被告的学位撤销行为存在程序违法。③ 尽管二审法院并未针对这一判决作严密的逻辑推理，甚至未明示适用正当程序原则（代之使用涵括正当程序原则的行政法基本原则），但如此裁判过程依然能够映射出法院在审查学位撤销程序是否合法比附《行政处罚法》第31—32条的程序性规定。④ 尔后在于某案中，审判法院直接在判决书中明确学位撤销程序可以与《行政处罚法》的有关程序进行比较：“譬如，行政处罚法在设定处罚听证程序时就明确规定，举行听证时调查人员提出当事人违法的事

---

① 杨仁寿对类推适用的法理基础这样阐释：类推适用系基于平等原则之理念，而普遍为法院所使用，“相类似之案件，应为相同之处理”之法理，为类推适用之基本原理。参见杨仁寿：《法学方法论》（第2版），中国政法大学出版社2013年版，第194页；黄茂荣则明确了类推适用的方法路径：所谓类推适用，系指将法律明文之规定，适用到该法律规定所未直接加以规定，但其规范上之重要特征与该规定明文规定者相同之案型。参见黄茂荣：《法学方法与现代民法》（第5版），法律出版社2007年版。

② ［德］齐佩利乌斯：《法学方法论》，金振豹译，法律出版社2009年版，第94页。

③ 参见陈某诉中山大学撤销硕士学位决定案，广东省广州市海珠区人民法院行政判决书（2006）海法行初第15号。

④ 根据《行政处罚法》（2018年）第31条“行政机关在作出行政处罚决定之前，应当告知当事人作出行政处罚决定的事实、理由及依据，并告知当事人依法享有的权利”和第32条“当事人有权进行陈述和申辩。行政机关必须充分听取当事人的意见……”的规定，可以看出告知权利，听取当事人的陈述、申辩及意见，应当是行政机关作出行政处罚行为的必经程序。

实、证据和行政处罚建议，当事人进行申辩和质证。”① 虽然法官没有在该案中完整地展现类推适用的逻辑论证过程，② 但是通过类推适用以弥补学位撤销程序缺漏的做法，在我国学位撤销案件中已是豁然洞开。

进一步而言，尽管学位撤销的性质至今在学界依然颇有争论，③ 但至少有一点在司法实践和学理上达致统一——学位撤销行为是对相对人重大利益的剥夺，④ 因而该行为受到正当程序原则的规制是有必要的。基于此，通过同等原则将学位撤销程序与行政处罚程序进行类比以填补学位撤销程序漏洞，有助于证成正当程序原则司法适用的正当性基础。谓之“同等原则”，意即“同类事物同等处遇”，此乃内存于任何法律中的基本原则。⑤ 学位撤销行为的“撤销”一词本就蕴含着惩罚之义，一定程度上体现了撤销制度的惩罚功能。⑥ 故此，在惩罚功能面向，学位撤销制度与行政处罚具有同类性质，因此对于学位撤销制度存有的程序漏洞，可以采用类推适用的同等原则予以填补，即参照适用行政处罚程序填补（这也是于燕茹案中二审法院将学位撤销程序类比行政处罚程序的正当性依据）。此外，为保证类推适用方法的合理性，还需考量“显现在法律之中的客观的法的目的、一般的法律原则”⑦。其实无论是行政处罚程序的

---

① 参见于某诉北京大学撤销博士学位上诉案，北京市第一中级人民法院行政判决书（2017）京01行终277号。

② 参见张圆：《正当程序原则的司法逻辑——“于某诉北京大学违法撤销学位案”判解》，载《时代法学》2018年第5期，第58页。

③ 有学者指出，试图进一步将学位撤销行为类型化为行政许可的撤销或行政处罚等类型并无意义和益处，将学位撤销行为认为是一种负担性行政行为便已把握该行为的根本属性。参见宋烁：《设定学位撤销条件的原则与要求》，载《学位与研究生教育》2018年第1期，第64页。

④ “撤销学位是对已被授予学位人重大利益的剥夺。”参见湛中乐：《大学法治与权益保障》，中国法制出版社2011年版；在李某案中，二审法院认为，“撤销学位对当事人权益影响十分重大”，参见李某诉华南理工大学教育行政管理（教育）纠纷上诉案，广州铁路运输中级法院行政判决书（2017）粤71行终第2130号；于某案的审判法官也认可“撤销博士学位涉及相对人重大切身利益”，参见于某诉北京大学撤销博士学位决定上诉案，北京市第一中级人民法院行政判决书（2017）京01行终第277号。

⑤ ［德］卡尔·拉伦茨：《法学方法论》，陈爱娥译，商务印书馆2004年版，第252页。

⑥ “撤销”作为一种惩罚机制在我国行政法领域并非少见，并且学位撤销制度的惩罚功能很大程度上迎合了目前国内的学术环境。参见范奇：《论高校学位撤销的权限设定与行为定性——基于行政“组织+行为”法的分析框架》，载《学位与研究生教育》2019年第8期，第21页。

⑦ ［德］卡尔·拉伦茨：《法学方法论》，陈爱娥译，商务印书馆2004年版，第252页。

设置需求或是学位撤销程序的填补需要，皆彰显了保障相对人的合法权益之客观法规范目的，而保障相对人权益也正是正当程序原则深植于自然正义思想的应有之义。据此，通过类推适用方法进行法律漏洞填补，实际上弥合了程序正义观念和涉及学位撤销程序内容的制定法原本存在的不一致。申言之，类推适用的方法虽然一定程度上突破了法定程序的限制，但是其并未越出程序正义的法理，也未冲击法律的体系正义。

（三）小结：法定程序与正当程序的交错融合

承前所述，正当程序原则在司法适用中不断得以发展，我们也能看到法院为在学位撤销案件中适用正当程序原则所做的各种尝试。正当程序与法定程序在司法适用过程中交错融合，双线并进，似乎难以从彼此之间被除分割，但其中至少可以看见一条清晰的脉络，即正当程序原则在法定程序中开辟了一条生长路径——从法定程序剥离开来又被法定程序所包含。

一方面，法院在审查方式上以合法性审查为主，正当性审查为辅。鉴于法律对学位撤销程序的规定尚付阙如，尤其是在原告胜诉的案件中，作为原则的“正当程序”的适用频率常常大于作为规则的“正当程序”。前文已详述法院通过法律解释与法律补充的方式扩张正当程序之范畴，但事实上，正当程序原则的“正当性”依然被包含于法定程序的“法定性”中。因为在实例中，无论法院如何对正当程序原则进行说理，或者以何种方式论证正当程序的正当性，最后的裁判依据基本还是回落在《行政诉讼法》第 70 条第 3 项，即以违反法定程序判决被告撤销或重新作出行政行为。因此，固然目前法院对学位撤销案件由合法性渐往正当性审查转变，但法院适用正当程序原则仍尽可能地锚定于裁判法的“法定程序”，甚至有的法院僵硬机械地适用“法定程序”对高校撤销学位的程序仅做表面的形式性审查。① 究其缘由，从法律解释学的角度考察，法官对于正当程序原则的适用必然要受法之安定性的掣肘。有学者指出，行政审

---

① 如在徐某诉东北大学撤销博士学位案中，原告方主张被告未在撤销决定中向原告交代诉权从而属于程序违法，法院对这一主张不予认可的理由为：“相关法律法规并未明确规定对于作出撤销学位的决定，要载明申请行政复议或者提起行政诉讼的途径和期限。”参见徐某诉东北大学撤销博士学位上诉案，辽宁省沈阳市中级人民法院行政判决书（2019）辽 01 行终第 1019 号。

判中的程序审查，仍然需要贯彻“有法定程序时优先适用法定程序，只有在法定程序付之阙如时，才考虑适用正当程序”① 的思路，如此弥合论证理由和裁判依据之间的沟壑。

另一方面，法院在审查理念上不再囿于“法定程序”所勾勒的框架和边界，而在法定程序未能规制的现象之外主动地运用正当程序原则，由此表明司法权对法定程序所蕴含的法律精神的能动主义姿态。因此，在李某案中，二审法院认定被告的学位评定委员会在作出撤销学位决定时“没有如实、完整记录讨论和表决情况，会议记录不能反映会议实际情况，决策过程亦不符合程序要求”。其在认定华南理工大学违反“程序正当基本行政法治原则”时并未援引任何法律规范，基本属于直接运用原则判案的范畴且充分发挥司法的法律续造功能。② 进言之，法官也在于某案中坚定认为：“对于正当程序原则的适用，行政机关没有自由裁量权。”故而我们可以看到，正当程序原则的司法裁量权表现出牢牢把控住正当程序原则的行政裁量权的动向，从而在审查强度上过渡到对程序事项的实质审查、审查理念上过渡到对程序正义的实质追求。进一步需要探讨的是，法院如何在学位撤销案件中对高校撤销学位程序进行正当性审查？在审查过程中，法院又是如何诠释正当程序原则的实质性内涵？

二、内涵扩充：程序性含义至实质性含义的演进

在法院对高校学位撤销程序进行实质审查的过程中，我们发现司法审查主要通过挖掘正当程序的形式要件确定最低限度的程序标准，且最低限度的程序标准涵摄一般行政程序所要求的听取陈述申辩、说明理由以及听证等程序，可见学位撤销案件中的最低限度程序标准依然以程序参与为核心。此外，法院通过重点关注学位撤销相对人的重大权益，使得正当程序原则的内在价值与实质内涵也在司法裁判中得以凸显。

① 参见蒋红珍：《正当程序原则司法适用的正当性：回归规范立场》，载《中国法学》2019 年第 3 期，第 62 页。

② 参见李某诉华南理工大学教育行政管理（教育）纠纷上诉案，广州铁路运输中级法院行政判决书（2017）粤 71 行终第 2130 号。

（一）从构成要素确定最低限度的程序标准

由于既有的实定法规范缺乏对学位撤销程序的明确规制，因而一方面很有可能产生高校学位撤销程序的恣意现象，另一方面也给予高校在撤销学位的程序中较大操作空间和自由裁量权。但“程序不正当往往表现为程序自由裁量权的滥用”①，这也正是于某案审判法官申明高校在作出学位撤销程序时必须遵从“最低限度的程序公正标准”，从而为高校学位撤销程序的自由裁量权划定鲜明标准的因由。一般而言，“最低限度的程序公正标准”系指一个法律程序为了体现程序正义而不可缺少的一些程序要求。② 具体到学位撤销案件中，须从个案中归纳总结究竟什么样的程序要求满足最低限度的程序公正标准？进而还需明确这些程序要素又在何种程度上为正当程序原则的最低要求？

1. 是否公正地听取陈述、申辩

考察现有的学位撤销案件，法院普遍认为高校所进行的学位撤销程序至少包括听取相对人的陈述与申辩，否则会被判定为违反法定程序，李某案、于某案和王某案等典型案例都涉及对该项要求的说理。在李某案中，法院认定高校未听取相对人陈述与申辩的法律依据为《高等学校预防与处理学术不端行为办法》第 21 条：“调查组在调查过程中，应当认真听取被举报人的陈述、申辩，对有关事实、理由和证据进行核实……”而于某案的审判法院却并未依照具体法规展开说理，这不仅体现法院就正当程序原则的适用发挥自由裁量权，更重要的是对法院的裁判说理提出了较高的要求，即必须进一步阐述“未听取陈述或申辩”到何种程度才会触及违反法定程序的红线，由此涉及“听取陈述申辩”的充分性问题。在于某案中，二审法院认为，虽然高校在作出《撤销决定》前已由调查小组约谈于某，但是该约谈并未使其意识到学位存在可能被撤销的风险，由此不认定进行约谈等于履行充分听取陈述和申辩的法定义务。此外，在王某案中，争议焦点在于高校在调查初期要求相对人出具《检讨书》是否等同进行“听取陈述申辩”这一程序？对此，法院认为要求相对人出具《检

---

① 江必新：《行政程序正当性的司法审查》，载《中国社会科学》2012 年第 7 期，第 124 页。

② 参见王锡锌：《程序正义之基本要求解释：以行政程序为例》，载《行政法论丛》（第 3 卷），法律出版社 2000 年版，第 329 页。

讨书》仅是该校学术道德建设委员会进行的调查程序，但该程序并未给予王某在作出正式撤销决定前申辩的权利，且实际上北邮在之后的程序中也并没有给予相对人申辩的机会，有违正当程序原则。① 鉴于听取陈述申辩系程序公正的基本要求，法院在王某案中对高校“听取陈述申辩”形式进行较严格的审查足以说明此项程序要求不仅事关程序公正、程序正当，也关系着处于弱势地位之相对人能否得到公正的对待与平等对抗的权利。

简言之，法院不仅当然认为听取陈述申辩是高校作出学位撤销决定必备的程序要求，同时还需公正地履行该义务。而是否达致公正可以从两个角度来判断：从相对人角度而言，须保证其知晓本人的有关利益有将受到侵犯的可能；从高校角度而言，听取陈述申辩的时间点须得把握精准，即不能用其他程序中相对人的陈述申辩来替代作出最后撤销决定前的陈述申辩。

2. 是否具体说明理由

说明理由系对行政机关提出的程序要求——通过阐述己方做出的决定，使得相对人拥有获得充分了解决定信息的权利。毋谈目前立法对学位撤销程序无所规定的情形，即使是《学位论文作假行为处理办法》《高等学校预防与处理学术不端行为办法》等现有的学位规范，亦未明确规定说明理由这一程序。② 而在栗某案中，一审法院根据“被告作出《撤销学位决定》，虽然说明了所适用法律规范名称，但并未明确所适用的具体条款，而上述法律规范文件的条款较多，无法确定其适用的具体法律条款，故被告作出的《撤销学位决定》缺乏法律依据”。③ 认定被告说明理由的程度并不到位，也即其并未向相对人阐明用以作出决定的具体法律依据。据此，立法同实践的“割裂”向我们呈现如下事实：其一，法院一定程度上发挥了续造法律的功能。“法官的法的续造，有时不仅在填补法律漏洞，毋宁在采纳乃至发展一些——在法律中至多只是隐约提及

---

① 参见王某诉北京邮电大学撤销硕士学位案，北京市海淀区人民法院行政判决书（2016）京0108行初第324号。

② 《学位论文作假行为处理办法》第13条“对学位申请人员、指导教师及其他有关人员做出处理决定前，应当告知并听取当事人的陈述和申辩”，以及《高等学校预防与处理学术不端行为办法》第21条“调查组在调查过程中，应当认真听取被举报人的陈述、申辩，对有关事实、理由和证据进行核实”，均没有规定说明理由制度。

③ 参见栗某诉中国海洋大学撤销硕士学位决定案，山东省青岛市崂山区人民法院行政判决书（2017）鲁0212行初第91号。

的——新的法律思想"① 在说明理由制度尚付阙如的现状下，法院的判决不仅点明了说明理由在学位撤销案件中本应拥有的重要意义，更是为学位撤销程序相关法律的完善提供了司法层面的新思路，即增添说明理由程序实有必要；其二，法院实则颇为重视说明理由制度。虽然本案仅涉及说明理由本身对于法律依据的要求，但是审判法院以不容置疑的语气"必须说明理由……这是对行使公共权力的程序要求，也是相对人有针对性地进行权利救济的需要"。表达出说明理由制度的不可或缺性。至于说明理由的程度为何，笔者以为应当达到"具体"这一程度，即在说明理由的过程中，不仅需要向相对人告知调查得来的事实与最终作出的处理决定，更要说明为何以及如何得来相应的事实与作出的决定。对法律的适用、政策的释明以及决定的说明主要是形式层面的"具体"，而深入阐释作出决定背后的原因与流程方能达到实质意义上的"具体"。唯其如此，才能为相对人救济权利的主张资以可靠且充分的保障，同时也为避免行政机关恣意、专断与偏私地作出决定设立较为有利的屏障。

3. 是否影响送达与救济权利的实现

目前看来，法院对于送达程序与告知相对人救济权利的审查并不严格，代表性案例是翟某宏案和唐某案。在翟某宏案中，相对方认为，高校在与其联系不上的情况下将撤销学位的决定邮寄至其所在单位存在程序上的送达瑕疵。但该案两审法院均认为，该瑕疵并未影响相对人后续知晓该决定的事实，并且该程序瑕疵不足以达到撤销高校学位撤销决定的程度。② 如果说根据翟某宏案仅能推定送达程序瑕疵与学位撤销行为不当不存在因果关系，那么唐某案的判决更是"大胆"。审判法院认为，"被告湘潭大学作出撤销学历决定时未告知原告相应的权利救济途径的行为虽构成程序违法，但考虑到原告已实际在法定期限内向本院提起了行政诉讼，故该程序违法行为并未实际对原告的权利造成影响"③，通过原告起诉事实直接否定告知救济程序瑕疵对于学位撤销行为不当具有证明力。由此可见，对于撤销学位这一影响相对人重大权益的行为，法院对其程序正当性审查的重

---

① ［德］卡尔·拉伦茨：《法学方法论》，陈爱娥译，商务印书馆2004年版，第246页。

② 参见翟某宏诉郑州大学撤销学位上诉案，河南省郑州市中级人民法院行政判决书（2015）郑行终第42号。

③ 参见唐某诉湘潭大学教育行政管理（教育）纠纷案，湖南省湘潭市雨湖区人民法院行政判决书（2018）湘0302行初第165号。

心更为偏向“告知、听取陈述申辩或说明理由”等典型性的行政参与过程，至于在作出学位撤销决定后进行的送达程序与告知救济程序，纵然存在一定瑕疵，只要不影响相对人实际权利的最终实现，就可判定其无碍学位撤销行为。

（二）以相对人重大权益考察原则的实质内涵

前已述及理论界与实务界皆认可学位撤销行为是对相对人重大利益的侵犯，特别是法院还深入解释了“重大权益”之意蕴——“不仅是对当事人过去的否定，让数年的含辛茹苦、艰苦付出付诸东流；更是对当事人将来产生的影响，涉及身份资格、生活条件、发展空间和社会评价等多个方面，对当事人的人权、财产权、发展权都会产生重大影响。”① 此乃触及关注相对人实质权利的行政法治本质。而学位撤销案件的特殊之处在于学位撤销权在某些环节中的行使会涉及学术自治之范畴，法院对该种案件的审查仍需考虑到学术自治权的独立性与排他性，申言之，学术自治权不可避免地为司法审查权设限，在此情形下司法该如何以“戴着镣铐跳舞”的姿态适用正当程序原则？如果说最低限度的公正标准主要从技术层面判断高校撤销学位程序的正当性，运用这一标准则更多体现正当程序原则的程序性内涵，因而值得进一步追问的是：法院如何在适用过程中探寻正当程序原则背后的实质性内涵？正当程序原则在适用过程中如何彰显其内在价值？

1. 程序尊严理论蕴含的自然正义观

发轫于英美法系的正当程序原则，目的在于阐明自然正义理念以及控制行政机关的行为程序，由此涉及其实质性内涵的观念基础。正当程序原则的适用范围较为广泛，英国的 King v. University of Cambridge 案标志其应用于学位撤销案件的晨光初现。该案法院支持原告的理由是：“在惩罚一个人时没有为其提供听证或者给予其陈述申辩的权利，这是对自然正义的悖离”。② 在正当程序原则所涉理念一脉相承的美国，法院对其适用阐释也随个案而不断发展。作为宪法位阶之原则，《宪法》第五修正案和第十四修正案构筑正当程序原则的实证法基础，其中前者“未经正当的法律程序不得剥夺任何人的生命、自由或财产”

---

① 参见李某诉华南理工大学教育行政管理（教育）纠纷上诉案，广州铁路运输中级法院行政判决书（2017）粤71行终第2130号。

② George E. Stevens, *Rescinding a College Degree*: “*Ungowning*” *and the Law*, American Business Law Journal, Vol. 23: 467, p. 467 (1985).

适用于联邦政府机关，后者“任何州不得未经正当的法律程序而剥夺任何人的生命、自由或财产”适用于各州政府机关。[①] 因此在高校行政案件中，法院若要实现对公立高校行为的正当程序审查，前提是将公立高校纳入“联邦政府”或“州政府”的外延当中。通过在判例中确立的政府行为理论，公立高校被美国法院解释为“州或州政府机关”，由此表明公立高校是宪法十四修正案规制的主体。[②] 其时，美国的 Dixon 案为法院通过援引正当程序条款介入学校学术自治权与保障学生权益的良好开端，继而 Crook v. Baker 案表明法院将正当程序原则的运用拓展至学位撤销案件，这两个案件进一步证成包括学位撤销行为的高校行为皆需受正当程序约束。[③]

美国法院对高校行为的审查历经三次转向：由对高校自治行为的绝对尊让，到对其行为程序进行全面审查，再到对行为内容作实质性判断。[④] 司法审查逐渐突破寻找实证法依据的窠臼，改变对高校内部条例章程的一味盲从态度，也可窥见法院对正当程序原则的适用实现由程序性正当程序到实质性正当程序的转变。前者意指一切权力剥夺私人的生命、自由或财产时必须听取当事人的意见，而后者系实体法规则，要求国会所制定的法律必须符合公平与正义。[⑤] 以往美国法院的正当程序审查常常会落入实证主义陷阱（positivist trap），将“正当程序的意义仅仅归结为确保那些为实际存在的法律所保护的实体利益的具体实现”[⑥]。为此，美国学者马修创制“尊严价值理论”，试图以此分析行政正当程序问题，聚焦决策程序在何种程度上保护和增强个人尊严，由此构筑行政正当程序的重要理论基础。[⑦] 在马修看来，只有运用“尊严价值理论”才能保证

---

① 参见王名扬：《美国行政法》（上册），中国法制出版社 2005 年版，第 380 页。

② 参见李烁：《美国公立高校惩戒学生行为的正当程序审查》，载《行政法学研究》2018 年第 5 期，第 138 页。

③ See Dixon*v.* Alabama State Bd. of Educ., 294 F. 2d 150, 155 (5th Cir. 1961); Crook*v.* Baker, 584 F. Supp. 1531 (E. D. Mich. 1984).

④ See Barbara A. Lee, *Judicial Review of Student Challenges to Academic Misconduct Sanctions*, Journal of College and University Law, Vol. 39: 511, p. 519 (2013).

⑤ 参见王名扬：《美国行政法》（上册），中国法制出版社 2005 年版，第 380 页。

⑥ 陈瑞华：《程序正义的理论基础——评马修的“尊严价值理论”》，载《中国法学》2000 年第 3 期，第 146 页。

⑦ See Jerry L. Mashaw, *Administrative Due Process: The Quest for a Dignitary Theory*, Boston University Law Review, Vol. 61: 885, p. 886 (1981).

程序性正当程序判断与《权利法案》的个人主义前提，以及与发端于《权利法案》第十四修正案的正当程序原则之现代实质性正当程序法理保持一致。① 其独到之处在于，重点关注程序本身蕴含的自然法理念与昭示的宪法内在精神。

2. 学位撤销案件中自然权利的具体表现形式

承其上文，正当程序原则的实质含义立基于尊严理论而展开，而美国法院在学位撤销案件中之所以适用正当程序原则，本质上其实也是对原则所保障的自然权利的追求与肯认。对学位撤销案件中相对人所联结的身份、财产权等实质性的权利施与较多关注的做法值得我国法院借鉴运用，其不仅能弥补现有司法实践空白，也能真正充实正当程序原则的实质内涵。继而我们需厘清法院在学位撤销案件中所关注“财产与自由权利”的具体表现形式：

第一，财产权利。

李某案的二审法院认为，“撤销学位……对当事人的人权、财产权、发展权都会产生重大影响”，财产权在此叙述中仿佛只是一笔带过，但也应当看到审判法院将“财产权”置于与人权及发展权同等的法律地位，也可推知法院在学位撤销案件中对财产权的定义迥异于《宪法》第13条所保护的公民财产权。首先，学位本身并非一种私人财产。恰恰相反，一般情况下学生为获取学位需要向教学机构支付学费，即使完成相关教学需求获得学位后，也不能售卖学位以赚取利润，学位更多是对个人教育水平与学术能力的证明；其次，应当依托人权与发展权理解学位的财产权属性。衡量学位的价值并不依赖其本身的物质价值，而是通过其增强个人美好未来的可能性，解读社会及个人对学位的心理寄托，毕竟“人的自我实现是教育基本权所欲保障的核心”②。换言之，撤销学位一定程度上会阻碍个人发展道路，重者甚至会在多方面影响“人之所以为人”的权利。当作为财产权基础的人权与发展权受到撼动时，个人的财产权利乃至生存基础受到冲击也就不足为奇了。

第二，自由权利。

不同于蜻蜓点水似的提及相对人财产权利，通过考察国内外案例可知，法院更为注重学位撤销相对人的声誉自由权利。在我国，学术原因是撤销学位的

---

① See Jerry L. Mashaw, *Administrative Due Process: The Quest for a Dignitary Theory*, Boston University Law Review, Vol. 61: 885, p. 886 (1981).

② 许育典：《大学法制与高教行政》，元照出版有限公司2014年版，第10页。

主要原因，且一般只有基于严重的学术原因——学术不端才能启动学位撤销程序。[①] 诚如李某案判决所言，学位牵涉学生个人的过去成就以及未来命运，那么因学术不端而撤销学位的行为不仅一笔勾销过去、影响未来前途，且更重要的是还会抹黑个人声誉。

事实上，可以从两个方面对声誉自由予以考量：首先，学位撤销对相对人的声誉产生不利影响自不待言。在李某案中，审判法院认为学位撤销会导致当事人的社会评价降低。在于某案中，二审法院援引《中华人民共和国高等教育法》第5条和《学位条例》第3条，指出我国最高级别的博士学位制度之目的在于培育高级专门人才，因而需要更加谨慎地作出撤销行为并遵循正当程序。上述裁判说理从侧面印证相关法院认可博士学位表征学生的良好声誉，之所以强调应当遵守正当程序原则完成撤销学位行为，是因为其势必将为个人招致严重损誉。前述提到美国 Goss 案认可学生声誉自由，而若追本溯源，具体说明声誉自由及其价值的是美国 Board of Regents v. Roth 案。该案中，法院认为保护正当程序的理由在于，“如果个人的良好名声、名誉、荣誉或信誉因政府对其施加的行为而受到不利影响，那么其得到通知和听证的权利是十分重要的”[②]。由此，关涉个人之名声荣誉时，强调正当程序原则对相对人权利的保护是至关重要的。其次，对于具有学位授予权的高校或教育机构而言，学术学位是高校对学位获得者的教育成果以及高校教学标准得以实现的证明，学校的声望因授予学生学位而代代相传。[③] 所以撤销学位不仅关系到学生的个人声誉，也势必影响相关高校的声誉及名望。实际上《民法典》第110条第2款也规定：“法人、非法人组织享有名称权、名誉权和荣誉权。”此乃作为事业法人的学校之名誉权具备合法依据的体现。是故，法院在学位撤销案件中采用正当程序性审查，不仅是为了维系相对人的个体声誉自由，还一定程度上关注到高校这一组织的“声誉自由”权利。

---

① 参见王霁霞、张颖：《基于学术不端撤销学位行为的法律约束》，载《学位与研究生教育》2020年第1期，第8页。

② Board of Regents *v.* Roth, 408 U. S. 564, 573 (1972).

③ See Mary Ann Connell & Donna Gurley, *The Right of Educational Institutions to Withhold or Revoke Academic Degrees*, Journal of College and University Law, Vol. 32: 51, pp. 51 – 52 (2005).

综上，不论财产权利抑或声誉自由权利，皆是正当程序原则所重点关照保护的自然权利。马修认为，追求正当程序的基本“自然权利”标准，不仅保护了在实证法中没有定义好的利益，而且似乎也保护了在其中未能定义好的权利。[①] 诚哉斯言，基于法官在学位撤销案件中对正当程序原则的青睐，不仅能够通过解释原则来弥补现行实体法的漏洞，而且隐喻司法权对自然正义的追求以及对人之尊严与自由的尊重。

三、破解藩篱：以正当程序原则破除学术自治边界

高校作出撤销学位决定时系代表国家行使公权力，[②] 得到行政授权的学位撤销行为不可避免地被烙印上行政属性。此外，现行主干教育及学位法规范在学位授予行为上赋予高校较大的自治空间，而作为学位授予后果环节的学位撤销行为也属于高校自治范围内的事项。综上所述，学位撤销行为兼具行政属性与学术自治属性，此种“双重属性说”目前也为学界主流观点。[③] 但是学界通常从撤销行为的“行政行为”属性切入审视学位撤销行为受到司法审查的缘由，因而学术争点常徘徊在撤销行为究竟是行政许可行为、行政处罚行为抑或

---

① See Jerry L. Mashaw, *Dignitary Process: A Political Psychology of Liberal Democratic Citizenship*, University of Florida Law Review, Vol. 39: 433, p. 442 (1987).

② 参见江国华、彭飒：《法治原则在大学治理中的适用——于某诉北京大学撤销博士学位案检视》，载《江汉大学学报（社会科学版）》2018 年第 2 期，第 21 页。

③ 学界普遍认可学位授予行为的“双重属性”，且对学位授予的双重属性说理较多。譬如，周详等人认为，学位授予作为一种具体行政行为，具有学术评价特质即学术权的属性。参见周详、刘植萌、胡鑫：《学位撤销的法律属性及其要件分析》，载《中国人民大学教育学刊》2017 年第 2 期，第 9 页；刘璞总结得出：“高校获得和行使学位授予权兼具‘行政权力’和‘学术权利’的属性，而且两者经常交织在一起，共同发挥着学术管理和学术评价的作用。”参见刘璞：《高校学位授予标准设定权的法律属性与权利边界——兼论〈中华人民共和国学位条例〉的修改》，载《学位与研究生教育》2020 年第 8 期，第 68 页。作为学位授予后果环节的学位撤销行为也同样具有“双重属性”，如戴国立界分学位撤销权力，认为高校学位撤销权不仅是学位授予权力的延伸，而且涉及对学位本质属性的判断。参见戴国立：《高校学位撤销权的法律规制》，载《东方法学》2021 年第 2 期，第 182 页。

仅是具体行政行为的撤销。① 尽管这一争论是有必要的，毕竟这关系到学位撤销行为是否能纳入司法审查的范围，以及如何对学位撤销行为进行规制。但不可否认的是，目前学位撤销制度的“学术自治”一定程度上被忽视。然而，恰是高校学位撤销权所附着的学术自治属性，成为审视法院在学位撤销纠纷中适用正当程序原则的良好观照点。此间讨论所欲说明的，法院应当如何适用正当程序原则对高校学位撤销权进行司法审查。

（一）学位撤销之原因事项与阶段二分法的式微

在探讨法院如何突破学术自治界限之前，尚需厘清一个问题，即在破除学术自治的过程中，正当程序原则发挥何种作用以及如何发挥作用？

由有关学者对我国学位撤销案件的类型化分析可知，引发学位撤销的原因事项主要分为两类，一类是学术类事项，另一类是非学术类事项。② 该种分类一般属学理讨论范畴。然而，这种分类方式将会对法院行使司法审查权设限，原因在于，一方面，法院对基于学术性原因而撤销学位的案件进行审查一般会高度尊重学校的事实认定与处理决定，即采纳“判断余地”理论尊重高校在学术自治权限内的自由裁量权，③ 此时法院的审查固然会限于程序方面的形式审查，司法审查范围实在有限；另一方面，对于学位撤销相对人的权利来说，司法救济功能不彰。即使是对学位撤销程序进行审查，在该种分类方法之下，对

---

① 学界关于学位撤销行为的行政属性讨论较多，如肖鹏认为，撤销学位在法律性质上属于学位授予单位否定自己作出的行政行为效力的新行政行为，参见肖鹏：《论撤销学位的法律规制——对中山大学撤销陈某硕士学位案件的法律思考》，载《中国高教研究》2008 年第 2 期，第 44 页；张善燚认为，学位撤销行为的性质更接近于行政撤销行为，参见张善燚、李旭：《论我国高校学生学位撤销制度》，载《现代大学教育》2009 年第 5 期，第 65 页；湛中乐认为，撤销学位行为本质上属于撤销行政许可，与行政处罚的相关法律特性不符。参见湛中乐：《论对学位撤销权的法律规制——陈某诉中山大学案的分析与思考》，载《中国教育法制评论》2011 年第 9 期，第 219 页；周详等人认为，学位撤销是行政确认的撤销，参见周详、刘植萌、胡鑫：《学位撤销的法律属性及其要件分析》，载《中国人民大学教育学刊》2017 年第 2 期，第 10 页。

② 参见徐雷、沈思言、王颖：《学位撤销纠纷的司法审查路径研究——基于案例的类型化分析》，载《学位与研究生教育》2016 年第 6 期，第 49 页；参见林华：《学位撤销案件的样态与图景（1998—2018）》，载《学位与研究生教育》2019 年第 9 期，第 32 页。

③ 参见林华：《人民法院在学位撤销案件中如何进行审查——基于司法审查强度的裁判反思》，载《政治与法律》2020 年第 2 期，第 99 页。

于程序审查的力度也较难进入实质审查的阶段，仅因为“学术自治”缘由便让法院深入学位撤销程序的实质审查望而却步，实难保障相对人之程序上的主观公权利。① 继而，该种分类方式抑制了司法权发挥其作用，而正当程序原则的运用能够帮助法院介入学术自治领域，既能推动学位撤销程序法治化，也能从撤销相对人之面向关注学位撤销程序本应具有保障其权益的程序价值与实质含义，从而赋予相对人更多的救济权利。

实际上，在审判实践中，法院暂未将学位撤销行为的起因作细致分类，而是审查判断学位撤销的前置行为——学位授予行为，通过考察相对人获取学位的原因或方式，判断是否应当进行正当程序性审查。② 由于目前进入诉讼的学位撤销案件数量不多，高校作出撤销学位行为主要基于学术不端以及研究生入学资格造假两项事由，前者一般发生于学生攻读学位阶段，而后者则发生于攻读学位之前的阶段。关于研究生入学资格造假问题，代表性说理为“学校的‘办学自主权’原则上应当以学生在校期间为限”③，从而为高校学术自治权划定了时间限制。转至涉及学术不端而撤销学位的案件，法院着重审查高校作出撤销学位程序的正当性，这也成为审查学位撤销案件的司法新进路。④ 事实上，如此便不自觉地将学位撤销事由划分为两个阶段：对于攻读学位前阶段所发生

---

① 事实上，学术性与非学术性分类方式在美国学界也遭受相关质疑，尽管我国法院未明确将学位撤销分为学术类与非学术类事由，但是美国法院的审查沿用此种方式，有关学者却认为：“这种分类方式对于法院而言是有利的，因为法院有能力尊重学校对学生进行纪律性惩戒的判断权；同时这也对学校有利，因为其保护了学校的学术自由，并赋予学校更多的裁量权利与判断余地来惩戒学生，然而这对学生而言却是不利的。” See Jack E Byrom, *To Love and Die in Dixon: An Argument for Stricter Judicial Review in Cases of Academic Misconduct*, Review of Litigation, Vol. 31: 147, p. 164 (2012).

② 例如，在李某案中，虽然李某在校期间发表的小论文存在抄袭，但仍应当取得学位。在审查撤销学位是否合法及正当时，法院着重于从学位授予的角度进行裁判说理，认为小论文是可以申请博士学位授予的前提条件，对高校学位授予的自治权限较为尊让，尔后主要因学位撤销程序存有不正当之处才判决被告败诉。参见李某诉华南理工大学教育行政管理（教育）纠纷上诉案，广州铁路运输中级法院行政判决书（2017）粤 71 行终第 2130 号。

③ 参见陈某诉中山大学撤销硕士学位决定上诉案，广东省广州市中级人民法院行政判决书（2006）穗中法行终第 442 号。

④ 典型案例为栗某案、李某案和于某案，法院均对学校撤销学位行为的程序是否正当进行审查。

的事由，法院可以进行高密度的实质性审查来干预自治行为，而在攻读学位期间的学术不端行为，法院一般克制司法裁量权，主要通过程序性审查介入。由此可知，不论发生在何种阶段的学位撤销事由，都躲不开程序性审查。① 既是如此，就法院对此进行程序性审查而言，这种二分法意义实则不大，其主要会导致法院对程序事项的审查强度不统一。因攻读学位前阶段所进行高密度的实质审查的审查强度一般会大于攻读学位阶段程序性审查之审查强度，进而致使不同案件的司法裁判口径不一。据此，阶段二分法也呈现出式微状态。那么正当程序原则的适用将在程序性事项的审查中扮演着至关重要的角色，其能够促使法院真正利用该原则对程序事项进行实质审查，统一审查强度标准，提高司法审查效率，司法权也由此逐渐渗入高校学术自治领域。

总之，不论是学理上将学位撤销的原因事项进行二分还是司法上将其进行阶段二分，对撤销相对人的权益保障而言皆成式微之态，而当法院以正当程序原则为刃时，一方面可以发挥破除司法权与高校自治权界限的功能，毕竟“当提出诉讼或者裁决纠纷的权力被赋予行政机构而其目的正在于规避法律过程的形式时，是否还存有某些法律程序残余永远不应排除呢”②？当归属于高校自治维度的学位撤销权未受到相应程序规制时，正当程序原则的运用应当成为填补那些不应排除的程序形式的方法；另一方面也斩断了限制相对人救济权利行使的枷锁，使得相对人能够充分利用司法权维护自己来之不易的学位，并维护自己在程序上的尊严与正义。

（二）司法适用正当程序原则突破学术自治

正当程序原则在司法适用过程中得以深化，也在一定程度上破除了司法权与学术自治权之界限，那么下文主要从强化形式审查和深入实质审查两个方面介绍司法权何以破解学术自治藩篱：

---

① 栗某案、李某案和于某案等皆为因科研论文抄袭等学术性事由而被撤销学位的案例，涉案法院均对高校行为依据的程序事项进行审查；陈某案、翟某宏案作为因入学资格造假、伪造学历等非学术性事由被撤销学位的案例，也涉及对撤销学位程序的审查。当然，唯有徐某案的审判法院直接规避程序审查而直指对实质争议的审查，这种情形较为罕见。

② ［英］威廉·韦德：《行政法》，徐炳译，中国大百科全书出版社 1997 年版，第 96 页。

1. 强化学位撤销程序的形式审查

其一，补充正当程序原则适用的上位法依据。

司法权介入和突破学术自治边界的首要前提是完善立法。尽管立法与司法乃不同权限范畴，且我国司法权无权干涉立法权，但是在学位撤销的司法实践中仅依赖于“法官造法”和司法能动性适用正当程序原则终不是长久之计，毕竟若无统领性的上位法的程序规定，法院对学位撤销程序进行合法性审查也无从谈起，从而“在程序法缺失的情况下，仅就合法性进行审查，无异于‘对空放炮’”①。所以如何对正当程序原则适用的上位法依据进行补充与完善应当是一个延伸讨论的问题。

考察其他国家和地区法律规范情形，日本以及我国台湾地区的大学自治事务一般都得到了适用行政程序的豁免权：日本《行政程序法》总则部分第 4 条规定，“行政厅就法律规定的考试、检查、检定、登记及其他的行政上的事务……不适用次章以及第三章的规定”，② 由此能够得出大学对学生做出的一般性的行为不属行政程序规制的对象，也可推论出学位撤销案件应不受行政程序法的调整；我国台湾地区所谓“行政程序法”第 3 条规定：“……下列事项，不适用本法之程序规定：……六、学校或其他教育机构为达成教育目的之内部程序”。但是，此种立法引发了学界广泛的质疑。如我国台湾地区学者许育典认为对该条应当进行限缩解释，即高校内部程序应当遵守正当法律程序的内涵从而保障学生基本权。③ 有鉴于此，学校学术自治事项的程序豁免权应当具有限度，倘若仅从程序工具主义角度来说，当学校行使其自治权时未能遵从程序公开、公平或公正原则，也难以保障其作出的最终决定的合法性与正当性，更不必说从程序本位角度来考量其作出决定之程序本身是否彰显了程序内在价值。

无论如何，完善学位撤销程序规范依然是必要的，程序的完备不仅为高校等教育机构行使学位撤销权提供制度空间，还能够避免司法裁量权之恣意。以高校管理领域的法律规范为参照，《普通高等学校学生管理规定》自颁布以来

① 江必新：《行政程序正当性的司法审查》，载《中国社会科学》2012 年第 7 期，第 127 页。

② 参见［日］室井力、芝池义一、滨川清：《日本行政程序法逐条注释》，朱芒译，上海三联书店 2009 年版，第 60 页。

③ 许育典：《大学法制与高教行政》，元照出版有限公司 2014 年版，第 28 页。

历经二次修订，2005 年与 2017 年修订之后最重要的变化在于完善了学校对学生作出处分时的程序性规定，并明确规定："学校对学生的处分，应当做到证据充分、依据明确、定性准确、程序正当、处分适当。"当前，我国学位法草案正处于公开征询意见阶段，《学位法草案》第 33 条第 3 款提到："学位授予单位在作出不授予学位或者撤销学位的决定前，应当听取学位申请人或者学位获得者的陈述和申辩。"可以说，这是立法对正当程序重视的体现。但草案仅此一条涉及学位撤销程序规定未免单薄，且也仅关注了陈述与申辩的参与性权利。

继而，未来针对以《学位条例暂行实施办法》等下位法的修订，应当赋予相对人更多的程序性权利，为高校行使撤销学位的权力设置如听取陈述申辩、说明理由、必要时举行听证会以及遵守回避制度等具化的程序性要求。具体而言：首先，关于相对人获得通知与听取陈述申辩的权利，在何期限内通知相对人、通知的内容为何、听取陈述申辩的期限、方式及内容都应当规定清楚；其次，关于是否有必要举行听证会，在涉及因学术原因而撤销学位的案件时，此时应规定依职权举行听证会，毕竟这对相对人声誉自由权利的影响更为重大，至于因其他缘由而撤销学位的，则赋予相对人是否申请听证的选择权，当然，举办听证会时应保证听证会的公开与中立性，给予相对人申请回避权以及通过自己或者聘请律师自由发表意见的权利等；最后是一些其他程序性规定，如应保障最终结果的送达有效，告知相对人具有复议或诉讼救济的权利等。

故此，方能有效平衡司法能动性与法之安定性关系，并且在限制司法裁量权恣意的同时也为法院适用正当程序原则提供合法的制度选择空间。

其二，加强对大学自治规范中程序性事项的合法性审查。

前述提及，目前我国法院对于高校学位撤销程序仍主要进行形式审查，毕竟当相关程序已然法定化时，司法审查自然应当限于高校之撤销程序是否合乎法定程序的范围之中。然现行关涉撤销学位程序之法规范实有局限，出于这一现实情况，法院应当主要从大学自治规范的程序性规定入手加强形式审查。

我国《教育法》第 82 条第 3 款为高校撤销学位的权力提供法律依据："以作弊、剽窃、抄袭等欺诈行为或者其他不正当手段获得学位证书、学历证书或者其他学业证书的，由颁发机构撤销相关证书……"《学位条例》第 17 条进一步明确高校内部的学位评定委员会是学位撤销程序的实施主体。由此，无论从撤销学位的原因前提——作弊、剽窃、抄袭或舞弊作伪，或是撤销学位的权力主体，皆可说明国家将不端行为的判断调查权以及由此衍生出的学位撤销权划归在高校自治的框架内。但“国家对大学自治的监督，既体现为通过立法弥补大学自治对学术自由保护的不足，又须保留必要的司法审查”①。已有相应案件佐证高校学位撤销权受到法院的司法监督，是以兹不赘述。而学术不端行为的判断审查权力是较典型的学术自治事项，相应的法律规范也为高校的学术不端调查处理权保留制定自治规章之权限，如《高等学校预防与处理学术不端行为办法》第39条和《科研诚信案件调查处理规则（试行）》第46条，但这并不表明该种自治规章可以排除外部监督。在栗某案中，法院介入审查《中国海洋大学研究生学术不端行为处理办法》，即高校的处理办法是否违背教育部出台的上位法规范。经合法性审查认定高校的学术不端行为查处规则特别是调查主体上规定，与《高等学校预防与处理学术不端行为办法》明显不一致。

由此，尽管高校内部规章实属大学自治权限，但法院的合法性审查不存在让步的空间。进言之，法院对高校内部规章的合法性审查需从该程序性规章的内容是否符合上位法的规定，程序作出的主体是否适格，甚至制定程序规章的主体是否具有权限等方面来进行。不过，当法院对高校内部自治程序规定审查后，发现其与上位法规范不产生实质性冲突时，应当肯认该规定的效力并进行裁判适用。

2. 深入学位撤销程序的实质审查

其一，通过利益衡量判断学位撤销程序的正当性。

把梳正当程序原则在学位撤销纠纷中的司法适用之历程，法官对高校学位撤销程序决定正当与否的审视主要聚焦在行政参与原则，而甚少审查是否符合其他子原则（行政中立原则与行政公开原则）内容的要求。如于某案中，对是否应撤销于某博士学位进行表决时，历史学系学位评定委员会5人赞成、1人弃权、7人反对，随后校方学位评定委员会20：0全票赞成撤销其博士学位，②

① 伏创宇：《国家监督与大学自治框架中的学术抄袭认定》，载《行政法学研究》2020年第2期，第82页。

② 参见《北大女博士“抄袭门”争议》，载《南方都市报》2015年4月9日，第A16版。

由此不禁令人怀疑最终校评定委员会之程序中立性问题。[①] 程序中立与否关系着学位撤销程序的专业性与公正性，同时也决定着撤销行为相对人的前途命运，如此利益攸关的程序不应被法院忽视。尤其是当调查程序收尾进入表决程序时，相对人届时已处于“命悬一线”之际，尽管最终表决体现的是校方大学自治权利与学位评定委员会的专业判断权，但是在关系相对人重大权益的紧急情形之下，衡诸大学自治与学生权益，此时按照效益最大化之选择，法院至少需对表决程序进行合理性审查，即审查表决程序是否进行了合理的回避程序、是否符合中立原则以及达到了足够公开公平的程度。此外，法院在翟某宏案中认为被告方郑州大学采用邮寄送达最终决定给相对人的方法虽存在瑕疵，但是并不会影响相对人救济权利的实现，这在某种程度上也采用了利益衡量的方法。在相对人的救济利益可能遭受损害与轻微程序瑕疵之间，法院权衡之下认为该程序虽不太合理但可以接受，从而“两害相权取其轻”未撤销该行为或使校方重开程序。

除此之外，法院的实质审查不应局限于最低限度的程序权利，而应根据不同情形来判断采取何种程序是正当的且能充分保障相对人利益。以美国的 Crook 案为例，[②] 法院通过公立高校是否给予相对人充分的程序保障来判断是否符合正当程序的要求。所谓“充分”可理解为最高级别的程序（the highest level of procedural process）保障，其包括听证会，告知举报人姓名、证人姓名、证词内容以及委托代理人等程序权利。[③] 进而，通过利益衡量分析以及对不同情形所应采取程序的合理性考察，司法裁判可将高校的撤销学位程序纳入“充分而非随意任性（arbitrary and capricious）”[④] 的标准之内进行规制。

---

① 参见张航：《论学位撤销程序法治化及其建构方案》，载《高教探索》2021 年第 2 期，第 40 页。

② 该案是美国典型的学位撤销案件之一，即毕业于密歇根大学的 Crook 因为毕业论文的数据作假，被密歇根大学撤销了学位。See Crook *v.* Baker. 584 F. Supp. 1531（E. D. Mich. 1984）.

③ See Mary Ann Connell & Donna Gurley, *The Right of Educational Institutions to Withhold or Revoke Academic Degrees*, Journal of College and University Law, Vol. 32：51, p. 74（2005）.

④ Arbitrary and capricious 标准是行政审查的一种标准，该标准也通常会被法院在审查高校因学生的学术不端行为作出的开除等行为时运用。See Curtis J. Berger & Vivian Berger, *Academic Discipline：A Guide to Fair Process for the University Student*, Columbia Law Review, Vol. 99：334, p. 334（1999）.

其二，法院须立足正当程序原则审查高校专业判断权。

尽管司法审查权通常对学术自治保持谦抑立场，但高校学术自治权作为行政裁量权的一种体现，[①] 其仍需受到司法权的检视。而学位撤销案件中司法裁量判断主要依靠正当程序原则的适用来实现。法院对高校作出撤销学位决定的最终结论一般不作实质审查，但对于这一结论作出的过程需考量该过程与结果的关联程度，典型论述如“上诉人的涉案博士学位论文……专业性非常强，判断标准亦十分专业，如果不是专业人员作出评判，如果不允许上诉人参与甚至不听取上诉人的陈述和申辩，就可能无法判断涉案学术论文的抄袭对该博士学位论文产生多大影响，就无法判断上诉人学术论文造假与博士学位撤销的关联性”[②]。基于此，撤销学位这一专业性较强的行为作出的程序必须具有正当性，否则不仅违背了正当程序原则，更是对学术自治权的滥用。并且法院的这一主张也凸显了正当程序原则的内在价值，即关注一个过程所具有的、不依赖于其结果如何而存在，[③] 仅“作为程序”自身而具有的价值。此外，美国的 Horowitz 案中也涉及高校学术判断权与正当程序的关系问题。在该案中，某医学院学生因临床表现差而被医学院作出留校察看决定，后经医生小组对其作出特别指示与评估后对其又作出整改不力的评价，随后学院根据该评估作出开除的决定，学生以开除这一决定未经过听证而不符正当程序诉至法庭。法院认为由于开除是归属于学术判断的行为，尽管在该案中学院并未举行审判型听证（formal hearing），但该学生已经知晓开除理由并得到了亲自陈述的机会。[④] 换言之，法院对属于学术自治范围内事项所依循程序的正式程度并不苛刻，更重要的是是否有一个过程保障了相对人的正当程序权利，以免使得学术专业判断成为受到一切审查豁免的借端。

由此而论，在涉及高校学术判断权事项时，法院的审查应该要重点观照程序本身的价值，判断高校专业判断权依据的程序是否符合正当程序原则，从而

---

① 参见周佑勇：《高校惩戒学生行为的司法审查——基于最高人民法院相关指导性案例的观察》，载《南京师大学报（社会科学版）》2019 年第 3 期，第 8 页。

② 参见李某诉华南理工大学教育行政管理（教育）纠纷上诉案，广州铁路运输中级法院行政判决书（2017）粤 71 行终第 2130 号。

③ 参见王锡锌：《论法律程序的内在价值》，载《政治与法律》2000 年第 3 期，第 18 页。

④ University of Missouri *v.* Horowitz, 435 U. S. 78 (1978).

护航高校作出的最终学术决定之正当性。

其三，以裁判法的“明显不当”标准进行合理性审查。

通过前文对我国有关案例的介绍，可以看到法院在作出最后判决时所适用的裁判法依据一般都是《行政诉讼法》第 70 条第 3 项“违反法定程序”。然而，采用这一裁判理由不仅需要法官对“法定程序”的法进行扩张解释，更重要的是这会使得法官的裁判说理空间变得促狭。在学位撤销程序所依据的法律规范缺失的状况下，不妨用《行政诉讼法》第 70 条第 6 项“明显不当”标准对高校行为进行审查，这也为正当程序原则的适用提供更妥适的裁判法依据。从学理上来说，“滥用职权”和“明显不当”实际上都是判断行政行为实质合法与否的标准，但本文主张法院应主要采用“明显不当”而不是“滥用职权”的原因在于：首先，“滥用职权”主要是针对裁量问题的审查。[①] 在于某案中，二审法院认为高校运用正当程序原则没有自由裁量权，因而对于高校而言，其对正当程序原则遵从与适用并不属于行政裁量的范畴，法院若采用“滥用职权”进行判断实则抑制了其审查权力的发挥；其次，根据有关学理解释，“明显不当针对客观结果，滥用职权针对主观情况”[②]。而就现有案例来看，高校学位撤销程序的不合理之处在于其本身可能存在的瑕疵，而不在于高校作出决定时的主观恶意。所以，法院的审查应以结果为导向，采用“明显不当”标准更合适；最后也最重要的是，依据“明显不当”来对高校学位撤销程序进行审查不仅为司法裁量权扩展了空间，也能够充分尊重高校的自治权利。因立法强调明显不当，其实是要求法院节制自己的审查权力，由此表明司法机关应当给予行政裁量必要的尊让。[③] 因此，法院通过适用“明显不当”诉讼标准有助于审查高校学位撤销决定正当与否，也在国家立法与高校校规皆未有明确的程序规则时为正当程序原则的适用给予诉讼法的支撑。

---

① 参见于洋：《明显不当审查标准的内涵与适用——以〈行政诉讼法〉第 70 条第（六）项为核心》，载《交大法学》2017 年第 3 期，第 112 页。

② 参见全国人大常委会法制工作委员会行政法室编著：《〈中华人民共和国行政诉讼法〉解读与适用》，法律出版社 2015 年版，第 158 页。

③ 参见何海波：《论行政行为“明显不当”》，载《法学研究》2016 年第 3 期，第 84 页。

四、代结语：把握司法审查权与学术自治权的关系

正当程序原则在学位撤销案件中的司法适用，更多地彰显司法权的救济保障功能，并且深刻体现法院对于“原则之治”背后法理的追求。从更纵深的角度来说，正当程序原则的运用既是自然正义的必然要求，也是对学位撤销相对人基本权利的重要保障。进而，对相对人基本权利的保护必须要回归到司法审查与学术自治的关系问题上。尽管法院在学位撤销案件中意识到相对人的权利应当受到充分保障，但是法院对于如何充分保障相对人权利的释法说理主要盘桓于“程序是否合法或正当”上，由此带来的问题在于仅仅依赖适用正当程序原则不足以平复大学自治与司法审查的失衡关系。在柴某案中，虽然该案核心争议点在于上海大学不授予学位的合法性与正当性，法院仍主要审查程序事项及形式审查学位授予条件，并主动规避核心的学术性争议，乃至相对人柴某本人在其博客愤言：“……但学术自治在这个案子中并未前进半步。”① 事实上，司法权在学术自治与学术自由领域呈现孱弱之势并不鲜见，且于学术自由的蓬勃发展而言，一定程度上司法权恪守谦抑立场实则有其必要。但目前已有学者认识到以正当程序原则适用为主的“程序化审查模式”模糊学术自由的法律边界。② 因此，对于学位撤销以及类似地极大侵害相对人权益的学术事务，法院可以适当地对学术自治事项进行实质审查，从而“提防法院在学位撤销问题上遁入程序万能主义”③。

基于此，本文认为在学位撤销案件中，以把握好司法介入与高校学术自治的关系为出发点，对大学自治进行实质审查应当注意以下两点：第一，法院在审查学位撤销或者学位纠纷案件时，应当厘清学术性与非学术性（或称纪律性）事务的界限，尽管前文述及这种二分方式在涉及正当程序审查时意义不大，

---

① 参见柴某：《对浦东法院判决的认知》，载新浪网博客 2020 年 3 月 11 日，http：//blog. sina. com. cn/s/blog_ 6ca4717d0103001d. html。

② 参见林华：《学位撤销案件中的司法审查范围模式及其反思》，载《东方法学》2020 年第 6 期，第 166 页。

③ 高俊杰：《基于学术不端撤销学位的程序制度建构》，载《中国法学》2019 年第 5 期，第 62 页。

但是当进入学术自治的实质审查范围时，厘清二者边界是十分必要的。应当全方位审查因非学术性事务撤销学位的案件，此时大学自治范围得以缩减；若因学术性事务撤销学位，法院除却通过正当程序原则进行司法介入，还应当审查学术性事由与撤销学位的后果是否存在合理联系。[①] 第二，对于因学术不端而撤销学位的案件，尽管目前学理将学术不端纳入学术性事由，但是其性质实有争论，国外有学者认为学术不端在本质上是学术性的同时具备部分纪律性质。[②] 就现有法规和实践来看，我国学术不端审查处理主体较为多元且主体之间的职权存在交叉状态，因此学术不端并非完全划入学术自治权限范围内，也不能完全排除司法对学术不端的实质审查。但鉴于此类事项学术性较强，当高校因学术不端撤销相对人学位时，法院应当会同外部专家进行专业判断再予以实质介入。

（初审：霍然；校对：李铖瑜）

---

① See Jack E Byrom, *To Love and Die in Dixon: An Argument for Stricter Judicial Review in Cases of Academic Misconduct*, Review of Litigation, Vol. 31: 147, p. 171 (2012).

② See Karla H Fox, *Due Process and Student Academic Misconduct*, American Business Law Journal, Vol. 25: 671, p. 700 (1988).

MMT 视野下为服用而携带美沙酮的出罪政策

胡　莎*

摘　要：MMT 是指美沙酮药物维持治疗（Methadone Maintenance Treatment）。美沙酮既可以被解释为“国家规定管制的其他能够使人形成瘾癖的麻醉药品”类的毒品，也是我国目前唯一通行的法定戒毒药物，具有其他药物、毒品不可比拟的、独特的医学使用价值。我国应当贯彻宽严相济的刑事政策，区别对待服用美沙酮与吸食鸦片、海洛因、吗啡等常见毒品的行为。同时，应当落实《最高人民法院关于审理毒品犯罪案件适用法律若干问题的解释》第 1 条第 2 款的规定：“国家定点生产企业按照标准规格生产的麻醉药品或者精神药品被用于毒品犯罪的，根据药品中毒品成分的含量认定涉案毒品数量。”凡参加过 MMT 的吸毒者，若携带含量为 2.4 克以下供个人合理服用的美沙酮乘坐火车，则可以出罪。为此，应当贯彻我国“综合治理”的刑事政策，根据相关前置法处理美沙酮案件，增设运输毒品罪的出罪事由，并大力发展刑事制裁的有效替代措施。

关键词：美沙酮药物维持治疗（MMT）；运输毒品罪；出罪；毒品犯罪刑事政策

一、问题的提出

截至 2021 年 2 月 26 日，在中国裁判文书网“刑事案件”部分以“美沙酮”为关键词，共检索到 21 篇裁判文书涉及“MMT 参与者为服用而携带美沙酮乘坐火车案件”（以下简称“美沙酮案件”），而且皆为有罪判决，其中有 20 篇定运输毒品罪，只有 1 篇定非法持有毒品罪。纵然如是，频繁出现的辩护

* 胡莎，法学博士，广州大学法学院讲师。

意见却是无罪辩护：美沙酮是戒毒药物，不是毒品，被告人应无罪；或者是轻罪辩护：MMT参与者是基于服用戒毒药物的医疗目的而携带美沙酮乘坐火车，应定轻罪——非法持有毒品罪，而不是重罪——运输毒品罪；抑或既未遂的从轻辩护：在始发站的安检口被查处，应成立未遂，从轻或减轻处罚；或者是犯罪数额较低的辩护：应按纯度含量，而非按常见毒品的净重数量计算，如果按纯度含量计算，量刑会大幅度下降。

首先是定罪争议：美沙酮案件是无罪还是构成运输毒品罪？例如，2017年王某在火车站出站时，被查获其携带的饮料瓶内，装有净重为212.37克的美沙酮液体，其辩称是为了戒毒，才携带国家禁止服用人员外带的美沙酮，但不知道美沙酮是毒品，不应构成犯罪，只应承担行政责任，而法庭对该意见不予采纳，仍裁定成立运输毒品罪，判处有期徒刑7年。① 从该案可看出，我国个别司法人员对戒毒药物美沙酮相当陌生，并习惯将极具独特性的美沙酮，与鸦片、海洛因、甲基苯丙胺、可卡因等毒品等量齐观、混为一谈。再例如，郭某因被查获随身携带568.41克美沙酮溶液，被判处有期徒刑10年。郭某同样主张为戒毒而携带美沙酮，不具有社会危害性，不仅不构成犯罪，还应对该行为予以表扬和鼓励，但法院根据2016年起施行的《最高人民法院关于审理毒品犯罪案件适用法律若干问题的解释》（以下简称《2016年司法解释》）第2条第8项运输“美沙酮二百克以上不满一千克”，属于《刑法》第347条第3款规定的“其他毒品数量较大”，对无罪辩护意见不予采纳，认定其成立运输毒品罪。② 很明显，该案属于法律适用错误。因为《2016年司法解释》第1条第2款赫然在目：“国家定点生产企业按照标准规格生产的麻醉药品或者精神药品被用于毒品犯罪的，根据药品中毒品成分的含量认定涉案毒品数量。”美沙酮正是国家定点生产企业按照标准规格生产的、序号为61的麻醉药品。本案中，郭某最终被定罪的数额，是直接按照两瓶美沙酮溶液的净重568.41克予以认定，即还是依照《刑法》第357条第2款“毒品的数量以查证属实的走私、贩卖、运输、制造、非法持有毒品的数量计算，不以纯度折算”，而未按照《2016年司法解释》

---

① 参见王某运输毒品上诉案，西安铁路运输中级法院刑事裁定书（2017）陕71刑终3号。

② 参见郭某运输毒品上诉案，西安铁路运输中级法院刑事裁定书（2018）陕71刑终2号。

第1条第2款之规定，以纯度含量来量刑。①

由上述两案可知，即使被告人持异议，法院一般仍坚持成立运输毒品罪。但一般总有例外，截至行文为止，有一个案件是按非法持有毒品罪处理：2015年杨某过安检时，被查获其随身携带的行李箱里，有美沙酮液体净重334.2克，法院采纳公诉机关的公诉意见，认定杨某违反国家对毒品的管理规定，非法持有毒品，构成非法持有毒品罪，判处有期徒刑9个月。② 笔者认为，该案是2015年之前美沙酮案件的定罪典范，应列为“最高人民法院毒品犯罪指导案例”。③

其次是既未遂问题：在火车站被查获，成立既遂还是未遂？在21个美沙酮案件中，80%的法院对既未遂问题只字未提，仅在少部分案件中，法院认定被告人存在未遂的从轻情节。例如，2017年刘某在火车站过安检时，被发现携带美沙酮，净重466.83克，含量为0.69毫克/克。法院认为其购买车票并携带毒品进入火车站，即已着手实施运输毒品的犯罪行为，因意志以外的原因未得逞，系犯罪未遂。④ 再如，薛某在火车站过安检时，被查获随身携带美沙酮溶液，净重669.8克，由于其已经开始着手实施运输毒品的犯罪行为，因意志以外的原因未得逞，系犯罪未遂。当然，也有法院认为被告人进入候车大厅，已经属

---

① 例如袁某案中，上诉人袁某是社区戒毒人员，长期服用戒毒药物美沙酮，2018年7月5日，袁某向处在公安控制下的陈某贩卖橙色液体一瓶，净重132.13克（美沙酮含量：一克液体里面有0.00068克美沙酮，即0.0898484克），被公安当场抓获，上诉人袁某还被查获随身携带的一瓶净重为108.46克的液体（美沙酮含量：一克液体里面有0.00071克，即0.0770066克），原审法院以液体净重132.13克加108.46克等于240.59克判处袁某7年6个月有期徒刑。二审法院认为原审法院认定毒品数量错误，适用法律错误，应按照药品中毒品成分的含量认定涉案数额，即按0.0898484克加0.0770066等于0.166855克改判有期徒刑1年。参见袁某贩卖毒品上诉案，北京市第一中级人民法院刑事判决书（2019）京01刑终325号。

② 参见杨某运输毒品案，成都铁路运输法院刑事判决书（2015）成铁刑初第17号。

③ 在美国，对于这种吸毒成瘾者非法持有戒毒药物的行为，属于犯罪嫌疑人自愿接受治疗，不会被起诉。See Julie Pearlman, *Combatting Massachusetts's Opioid Epidemic: Reducing the Social Stigma of Addiction Through Increased Access to Voluntary Treatment Services and Expansion of Mandatory of Clinician Education Programs*, American Journal of Law & Medicine , Vol. 42: 835, p. 854 (2016).

④ 参见刘某运输毒品上诉案，西安铁路运输中级法院刑事裁定书（2018）陕71刑终5号。

于运输环节，在该环节被查获，可认定为运输毒品罪既遂。[①] 由此可见，司法机关对携带美沙酮搭乘火车案件既未遂问题，80%是只字未提，20%提及既未遂问题，而只有10%认定成立未遂。

最后是量刑问题：犯罪数额应依重量还是纯度或含量予以认定？在我国，能够被吸毒者公开、合法、廉价获取的美沙酮，只有一种形态，即盐酸美沙酮溶液，美沙酮纯度较低，一般是千分之一，水分极大，里面还有唾液。如果按照重量认定，则犯罪数额过大，明显是无视《2016年司法解释》第1条第2款的规定，使得我国美沙酮案件重刑率占比达97.22%，容易导致被告人不断申诉，认为量刑过重，请求法院轻判。[②] 例如，王某在火车站被查获随身携带三瓶有色液体美沙酮，其辩称以液体的净重确定犯罪数额，导致量刑过重。[③] 再如，尼某案、格某案，案情与上述案件基本类似，被告人也分别辩称不按纯度计算犯罪数额，会导致量刑畸重，这是不合理的。[④]

笔者认为，美沙酮案件之定罪、既未遂、量刑等问题，只有在充分领会我国宽严相济的基本刑事政策与其“区别对待”的核心理念，以及社会治安“综合治理”的总的刑事政策之基础上，不简单、片面地运用我国“厉行禁毒”“高压禁毒”、严厉打击毒品犯罪等具体刑事政策，坚守纯度含量折算法，认同“持有2.4克以下合理服用量可出罪”之理论，才能迎刃而解。

二、“区别对待”服用美沙酮与吸食毒品行为

宽严相济刑事政策的核心理念为“区别对待”。[⑤] 2015年《全国法院毒品

---

① 参见杨某川运输毒品案，重庆铁路运输法院刑事判决书（2015）重铁刑初第24号。

② 参见黄旭：《论毒品重量与毒品纯度的复合立法模式——以贩卖、运输毒品美沙酮案件为切入点》，载《西南政法大学学报》2020年第5期，第99页。

③ 参见王某运输毒品上诉案，成都铁路运输中级法院刑事裁定书（2015）成铁中刑终第26号。

④ 参见尼某批运输毒品上诉案，成都铁路运输中级法院刑事判决书（2015）成都中刑终第24号；格某运输毒品案，成都铁路运输中级法院刑事裁定书（2014）成铁中刑初第13号。

⑤ 参见卢建平主编：《刑事政策学》（第2版），中国人民大学出版社2013年版，第136页；张小虎：《宽严相济刑事政策的精髓与我国刑罚体系的补正》，载《江苏社会科学》2019年第5期，第132页。

犯罪审判工作座谈会纪要》（以下简称《武汉会议纪要》）在第一点第三段中明文规定，“为全面发挥刑罚功能，也要贯彻好宽严相济刑事政策，突出打击重点，体现区别对待”。据此，为解决 MMT 参与者为服用而携带美沙酮乘坐火车行为之定罪、既未遂与量刑争议问题，必须确立一个重大的前提性结论——将服用戒毒药物美沙酮（“服药”）与吸食毒品（“吸毒”）的行为予以区别对待。

（一）必要性证成：美沙酮的双重性质

1. 美沙酮可以被解释为毒品

从毒品的成瘾性这一本质属性来看，美沙酮一定程度上符合法定的毒品概念。为贯彻落实“高压禁毒”“厉行禁毒”的毒品刑事政策，《刑法》第 357 条第 1 款对毒品概念设置兜底性条文：“本法所称的毒品，是指鸦片、海洛因、甲基苯丙胺（冰毒）、吗啡、大麻、可卡因以及国家规定管制的其他能够使人形成隐癖的麻醉药品和精神药品”。根据《刑法》第 96 条的规定，其中的“国家规定”，是指全国人民代表大会及其常务委员会制定的法律和决定，国务院制定的行政法规、规定的行政措施、发布的命令和决定。根据《麻醉药品和精神药品管理条例》第 3 条第 2 款的规定，麻醉药品目录由国务院药品监督管理部门会同国务院公安部门、国务院卫生主管部门制定、调整并公布。根据“国家食药监总局”（现“国家市场监督管理总局”）、公安部和“国家卫计委”（现“国家卫健委”）公布的《麻醉药品品种目录（2013 年版）》（药监药化监〔2013〕230 号）的规定，美沙酮目前在我国属于序号 61 的麻醉药品。《禁毒法》第 21 条第 1 款规定：“国家对麻醉药品和精神药品实行管制，对麻醉药品和精神药品的……运输实行许可和查验制度”；第 3 款明文规定：“禁止非法……运输……持有、使用麻醉药品、精神药品……”另外，由于通过皮下注射 10—20mg 的美沙酮，某些个体会产生明显的欣快感，且在停药后 1—3 天会出现戒断症状，说明美沙酮具有成瘾性。因此，序号 61 的麻醉药品美沙酮，作为阿片类受体激动剂，可以被解释为“国家规定管制的其他能够使人形成隐癖的麻醉药品”类的毒品。

2. 美沙酮是我国目前唯一通行的法定戒毒药物

然而，美沙酮本质上属于专门用于戒毒的特定药品，一律将服用美沙酮及其关联行为予以绝对化严厉打击，有不分青红皂白之嫌。《禁毒法》第 8 条规定国家推广先进的戒毒方法；第 31 条第 1 款规定："国家采取各种措施帮助吸毒人员戒除毒瘾，教育和挽救吸毒人员。"2009 年，"国家卫计委"下发《卫生部关于印发〈阿片类药物依赖诊断治疗指导原则〉和〈苯丙胺类药物依赖诊断治疗指导意见〉的通知》（卫医政发〔2009〕112 号），根据该通知中的《阿片类药物依赖诊断治疗指导原则》的规定，美沙酮替代治疗，是阿片类药物依赖疾病的脱毒治疗措施之一。因为美沙酮毒副作用较轻，且能确切、显著、有效地缓解、控制阿片类毒瘾戒断症状，抑制吸毒渴望与吸毒需求，直接减少对非法阿片类毒品的使用，降低毒瘾发作给个人带来的危害，以及控制因毒瘾发作寻觅毒品而给社会带来的各种派生犯罪。① 2014 年，"国家卫计委"、公安部、"国家食药监总局"下发《关于印发〈戒毒药物维持治疗工作管理办法〉的通知》（国卫疾控发〔2014〕91 号），根据该通知中的《戒毒药物维持治疗工作管理办法》（以下简称《管理办法》）第 18 条的规定："维持治疗使用的药品为盐酸美沙酮口服溶液（规格 1mg/ml，5000ml/瓶）。"一方面，我们从该条可以看出，依照美沙酮净含量与液体净重所认定的数额差距极大：1 毫升美沙酮液体中只含有 1 毫克美沙酮，5000 毫升美沙酮液体中大致只有 5 克美沙酮。由于美沙酮液体质量与水的质量相仿，一般 5000 毫升液态水是 5000 克，所以，如果按照美沙酮液体净重认定犯罪数额，那么 5000 毫升的美沙酮液体，其犯罪数额是 5000 克，这显然容易导致量刑畸重——前者是 5 克，后者是 5000 克，二者有天壤之别。另一方面，还可看出我国药物维持治疗点只提供一种戒毒药物，即盐酸美沙酮口服液。

综上可知，"美沙酮"作为盐酸美沙酮口服液的简称，在戒毒视角下属于我国目前唯一通行的、法定的、常见的戒毒药物，具有其他药物或毒品不可比拟的、独特的重大医学使用价值，我国药物维持治疗点一般也为美沙酮药物维持门诊。因此，在我国服用美沙酮，是在服用戒毒药物。如果一律认定服用美沙酮是吸毒，不免导致合法的医疗机构涉嫌成立《刑法》第 353 条欺骗他人吸毒罪、第 354 条容留他人吸毒罪，这明显是匪夷所思的。

3. 美沙酮与常见毒品不具有等值性

根据上述法律规范可见，尽管美沙酮一定程度上符合立法规定的毒品认定

① 参见贾少微：《精神活性物质依赖》，人民卫生出版社 2013 年版，第 641-643 页。

标准，但其实则与鸦片、海洛因、吗啡、可卡因等常见毒品的法律性质存在显著差别。由此，《禁毒法》第37条第2款“吸食、注射毒品”中的“毒品”限于鸦片、海洛因、甲基苯丙胺（冰毒）、吗啡、大麻、可卡因等《刑法》第357条罗列的毒品种类，不应当包括接受戒毒治疗的戒毒人员服用的戒毒药物美沙酮。诚然，无论在成瘾性、毒害性还是社会价值等方面，美沙酮与常见毒品皆不具有等值性。

首先，吸食鸦片、海洛因、甲基苯丙胺者等常见毒品，目的在于追求生理欣快感、寻找即刻的快乐体验，这些具有明显耐受性的传统毒品或常见毒品，让个体产生强烈的本能渴求感，为维持同等的生理欣快感，会不由自主地不断增加每次的吸食量，滥毒直到过量死亡。而服用美沙酮主要是为了降低吸毒成瘾者毒瘾发作带来的巨大痛苦，吸毒成瘾本身是一种病因明确、治疗难度高、复发率高的慢性脑病，需要长期服用美沙酮以维持治疗。起初患者的给药量较高，但之后每次给药量应逐渐递减，后趋于平稳，有些个体戒毒成功需要很长一段时间，有些个体则终身需要美沙酮维持治疗。① 因此，美沙酮存在的目的是禁毒，所带来的危害是可接受的，也是可控的。

其次，持续服用美沙酮是防治艾滋病、肝病等传染病切实有效的措施。在我国，戒毒工作与防治艾滋病、丙型肝炎、梅毒等传染病工作紧密结合。从表面上来看，服用美沙酮容易导致更多人使用毒品，但实质上，服用美沙酮可显著减少艾滋病的传播，维护公共健康和提升公共安全，其并未导致毒品使用者人数增加。② 很大比例的吸毒者通过静脉针筒注射毒品，极易发生针筒混用、针头分享的乱象，而女性为获得毒资或毒品，会走上性交易的不归路，且常见的毒品会唤起人的性欲、带来性快感，吸毒者在私底下吸毒后易发生性滥交。针头带血、高危性行为极其容易导致艾滋病、丙肝等传染性疾病的传播。与此相反，在我国只能在药物维持点口服戒毒药物美沙酮，大大减少了吸毒人员吸食其他毒品的概率，直接避免混用带血针筒、卖淫和性滥交，进而大幅度地避免艾滋病、丙型肝炎、梅毒等传染病的传播。令人欣慰的是，我国目前已开展

---

① 参见［加拿大］卡迪里安：《酒精和药物滥用：精神和社会心理方面的预防》，陆林译，北京大学医学出版社2008年版，第68页。

② 参见［英］克里斯·查佩里特：《阿片类药物依赖治疗的国际趋势、国际经验和最佳实践》，陈钢译，载《中国药物滥用防治杂志》2015年第1期，第2页。

了世界上规模最大的美沙酮替代治疗，这是我国防艾、防治传染病工作的标志性成果，极大地降低了因注射毒品感染艾滋病的概率。① 反观鸦片、海洛因、吗啡、可卡因、甲基苯丙胺等常见毒品并不具备这些优点，吸食常见毒品才应是国家严厉打击的重中之重。②

为确保 MMT 在防治艾滋病、乙肝等传染病方面的持续胜利，理应像治疗其他常见疾病一样，向病情稳定的病人提供可以让其带回家使用的药物，并为药物依赖者提供广泛的治疗途径，通过提供持续性的治疗服务，增加美沙酮的可及性。然而，目前我国禁止在药物维持点以外的其他地点服用美沙酮，病人必须每日前往药物维持点领取美沙酮服用，且不能将之带出药物维持点。这种每天定点求医问药的做法，给患者带去诸多不便，使得药物治疗无法稳定维持，不具有人道性与持续性。例如，患者去外地打工，是 MMT 脱失问题的主要原因之一，这种客观情况使得我国 MMT 的效果大打折扣。③ 当务之急是提升服用美沙酮的可及性，而不是将合法获得美沙酮后前往外地的“违法的病人”，“强行贴上运毒犯的标签并投入监狱”④。即便是投入监狱，为确保美沙酮的可及性，监狱也应为阿片类吸毒成瘾者提供美沙酮，可惜我国并未如此。但是在诸如英国、美国、荷兰、瑞士、马来西亚、我国澳门等国家或地区的监狱，会为在监服刑的吸毒成瘾者提供戒毒药物美沙酮，这可有效防止艾滋病、梅毒等传染病在监狱传播。⑤ 同时，每为美沙酮治疗投入 1 美元，就会为社会节省 38

---

① 参见张宁：《在毒品抑或药物的背后——美沙酮维持治疗争论演变与现实讨论》，载《科学与社会》2015 年第 2 期，第 78 页。

② 参见最高人民法院刑五庭：《在毒品案件审判工作中切实贯彻宽严相济刑事政策》，载《人民法院报》2010 年 4 月 28 日，第 5 版。

③ 参见张宁：《毒品抑或药物——基于社区美沙酮门诊维持治疗行动的实证研究》，载《河南警察学院学报》2018 年第 2 期，第 15 页。

④ See Julie A. Warren, *Defining the Opioid Crisis and the Limited Role of Criminal Justice System Resolving it*, University of Memphis Law Review, Vol. 48：1205, p. 1222（2018）.

⑤ 参见《英国监狱、戒毒康复经验介绍及启示》，载中华人民共和国司法部 中国政府法制信息网 2015 年 7 月 27 日，http：//www. moj. gov. cn/organization/content/2015 - 07/27/jlzxxwdt_ 7265. html；《澳门监狱将引入美沙酮戒毒计划 帮助尽快脱毒瘾》，载中国新闻网 2009 年 8 月 30 日，https：//www. chinanews. com/ga/news/2009/08-30/1840543. shtml；《马来西亚监狱实施美沙酮维持治疗》，载世界卫生组织官网 2013 年 2 月，https：//www. who. int/bulletin/volumes/91/2/12-109132-ab/zh/。

美元。①

最后，服用美沙酮有利于重新凝聚家庭，使吸毒者重新感受到家庭温暖，尽快复归家庭、复归社会（Rehabilitation），以非刑罚手段实现刑罚目的。因而，“毒品会导致家财散尽、家破人亡、会导致妻离子散”这类根深蒂固的观念，不应适用于美沙酮。美沙酮是我国唯一的、官方指定的戒毒药物，在药物维持点的美沙酮价格，一般是象征性的10元，有些地方甚至免费，民众一般希望自己有毒瘾的家人去美沙酮药物维持点戒毒，相当多的美沙酮服用者也正是在家人的劝说、鼓励、陪同甚至是辅助带药之下去服用美沙酮。

（二）迫切性阐释：《2016年司法解释》的矛盾及补救

我国立法业已承认美沙酮具有药品、毒品的双重性质，但是“区别对待”理念在美沙酮案件中尚未得到充分执行，某些地方司法机关仍将美沙酮与鸦片等传统毒品相提并论、混为一谈。② 例如，2014年，钟某在火车上随身携带普通饮料瓶所装的美沙酮2797.48克、海洛因0.043克，后被判处运输毒品罪，处有期徒刑15年。钟某上诉辩称：美沙酮与海洛因、冰毒有质的区别，社会危害性小，应在量刑上有所体现，而且并没有证据证明其是为了贩卖、走私。③然而，司法机关以“运输美沙酮1000克以上，属于《刑法》第347条第2款第1项规定的‘其他毒品数量大’为由”，判处被告人15年有期徒刑。该判决将

---

① See Cara O' Connor, *A Guiding Hand or Slap on the Wrist: Can Drug Courts Be the Solution to Maternal Opioid Use*, Journal of Criminal Law and Criminology, Vol. 109: 103, p. 134 (2019).

② 混为一谈是可以理解的，因为我国刑法中的毒品种类数量庞大，主要由鸦片、海洛因、甲基苯丙胺、可卡因等传统毒品、麻醉药品（121种）、第一类精神药品（68种）、第二类精神药品（81种）、非药用类麻醉药品和精神药品管制品种（116种）构成，粗略加起来达386种。由于种类太多，对每一个毒品的属性、特质难以全面了解，司法机关一刀切地将也属于麻醉药品、精神药品的毒品与鸦片、海洛因、甲基苯丙胺等常见毒品混为一谈，实属正常。在此需要指出的是，有学者认为毒品本质是麻醉药品和精神药品，笔者认为该说法是错误的，因为鸦片、海洛因、甲基苯丙胺（冰毒）等常见毒品在现代社会的任何情况、任何语境下都是毒品，不是药品。参见何荣功、杨俭：《毒品类死刑案件的有效辩护》，中国政法大学出版社2018年版，第10页、第24页。

③ 参见钟某运输毒品上诉案，四川省高级人民法院刑事裁定书（2015）川刑终第232号。

美沙酮与鸦片“恶魔”混为一谈，判决结果令人难以信服。

这一切的“始作俑者”正是《2016年司法解释》，因为该司法解释第1条第1款第8项与第2条第8项之规定极具误导性，使得运输、非法持有美沙酮与运输、非法持有鸦片等传统毒品的量刑数额标准相同。运输美沙酮1000克以上，处15年有期徒刑、无期徒刑或死刑，非法持有美沙酮1000克以上，处7年以上有期徒刑或者无期徒刑；运输美沙酮200克以上不满1000克，处7年以上有期徒刑，非法持有毒品美沙酮200克以上不满1000克，处3年以下有期徒刑、拘役或者管制。这两条规定明显存在问题，众所周知，“鸦片”在我国是引发民族深重灾难、带来国家巨大耻辱的代名词，是各族人民深恶痛绝的对象，美沙酮却不是，其反而是国家定点生产企业合法生产的、帮助吸毒者戒除阿片（鸦片）类毒品成瘾的药物，是减轻毒品戒断时所产生的巨大痛苦之良药。另外，美沙酮在我国的形态只有液体，里面有大量水，而鸦片却是固态的，如果按照液体净重计算，美沙酮的净重数额巨大。当然，由于美沙酮是液态的，含量200克以上的美沙酮液体体积一般是200升，而200升液体的体积非常大，个人不可能携带这么大体积的液体搭乘火车。因此，在刑法中谈论“200克”美沙酮没有现实意义，不能将运输、非法持有美沙酮与运输、非法持有鸦片的定罪量刑标准等同视之。

值得庆幸的是，既是系铃人也是解铃人的最高人民法院也意识到该情况，其同时在《2016年司法解释》第1条第2款规定：“国家定点生产企业按照标准规格生产的麻醉药品或者精神药品被用于毒品犯罪的，根据药品中毒品成分的含量认定涉案毒品数量。”该规定非常科学，因为同等数量不同纯度的毒品所造成的危害是不同的，纯度高的毒品危害性比纯度低的更大。① 然而，该规定未能发挥纠偏纠错的应有作用，在本文所收集的众多美沙酮案件中，只有一个案件遵照此规定作出判决：2015年，冷某携带美沙酮液体943.8克，在火车站接受安检时被查获。公诉人当庭提出将本案美沙酮数量折算后应为0.9438克，法院经审理认为，由于本案公诉机关出示的证据无法排除冷某运输的美沙酮液体为国家定点生产企业按照标准规格生产的精神药品的合理怀疑，且没有提供

① 参见刘冬娴、伍玉功、贺江南：《毒品纯度对毒品犯罪定罪量刑的影响研究》，载《湖南警察学院学报》2016年第4期，第65页。

对涉案毒品进行含量鉴定的证据，按照疑点利益归于被告人的原则，本案的毒品数量认定问题，根据《2016 年司法解释》第 1 条第 2 款的规定，应按照药品中毒品成分的含量认定。依照《滥用阿片类物质成瘾者社区药物维持治疗工作方案》（卫疾控发〔2006〕256 号，以下简称《工作方案》）规定的美沙酮口服液规格（1 毫克/毫升，5000 毫升/瓶），本案涉案毒品数量为 0.9438 克，根据《刑法》第 347 条第 4 款规定，走私、运输、制造鸦片不满 200 克、海洛因或者甲基苯丙胺不满 10 克或者其他少量毒品的，处三年以下有期徒刑、拘役或者管制，冷某犯运输毒品罪，判处有期徒刑一年二个月。① 虽然本案被错误地定为运输毒品罪，但是犯罪数额问题处理得恰到好处，使得该案从 21 个案例中脱颖而出，成为息讼服判的典范，毕竟被告人及其家属最在乎的是最终判多久，而不是判何种罪。

总之，作为序号 61 的麻醉药品，美沙酮具有双重性质，并非任何情况下皆为毒品，基于戒毒的医疗目的，在美沙酮被患者正常使用而发挥戒毒的实际用途时，属于戒毒药品，只有在超额的美沙酮完全脱离管制、被吸毒者作为毒品替代物而滥用时，才属于毒品。② 同样，被规定在我国《精神药品品种目录》、未来将在我国全面推广、序号 44 的第二类精神药品丁丙诺啡，也应被一分为二、区别看待。无论是美沙酮，还是丁丙诺啡，皆为药物帮助治疗（Medically Assisted Treatment，MAT）的主要药物之一。

三、“区别对待”理念使得美沙酮案件可能出罪

为服用而携带美沙酮乘坐火车，涉及运输行为和持有行为，“运输”和“持有”的具体行为样态，其实都包括“携带”，但“运输”中的“携带”具有空间性，即将物品从甲地运往乙地，而“持有”中的“携带”，是将物品置于身上、其他私人物品上或空间中，体现对物品静态或动态的支配、控制或占有。③ 由此可见，运输行为必然被囊括进持有行为中，但持有行为不一定是运

① 参见冷某运输毒品案，成都铁路运输法院刑事判决书（2016）川 7101 刑初 12 号。

② 参见人民法院实务小全书编选组：《毒品案件办理小全书》（第 2 版），人民法院出版社 2019 年版，第 414 页。

③ 参见熊海燕：《毒品犯罪研究综述与评价》，知识产权出版社 2019 年版，第 78 页。

输行为，因此，运输是持有的特殊类型，二者是特殊与普遍的竞合关系，运输毒品罪与非法持有毒品罪构成法条竞合，前者为特殊法条，后者为一般法条。根据特殊法优于普通法的原则，携带美沙酮乘坐火车的行为，原则上应当认定为特殊的“运输”行为，少数情况下才能认定为属于兜底性、堵截性、补充性的“持有”行为。据此，可以理解为何绝大多数美沙酮案件被定性为运输毒品。

但是，将为服用而携带美沙酮的行为定性为运输毒品，并不意味着必然定运输毒品罪。一来，将为服用而携带美沙酮乘坐火车的行为，以典型重罪——运输毒品罪论处，会出现把吸毒者“赶尽杀绝”的残酷局面，导致戒毒者更加绝望，其人生只会越发贫瘠、堕落，加速其走向犯罪或死亡。这与我国《禁毒法》第 31 条“国家采取各种措施帮助吸毒人员戒除毒瘾，教育和挽救吸毒人员”的规定严重不符，也与第 52 条“有关部门、组织和人员应当……享受社会保障等方面对戒毒人员给予必要的指导和帮助”的规定不一致。既然是帮助、教育、挽救吸毒人员，为何还要利用《刑法》施以严惩，从而使其越发痛苦、绝望和悲惨呢？因此，在司法实践中要慎用运输毒品罪。二来，我国根据涉案毒品净重，对运输毒品罪设置了极高的法定刑，明显重于非法持有毒品罪，为在最大限度内规避美沙酮案件出现量刑畸重问题，应当秉持“区别对待”理念审理美沙酮案件，以期维护判决结果的公允性。具体而言，在“区别对待”理念下，美沙酮案件不完全符合运输毒品罪的构成要件要素，也达不到运输毒品罪的量刑标准，即使达到量刑标准，也不会出现量刑畸高的问题。三来，在司法机关未发现能够证明行为人实施走私、贩卖、制造毒品行为的证据时，应当综合各种情节，对于曾参加 MMT 的吸毒者“为服用而携带美沙酮乘坐火车”的行为，一般不应认定运输毒品罪。即使认定运输毒品罪，也应认为过安检时被查获属于未遂，同时采用纯度含量折算，折算之后很多类似案件因数额未达到 2.4 克而出罪。

究其根本，美沙酮案件主要基于两点而具有出罪可能：第一，美沙酮案件不完全符合运输毒品罪的构成要件要素，难以满足对行为对象“明知”的要件，且不具有非法流通目的及非法流通的重大危险。第二，难以达到《2016 年司法解释》第 1 条第 2 款规定的运输毒品罪之量刑数额标准，致使一般不应认定美沙酮案件构成运输毒品罪。

（一）美沙酮案件与运输毒品罪犯罪构成冲突

1. 难以满足对行为对象“明知”的要件

美沙酮案件主要利用公共交通工具“人肉”运输美沙酮，至于是否构成运输毒品罪，首先需要证明被告人是否明知其运输的是毒品。根据2007年最高人民法院、最高人民检察院及公安部联合印发的《办理毒品犯罪案件适用法律若干问题的意见》（以下简称《2007年意见》），只要满足八种情节之一，即可推定被告人主观上明知运输的是毒品。然而，参加过MMT的吸毒者并非必然符合此八种情节，难以完全满足对行为对象“明知”的要件，应当据此省思若干先例判决是否在审判工作中正确发挥指导作用。

（1）执法人员在车站检查时，要求行为人申报为他人携带的箱包、物品和其他疑似毒品物，并告知其法律责任，而行为人未如实申报，在其所携带的物品内查获毒品的，可推定被告人主观上明知运输的是毒品。很明显，该项规定被告人的如实申报义务以执法人员要求申报为履行前提，可见这是一项被动申报义务，而非主动申报义务。可是，目前司法实践中不乏以主动申报义务苛求被告人的先例判决。例如，在杨某川案中，在其辩称只知道美沙酮是戒毒药物、不知道其是毒品的情形下，要求其主动申报自己携带毒品并予以上交，无疑是强人所难，违背“法不强人所难”的法治精神，明显是对《2007年意见》的误解。另外，在当前“为服用而携带美沙酮乘坐火车”的刑事判决、裁定中，大部分系被告人为自己携带箱包、物品，但也有极少数为他人携带，在这种情况下，若行为人是为他人携带戒毒药物，当然也难以期待其主动申报。

（2）以伪报、藏匿、伪装等蒙蔽手段，逃避海关、边防等检查，可推定被告人主观上明知运输的是毒品。那么由否命题推理可知，未以蒙蔽手段逃避海关、边防等检查，不可推定被告人主观上明知运输其毒品，其或视美沙酮为普通药品而不具有成立运输毒品罪的主观意图，但仍不乏违背上述结论的先例判决。例如在王某运输毒品案中，被告人是将装有美沙酮液体的塑料瓶与其他生活日用品一样放置于行李箱中，并如普通游客一样，正常过安检进站，并无暗格或夹层等伪装蒙蔽手段，然法院以目的不是运输毒品罪的构成要件为由，最终认定其构成运输毒品罪。

（3）执法人员检查时，有逃跑、丢弃携带物品或者逃避、抗拒检查等行为，可推定被告人主观上明知运输的是毒品。同样由否命题推理可知，未在执法人员检查时逃跑、丢弃携带物品或者逃避、抗拒检查，不可推定被告人主观上明知运输其毒品。从本文涉及的21起案件来看，在被火车工作人员发现可疑饮料瓶之后，被告人一般或早或晚皆会承认该“饮料”是美沙酮，[①] 如马某某运输毒品案中，其当场承认美沙酮是戒毒所用，并无逃跑、丢弃携带物品或逃避、抗拒检查的行为，以此认定其构成运输毒品罪不甚合理。

（4）体内藏匿毒品，即将毒品塞在或捆绑在胸衣内、腋下、生殖器内、肛门内或吞咽至肠胃中等，可推定被告人主观上明知运输的是毒品。然而，本文涉及的21起案件中多数被告人未以藏匿方式携带美沙酮。例如，郭某某运输毒品案中，其不存在这类隐蔽的藏匿行为，而是将装有美沙酮液体的塑料瓶，随手放在明知会过安检的行李箱中，并不存在体内藏匿毒品的行为。在其他案件中，有些甚至是直接手持美沙酮液体过安检。[②]

（5）为获取不同寻常的高额或不等值报酬而携带、运输毒品，可推定被告人主观上明知运输的是毒品。在本文所涉的21个案例中，有20个被告人为自己携带美沙酮、自己服用以戒除毒品，并无报酬可言，另外1个案例是被告人为自己有毒瘾的丈夫携带戒毒药物，也无报酬可言。就上述案情而言，被告人基于美沙酮的医用价值而对内为自己或亲友携带，并不具有对外妨碍社会管理秩序的主观意图，认定类似情形构成运输毒品罪，在情理及法理上无疑皆为严苛。

（6）采用高度隐蔽的方式携带、运输毒品，可推定被告人主观上明知运输的是毒品。事实上，在本文所涉的21起美沙酮案件中，美沙酮一般被装入普通的矿泉水瓶或饮料瓶中，基本上是大街小巷、俯拾皆是的百岁山、怡宝、茉莉花茶、美年达等透明的塑料瓶，虽然外观上具有一定的迷惑性，但由于美沙酮液体为橙红色或橘红色，颜色鲜艳、怪异、新奇，容易引人注意，而且饮料瓶大部分是塑料、透明的，因此并无高度隐蔽性可言。且进入火车站时，液体通常会受到严格的安检，如在王某友运输毒品案中，其进站时即被查获随身携带

---

① 参见郭进、郑爱国：《毒驾鸯带着美沙酮上火车 冒充红茶被乘警识破》，载腾讯网2015年9月24日，https：//zj. qq. com/a/20150924/015807. html。

② 参见《男子携带212克美沙酮坐高铁被拦 男子：我戒毒时存下来的》，载搜狐网2020年10月13日，https：//www. sohu. com/a/424251737_ 162758。

的公文包中有一瓶“东方树叶”乌龙茶塑料瓶装的橙色液体，毫无隐蔽性可言。当然，被告人不选择高度隐蔽的方式，不代表其无运输毒品的主观故意，还须结合其他情节加以判断。

（7）采取高度隐蔽的方式交接毒品，明显违背合法物品惯常交接方式，可推定被告人主观上明知运输的是毒品。不过在本文涉及的21个案例中，根本不涉及毒品“上家”“下家”或交接等问题，美沙酮一般是被告人从美沙酮药物维持点用口含着偷出来的，吸食者一般是需要服用戒毒药物的自己或其亲人，如果没有证据证明存在毒品交接的行为，自然也不存在以高度隐蔽的方式交接毒品。

（8）有证据足以证明行为人应当知道，可推定被告人主观上明知运输的是毒品。该项是兜底性规定，笔者认为，实践中司法机关以被告人是吸毒者、明知美沙酮只能在美沙酮医疗诊所或药物维持点服用，推定被告人明知美沙酮是毒品，并对其予以定罪，这种推定是错误的。一方面，某行为具有行政违法性，并不能直接推导出该行为具有刑事违法性；① 另一方面，被告人将装有美沙酮的塑料瓶拿在手上或放在行李箱内，抑或放在公文包中乘坐火车过安检，这是一种日常生活中司空见惯的带药行为，不足以证明行为人应当知道美沙酮是毒品，反而能充分证明行为人坚信美沙酮是戒毒药物，如上述王某友运输毒品案中，其对公诉机关指控的犯罪事实无异议，但提出不知道美沙酮是毒品的辩解意见。

2. 不具有非法流通目的及非法流通的重大危险

行为人必须有让毒品流通、流落到其他吸毒、贩毒者之手的目的及重大危险，才能成立运输毒品罪，② 这是不成文的构成要件要素。在本文所涉的21起美沙酮案件中，被告人基本上都是曾参加过MMT的、特定的吸毒成瘾人员，这些吸毒成瘾人员平均每24小时都需要服用该戒毒药物，其携带戒毒药物既无牟利目的，也无使美沙酮在社会上被任意流通或流失的目的，仅仅出于控制毒瘾、减轻戒断反应、戒毒等医疗目的。此时，不应机械适用《武汉会议纪要》第二

---

① 参见简爱：《我国行政犯定罪模式之反思》，载《政治与法律》2018年第11期，第31页。

② 参见莫洪宪、薛文超：《“厉行禁毒”刑事政策下运输毒品罪的死刑废止》，载《广西大学学报（哲学社会科学版）》2016年第2期，第51页。

点第（一）部分第二段所规定的“吸毒者在运输毒品过程中被查获，没有证据证明其是为了实施贩卖毒品等其他犯罪，毒品数量达到较大以上的，以运输毒品罪定罪处罚”。

而且，运输毒品一般是整个毒品犯罪过程的中间环节，但MMT参与者携带美沙酮乘坐火车的行为，并不是走私、贩卖、制造毒品流程的中间环节。同时，我国重点打击的是麻醉药品的走私、贩卖行为，而非运输行为，例如《武汉会议纪要》只是在第二点第（七）部分中提及麻醉药品和精神药品，而且也只提及走私、贩卖，并未论及运输或非法持有。但我国司法机关一般将“为服用而携带美沙酮乘坐火车”的行为定为运输毒品罪并处以重刑，有简单粗暴“一刀切”、未深刻领会和学习贯彻“区别对待”理念的宽严相济刑事政策之嫌。

当然，如果是判处轻刑，也容易息讼服判。例如，律师执业风险防范的案例中，张某某在担任陈某、吴甲的辩护律师期间，以缓解陈某、吴甲的毒瘾为由，在会见时，分九次将装在饮料瓶中的液体美沙酮分别带给陈某、吴甲服用，不存在使美沙酮流通至社会的目的和重大危险，据此，张某某因运输毒品罪被判处有期徒刑10个月。① 该判决没有上诉，做到息讼服判，之所以如此，很大程度上是因为被告人只被判处10个月。

（二）美沙酮案件与运输毒品罪量刑标准不符

美沙酮案件之量刑，必须遵循《2016年司法解释》第1条第2款的规定：“国家定点生产企业按照标准规格生产的麻醉药品或者精神药品被用于毒品犯罪的，根据药品中毒品成分的含量认定涉案毒品数量。”此规定与“区别对待”的理念相契合。鉴于戒毒药物——美沙酮溶液中水分极大，为做到罪刑相当、罚当其罪，保证毒品案件的审判质量，最高人民法院、最高人民检察院和公安部联合下发的《办理毒品犯罪案件毒品提取、扣押、称量、取样和送检程序若干问题的规定》（公禁毒〔2016〕511号）第33条规定：“具有下列情形之一的，公安机关应当委托鉴定机构对查获的毒品进行含量鉴定：……（二）查获的毒品系液态……；（三）查获的毒品可能大量掺假的；（四）查获的毒品系成

---

① 参见张某某、吴乙运输毒品案，上海市宝安区人民法院刑事判决书（2014）宝刑初第1292号。

分复杂的新类型毒品，且犯罪嫌疑人、被告人可能被判处七年以上有期徒刑的；（五）人民检察院、人民法院认为含量鉴定对定罪量刑有重大影响而书面要求进行含量鉴定的……”因此，为真正贯彻“区别对待”的理念，与不论含量的传统毒品案件不同，司法机关必须在美沙酮案件中依法鉴定美沙酮的含量，不应纯粹依据其液体净重确定案涉数量。

在业已判决的大部分美沙酮案件中，被告人普遍学历低，通常无辩护律师，一般也认罪。① 然而，如此也不能忽视一些司法机关处理这些案件时，② 并未贯彻《2016年司法解释》第1条第2款的规定而导致出现量刑畸高的问题。之所以出现如上情况，一方面是因为该司法解释生效实施的年限较短，另一方面是司法机关在办理“美沙酮”毒品案时，容易受该司法解释在文字和排版设置上的“误导”，在记忆提取过程中出现适应性偏差，只在该司法解释第1条第2款中提取“美沙酮”字眼，却选择性无视“根据药品中毒品成分的含量认定涉案毒品数量”的规定，因循守旧、墨守成规地按美沙酮液体净重确定犯罪数额。但值得庆幸的是，2020年梁某某贩卖毒品案中，辩护律师不断提醒法院应适用《2016年司法解释》第1条第2款，尽管检察机关的量刑建议为15年有期徒

---

① 参见西安铁路运输法院刑事判决书（2016）陕7102刑初12号，西安铁路运输法院刑事判决书（2015）西铁刑初第47号，西安铁路运输法院刑事判决书（2015）成铁刑初第33号，成都铁路运输法院刑事判决书（2014）成铁中刑初第33号。

② 例如，黄某进入重庆北站时，被查获手袋中有两瓶橘红色液体美沙酮，共993.4克，判处运输毒品罪。公安机关同时在其袜子中查获净重为0.1克的海洛因和1克甲基苯丙胺（冰毒），由于携带是为了自我吸食，判处非法持有毒品罪。在案证据证明，黄某一直在MMT点治疗，携带美沙酮也是用于自我服用。为何同样都是自用，携带海洛因、冰毒构成非法持有毒品罪，但携带美沙酮却成立运输毒品罪？因为该案司法机关错误地按照美沙酮液体的净重量刑，属于法律适用错误。再如，马某为吸毒人员，在MMT门诊接受药物维持治疗。2015年，马某夫妇携带美沙酮液体净重527.37克，在火车站被查获。马某及其辩护人提出美沙酮是自己吸食，有合理的服用量，被告人不知是毒品，不是运输毒品，应是非法持有毒品。法院以“为维护国家对毒品的管制制度，严厉打击毒品活动”为由，判决马某成立运输毒品罪。很明显，该案是严厉打击毒品犯罪刑事政策指导下的重刑案件，也是法律适用错误。该案应适用《2016年司法解释》第1条第2款的规定，即使定罪，也应按美沙酮戒毒药物的成分含量来量刑。一般盐酸美沙酮口服液的含量是千分之一，应按含量鉴定结果0.52737克来量刑，而不是按液体净重。参见黄某某运输毒品上诉案，成都铁路运输中级法院刑事判决书（2015）成铁中刑终第7号；马某某运输毒品案，成都铁路运输法院刑事判决书（2015）重铁刑初第43号。

刑，但最终梁某某仅被判处 1 年有期徒刑，这无疑是具有指向标性质的典范案件。①

一言以蔽之，司法机关在处理美沙酮案件时，倘若贯彻《2016 年司法解释》第 1 条第 2 款之规定，则大部分美沙酮案件都不符合运输毒品罪的量刑数额标准，行为人由此出罪；反之，即便符合量刑标准，也不会出现量刑畸重的问题。

四、“区别对待”理念帮助落实“综合治理”政策

“区别对待”理念不仅有可能使美沙酮案件出罪，而且可以帮助落实“综合治理”政策。在刑事政策学上，社会治安“综合治理”是我国总的刑事政策，其本质是一种打击犯罪的社会政策，既指导我国宽严相济基本刑事政策的运行，也统领所有具体刑事政策的实施，例如未成年人犯罪刑事政策、死刑刑事政策、贪污贿赂犯罪刑事政策、从严打击毒品犯罪等。“宽严相济”作为我国的基本刑事政策，其蕴含着“区别对待”的核心理念，所有的具体刑事政策，包括从严打击毒品犯罪刑事政策，皆应遵循宽严相济刑事政策，通过践行“区别对待”理念，做到“严中有宽、宽以济猛”。② 据此，在厉行禁毒、严厉打击毒品犯罪的具体刑事政策指导下，对服用美沙酮及关联行为予以从宽处理，正是“严中有宽、宽以济猛”之“区别对待”理念助力于“综合治理”政策之反映。

“综合治理”政策的直接法律依据是《禁毒法》第 4 条，该条明确规定禁毒工作实行预防为主，综合治理，禁种、禁制、禁贩、禁吸并举的方针。该方针可以被简称为“三管齐下”：“第一管”是“禁种、禁制”，旨在阻断毒品的来源。但是美沙酮的最初来源，不是种植毒品原植物或制造毒品，而是只能由合法的国家定点生产企业制造，且只能在 MMT 机构服用，因此从禁止种植、禁止制造的国家禁毒方针来看，美沙酮不属于“禁种、禁制”的范畴。“第二管”

---

① 参见吕婧：《贩卖美沙酮公诉人建议量刑 15 年，中山法院最终判刑 1 年》，载《南方都市报》2020 年 8 月 21 日，http：//www.oeeee.com/mp/a/BAAFRD000020200821356683.html。

② 参见曾粤兴、孙本雄：《当代中国毒品犯罪刑事政策的检讨与修正》，载《法治研究》2019 年第 2 期，第 110 页。

是“禁贩”，即禁止贩卖，旨在阻止毒品非法流通。如果参加 MMT 的吸毒者从 MMT 机构中偷带美沙酮卖给他人，使美沙酮流入非法渠道，则违反毒品管制精神，属于“禁贩”的范畴，“以戒供贩”者被认定为贩卖毒品罪，在司法实践中并无争议。[①]“第三管”是“禁吸”，即禁止吸食，意即戒毒。为防止复吸而服用美沙酮，正是践行行政法上的戒毒措施，是拒毒、防毒、脱毒的行为，完全与“禁吸”的禁毒政策保持默契、遥相呼应。

由上可见，我国对于毒品犯罪的治理，采用的是“综合治理”政策，意即除却依赖刑法对毒品予以严厉打击，还可以采取众多非刑事措施：根据各种禁毒的前置法处理美沙酮案件；采取行政法上允许个人合理服用美沙酮的戒毒措施，明确将“携带个人合理服用量的美沙酮”设为出罪事由；大力发展刑事制裁的有效替代措施，例如 MMT、强制隔离戒毒、治安拘留措施等。

（一）应当先根据前置法处理美沙酮案件

社会治安“综合治理”的刑事政策，是名言“最好的社会政策是最好的刑事政策”之中国化演绎。在众多治理犯罪的社会措施中，法律措施最引人注目。基于刑法的谦抑性和最后手段性，必须率先考虑非刑法的法律措施，只有在万不得已的情况下才能考虑刑事措施。由此，应当首先依据如下三类前置法处理美沙酮案件。

前置法之一：《管理办法》。从戒毒和禁毒的角度来看，只要为服用而携带美沙酮乘坐火车，无论是否正在办理转介，均说明 MMT 患者正处于脱失状态，认定其构成运输毒品罪，都是违反该 2015 年 2 月 1 日开始生效的《管理办法》，其第 2 条规定，戒毒药物维持治疗，只能在符合条件的医疗机构进行，不能在医疗机构之外进行。如果不能在原维持治疗机构接受治疗，根据第 30 条的规定，若户籍所在地或者现居住地发生变化，治疗人员应当及时向原维持治疗机构报告，由原维持治疗机构负责治疗人员的转介工作，以继续在异地接受药物维持服务，MMT 参与者不得在医疗机构之外携带美沙酮。例如，范某从 2009 年起在重庆开始注册接受美沙酮社区药物治疗，2014 年几乎一整年转诊到格尔

---

① 参见曹艳梅：《“以戒供贩”犯罪问题研究》，载《检察风云》2016 年第 7 期，第 39 页；《戒毒男子用嘴盗窃美沙酮 发现后被判贩卖毒品罪》，载南海网 2009 年 2 月 8 日，http：//www.hinews.cn/news/system/2009/02/08/010410451.shtml。

木市，2015 年 1 月转诊回重庆，后在重庆北火车站检票口，被查获携带橘黄色液体美沙酮 531.5 克，被告人辩称这是用于自己服用，不知道是毒品，不构成运输毒品罪，但一审、二审法院均认定构成运输毒品罪。该案是在未成功办理转介的情况下，于原维持治疗机构以外持有美沙酮，属于违反与原维持治疗机构签署的自愿治疗协议书之行为，根据《管理办法》第 31 条的规定，维持治疗机构应当终止其治疗，并及时报告当地公安机关。再根据《管理办法》第 34 条的规定，县级以上地方公安机关监督检查的主要内容之一，是治疗人员违法犯罪行为的依法处理情况。对于其违反自愿治疗协议之行为，公安机关可以对其予以强制隔离戒毒或治安处罚。

前置法之二：《戒毒条例》与《禁毒法》。根据《戒毒条例》第 20 条的规定，社区戒毒人员擅自离开社区戒毒执行地（市、区）3 次以上或者累计超过 30 日的，属于《禁毒法》第 38 条第 1 款第 3 项规定的“严重违反社区戒毒协议的”，此时应当由县级以上人民政府公安机关作出强制隔离戒毒的决定。因此，对于为服用而携带美沙酮乘坐火车的行为人，没有转介证明，明显属于擅自离开社区戒毒执行地，严重违反社区戒毒协议，公安机关应首先考虑强制隔离戒毒，而不是直接以涉嫌运输毒品为由立案侦查。即便行为人构成犯罪，也是属于法定犯或行政犯，在审查、判断此种行为的不法性时，必须首先找寻、探究其前置法根据，只有前置法明文规定此种行为构成犯罪，才应追究行为人的刑事责任。如上所述，擅自离开社区戒毒执行地 3 次以下，维持治疗机构应当终止其治疗，如果是 3 次以上，应由县级以上人民政府公安机关作出强制隔离戒毒的决定，强制隔离戒毒的期限为 2 年，最长还可以延长 1 年，这种限制自由的处罚已经足以严苛。因此，对于为服用而携带美沙酮乘坐火车，以备自己每天有药服用的被告人，既无追究刑事责任的前置法依据，也无利用刑罚惩治被告人的威慑必要性，应当予以出罪。

前置法之三：《麻醉药品和精神药品管理条例》（以下简称《管理条例》）。从行政管制角度出发，为服用而携带美沙酮乘坐火车，是指个人非法控制、占有序号为 61 的麻醉药品美沙酮，将其从甲地带至乙地。根据《管理条例》第 6 章“运输”第 50 条规定：“托运、承运和自行运输麻醉药品……应当采取安全保障措施，防止麻醉药品……在运输过程中被盗、被抢、丢失。”显然，该条没有设置任何主体限制，基本默认个人也可以自行运输美沙酮这种麻醉药品。另外，根据《管理条例》第52条的规定，只有自行运输麻醉药品的单位，才应当向相关部门申请领取运输证明，运输证明有效期为1年，立法并未强制要求个人在自行运输美沙酮的时候需要申请领取运输证明。由此可见，行政法对于个人运输麻醉药品，只是规定在运输时要采取安全措施，公路或者水路运输要专人负责押运，而并无追责条款，存在明显的行政管理漏洞。

另外，为服用而携带美沙酮乘坐火车，还意味着美沙酮从维持治疗机构流出，这说明美沙酮维持治疗机构存在重大监督管理漏洞，相关人员也存在监管失职的问题，该机构及相关人员应为该药被盗或流入社会造成的不利后果承担责任。根据《管理条例》第64条的规定，公安机关接到麻醉药品和精神药品被盗、被抢、丢失或者其他流入非法渠道的报告、举报时，应当及时开展调查，并可以对相关单位采取必要的控制措施。但是，《工作方案》关于维持治疗机构药品使用监管失职问题的规定，并无法律处理依据，更无维持治疗机构退出医疗市场机制。不过，纵然《工作方案》还有很大的完善空间，仍不应直接搬出“重型武器”——《刑法》。

（二）“携带个人合理服用量的美沙酮”设为出罪事由

诚如刘艳红教授所言，刑法中的实质出罪机制有两种模式，一种是通过对犯罪构成要件的实质解释，将不具备惩罚合理性的行为予以出罪；二是从刑事政策学角度，通过考虑刑事判决的社会效果，将不具有惩罚必要性的行为予以出罪。据此，本文从宽严相济、区别对待、综合治理等刑事政策学的角度，在考虑美沙酮案件的社会效果后，主张携带个人合理服用量的美沙酮之行为，不具有惩罚必要性，应当予以实质出罪。①

毒药是相对于剂量而言的，② 美沙酮异化为毒品，也需要视剂量而定。一般用于每日维持治疗的美沙酮口服限量是80—120毫克。③ 为尽最大可能地减少美沙酮的成瘾性和毒害性，《刑法》应以最低口服量，拟制每日个人合理服

---

① 参见刘艳红：《形式入罪实质出罪：无罪判决样本的刑事出罪机制研究》，载《政治与法律》2020年第8期，第131-132页。

② 参见［英］约翰·埃姆斯利：《致命元素——毒药的历史》，毕小青译，生活·读书·新知三联书店2018年版，第393页。

③ 参见贾少微：《精神活性物质依赖》，人民卫生出版社2013年版，第643页。

用量为 80 毫克。同时，对于美沙酮这种治疗吸毒成瘾这种极其难治、反复高发之慢性脑病的特殊药物，由于 30 天①为一般的转介期限，应当按 30 天一个疗程来确定个人合理服用量，即以 80 乘以 30 等于 2400 毫克予以确定，得到 2.4 克这一数量，从而推定 2.4 克以下属于合理服用的药品，不再是“毒品”。② 如果不考虑勾兑、污染、稀释、含有唾液或其他等密度因素，按照水的单位粗略换算，2.4 克一般是 2400 毫升，市面上一瓶普通的纯净水是 555 毫升左右，被告人携带 4 瓶及 4 瓶以上的美沙酮液体进站过安检时，所携带的美沙酮含量肯定会超过个人合理服用量 2.4 克，即可推定被告人具有戒毒以外的非法目的，相应的行为具有严重的社会危害性，便不能再考虑以戒毒这一实质理由出罪，而应判断是否成立贩卖毒品之帮助行为的运输毒品罪、非法携带危险物品危及公共安全罪、非法经营罪等。如果没有证据证明构成上述犯罪，则也可定非法持有毒品罪。本文提出的 2.4 克理论或 2400 毫升约等于 4 瓶纯净水理论，虽然比较粗略，但是简单易懂、具体明确、较为实用，有助于司法机关在审判工作中直接适用，以使被告人获得公正的刑事处置结果。

至于吸毒者在购买、运输、存储过程中被查获的问题，虽然根据 2000 年《南宁会议纪要》应定非法持有毒品罪，但根据 2008 年《大连会议纪要》和 2015 年《武汉会议纪要》，在运输过程中被查获，如果没有证据证明是为了实施其他毒品犯罪，且毒品数量达到较大以上，以运输毒品来定罪处罚。③ 如前所述，由于“毒品数量达到较大以上的”是指 200 克以上，而个人根本不可能携带数额如此巨大的美沙酮搭乘火车，因此携带 200 克美沙酮案件不属于本文讨论的范围。同时，由于本文论证重点是携带 2.4 克以下的个人合理服用量的

---

① 根据美国田纳西州颁行的《处方管理法》(Prescription Regulation Act)，内科医生或药剂师最多只能开 30 天的量（thirty-day supply）。See Julie A. Warren，*Defining the Opioid Crisis and the Limited Role of Criminal Justice System Resolving it*，University of Memphis Law Review，Vol. 48：1205，p. 1222 (2018).

② 参见《刑法》第 347 条第 4 款规定：“走私、贩卖、运输、制造鸦片不满二百克、海洛因或者甲基苯丙胺不满十克或者其他少量毒品的，处三年以下有期徒刑、拘役或者管制，并处罚金；情节严重的，处三年以上七年以下有期徒刑，并处罚金。”笔者认为携带美沙酮 2.4 克以下时，属于合理服用的戒毒药物，应适用《刑法》第 13 条但书的规定，情节显著轻微，危害不大，不认为是犯罪。

③ 参见何荣功、杨俭：《毒品类死刑案件的有效辩护》，中国政法大学出版社 2018 年版，第 230 页。

美沙酮不应构成运输毒品罪，在几乎无法定罪的情况下，自然无须讨论既未遂形态。

综上所述，如果被告人有 MMT 经历，携带的美沙酮含量是 2.4 克以下，则可推定其携带美沙酮是为了服用，不应构成犯罪，由此即可检视部分先例判决的不当之处。例如，邹某在西安火车站出站时，被查获一瓶用矿泉水瓶装的美沙酮，净重 264.6 克，美沙酮含量为 0.083%，法院最终认定其构成运输毒品罪，判处有期徒刑 7 年。对此，笔者持相反见解。对案涉美沙酮进行含量折算，即 264.6 克乘以 0.00083 等于 0.219618 克，可见该含量是极其低的，依照《2016 年司法解释》第 1 条第 2 款的规定应处无罪。再如，王某在火车上被查获其携带的手提袋内的饮料瓶中装有美沙酮，净重 289.5 克，海洛因 65.2 克，法院认为查获的全部涉案毒品明显超过个人正常的吸食量，不采纳辩护人的辩护意见。[①] 确实，海洛因部分明显超过个人合理服用量，但是在本案中，司法机关应查清美沙酮的净含量，而不是按照液体净重来定罪。如果按照通常的千分之一折算，王某事实上只携带了 0.2895 克美沙酮，并未超过 2.4 克的个人合理服用量。“携带美沙酮乘坐火车”部分不应构成犯罪，其实也符合我国《刑法》第 13 条但书的规定：情节显著轻微，危害不大的，不认为是犯罪。

（三）大力发展刑事制裁的有效替代措施

参与 MMT 治疗的吸毒者携带个人合理服用量 2.4 克以下的美沙酮，不应构成犯罪。不构成犯罪，意即不采取刑事制裁措施。因此，应继续采取刑事制裁的替代措施 MMT。MMT 在我国各地早已全面铺开，意味着我国毒品政策从单一、完全的预防毒品滥用危害（harm prevention）、根除滥用毒品危害（harm eradication）的禁毒政策，转向以此为主，但同时以减少毒品滥用危害（harm reduction）为辅的禁毒政策。前者也称为“除害政策”，主要措施有刑事制裁及类似于刑事制裁的强制隔离戒毒；后者也称为“减害政策”，旨在减少毒品危害的措施，主要是指为吸毒者提供毒品替代品（如美沙酮、丁丙诺啡、曲马多

---

① 参见王某运输毒品案，西安铁路运输法院刑事判决书（2013）西铁刑初第 66 号。

等），以此取代惩罚吸毒者。① 此种刑事制裁的替代措施，本质是在毒瘾面前，司法机关承认刑罚威慑对戒除毒瘾无济于事，但为有效降低犯罪再犯率和派生犯罪率，只能选择优先戒除毒瘾。② 全球众多国家，例如英国、荷兰、瑞士等国也相继将 MMT 作为刑事制裁的替代措施。③ 这种替代措施体现刑事政策基本原则——谦抑性原则，例如，申诉人熊某向法院申诉，认为之前的二审裁定存在法律适用错误，违反我国刑法“溯及力”“从旧兼从轻”原则，同时不符合刑法谦抑和有利于被告人的刑事政策精神。④ 虽然该申诉被法院驳回，但足以彰显刑法应保持谦抑、寻找刑法替代措施的“综合治理”之观念深得人心。

除了 MMT 以外，强制隔离戒毒制度、治安处罚制度也是有效的刑事制裁替代措施。如果按照含量鉴定来认定毒品数量，根据笔者前文所述的 2.4 克出罪理论，为服用而携带美沙酮乘坐火车的 MMT 参与者，只有在携带 4 瓶以上时才可能构成犯罪，而 4 瓶以下一般可以出罪，出罪后应当采取强制隔离戒毒制度、治安处罚制度等刑事制裁替代措施。具体来说，根据 2008 年《大连会议纪要》第一部分第三自然段的规定：“对于吸毒者实施的毒品犯罪，在认定犯罪事实和确定罪名时要慎重。吸毒者在购买、运输、存储毒品过程中被查获的，如没有证据证明其是为了实施贩卖等其他毒品犯罪行为，毒品数量未超过刑法第三百四十八条规定的最低数量标准的，一般不定罪处罚；查获毒品数量达到较大以上的，应以其实际实施的毒品犯罪行为定罪处罚。”因此，如果 MMT 参与者携带净含量超过 2.4 克个人合理服用量的美沙酮乘坐火车，则可以构成犯罪，但

---

① 澳大利亚设立众多毒品法庭，符合条件的被告人无须被监禁，但要遵守毒品法庭计划方案，不再重新犯罪，不再吸毒，按时参加社区治疗，定期进行毒品检测和向法庭报告情况等。我们的刑事法院可以借鉴该做法，不对被告人处以刑事制裁，而是监督、治疗被告人，即为被告人继续提供美沙酮药物维持治疗。参见唐彦：《澳大利亚毒品法庭制度之探析》，上海外国语大学 2018 年硕士学位论文，第 26 页。

② See Haley Hrymak, *A Bad Deal: British Columbia's Emphasis on Deterrence and Increasing Prison Sentences for Street-Level Fentanyl Traffickers*, Manitoba Law Journal, Vol. 41: 149, p. 165 (2018).

③ See William F. M. Luyt, *Harm Reduction, Substance Abuse and Methadone Maintenance in Scottish Prisons*, European Journal of Crime, Criminal Law and Criminal Justice, Vol. 15: 205, pp. 205-226 (2018).

④ 参见熊某运输毒品案，成都铁路运输中级法院刑事申诉驳回通知书（2017）川 71 刑申 3 号。

实践中一般不超过2.4克，所以一般应无罪，对行为人不应予以刑事制裁。由于参与者私自外带美沙酮，严重违反MMT协议，治疗会被终止，进而即可采取强制隔离戒毒或施以治安处罚。强制隔离戒毒与治安处罚——作为刑事制裁的分流措施，与刑事制裁相比，程序更加简单、快捷。

另外，我国公安机关对吸毒人员实行动态管控机制，吸毒人员以及MMT参与人的身份信息，皆被登记在全国禁毒信息管理系统公安专网中，只要刷身份证，立即会被网上跟踪和动态监控。在我国乘坐火车必须持身份证或刷脸，故而MMT参与人乘坐火车时无所逃遁，极其容易被抓获，并可直接采取强制隔离戒毒或治安处罚措施。①

五、结语

总体来讲，当前我国司法机关遵循严厉打击毒品犯罪的刑事政策。因此，在理论上亟须重点强调：继续严厉惩治毒品犯罪的同时，也应坚守宽严相济刑事政策的核心要义——“区别对待”。目前，我国毒品犯罪治理陷入越打越多的困境中，虽在不断加大对毒品犯罪的打击力度，但由于我国从严惩治的目标群体定位不准，使得我国毒品犯罪率常年居高不下，甚至呈逐年上升态势。突破该困境的指导思想，应是宽严相济刑事政策中的“区别对待”：对源头性犯罪以及犯罪组织中的核心成员应严厉打击，但对其他毒品犯罪参与人或可视情节从宽处理，同时应弱化毒品净重的刑法意义。② 据此，对参加过MMT、为服用而携带美沙酮乘坐火车的吸毒人员，应从宽处理，且除却按美沙酮纯度含量办案，还应采纳2.4克个人合理服用量的出罪理论，以此支持、鼓励吸毒人员主动、积极参加MMT。③ 另外，我国目前仅对孕妇、哺乳期妇女、急性传染病人、残疾人和未成年人等特殊人员参与毒品犯罪从宽处罚，但对于正在参与戒

① 参见邓玲、朵林、罗志、李斯、李海涛、冯宇、黎淑慧、蒙夏、何晓慧、黄书康：《公安机关针对吸毒人员的动态管控机制探析——动态管理机制对吸毒人员回归社会的影响》，载《卫生软科学》2011年第12期，第862页。

② 参见齐文远、魏汉涛：《毒品犯罪治理的困境与出路》，载《河南大学学报（社会科学版）》2018年第1期，第75页。

③ 参见黄开诚、李德主编：《禁毒法》，清华大学出版社2019年版，第20-21页。

毒的吸毒人员，即美沙酮服用者，其实也应当从宽处理。戒毒者也值得我们给予更多的理解、同情和宽容，他们从每天享受海洛因的欣快感，转移到每天要服用无味、无精神享受的美沙酮，需要克服很大的心理障碍。① 当然，美沙酮案件也不应忽视宽严相济的“宽中有严”，如果司法机关查清毒品来源于黑市，例如从制毒者、贩毒者、恶势力集团或黑社会性质的组织中购买，或为贩卖而购买美沙酮，则必须以相应的毒品罪名处理，并从严打击。如果毒品的来源不是黑市，而是从药物维持点中偷偷带出，可结合具体案情，定盗窃危险物质罪、普通的盗窃罪，并认定未遂形态，最终在量刑上从轻。

（初审：陈怡文；校对：郭淑媛）

① 参见李华：《美沙酮门诊：戒毒工作实录》，广西师范大学出版社2019年版，第7页。

佳译专苑

JIAYI ZHUANYUAN

错失的机会：对加拿大附条件监禁刑的评估*

Cheryl Marie Webster 等**著　高一飞　王佳星***译

摘　要：为抵制监禁规模扩大化，作为一种新型制裁措施，附条件监禁刑自1996年起在加拿大施行。加拿大传统的监禁替代刑罚是“暂缓判决与缓刑”，即对犯罪者定罪但暂缓宣告刑罚，在其遵守缓刑命令的条件下将其释放，考验期满未违反命令或实施其他犯罪行为便不再宣告刑罚。推出附条件监禁刑系将其作为重于暂缓判决与缓刑的监禁替代措施，但在司法实践中，其所声称的严厉性并未得到充分体现。就违反附带命令的法律后果而言，在多数情况下，附条件监禁刑的实际结果反而轻于违反缓刑命令。在梳理加拿大附条件监禁刑发展历程的同时，应当论证以下问题：第一，相关立法自颁布之初便存在明显缺陷，即使进行多次修改仍不尽如人意，民众及司法人员始终质疑适用附条件监禁刑的必要性与合法性。第二，经由翔实数据进行实证分析，亦无法证明适用附条件监禁对于降低监禁率具有可以衡量的显著作用。第三，立法与适用的双重瑕疵，致使附条件监禁刑错失降低监禁率的机会，仅在政党拉票宣传中发挥最为显著的作用。

关键词：附条件监禁刑；缓刑；暂缓判决；监禁率

---

* 原文 Cheryl Marie Webster & Anthony N. Doob, *Missed Opportunities: A Postmortem on Canada's Experience with the Conditional Sentence*, Law and Contemporary Problems, Vol. 82: 163, pp. 163-197 (2019). 翻译已获得作者授权，中译文摘要和关键词均为译者所加。译文略有删节。

** 谢丽尔·玛丽·韦伯斯特，加拿大渥太华大学犯罪学专业全职教授；安东尼·杜布，加拿大多伦多大学犯罪学专业名誉教授。本文撰写得到加拿大社会科学和人文研究委员会给予谢丽尔·玛丽·韦伯斯特的资助。

*** 高一飞，法学博士，广西大学君武学者、法学院教授、博士生导师；王佳星，广西大学法学院硕士研究生。

我们的生活由机会定义，即使是那些被我们错过的机会。

——F. 斯科特·菲茨杰拉德（F. Scott Fitzgerald）

一、引　言

与生活中的大多数事情一样，背景对于刑事司法政策的研究非常重要。加拿大的附条件监禁刑也不例外，它于1996年推出，反映了当时的时代背景。本文由图1展开论证。

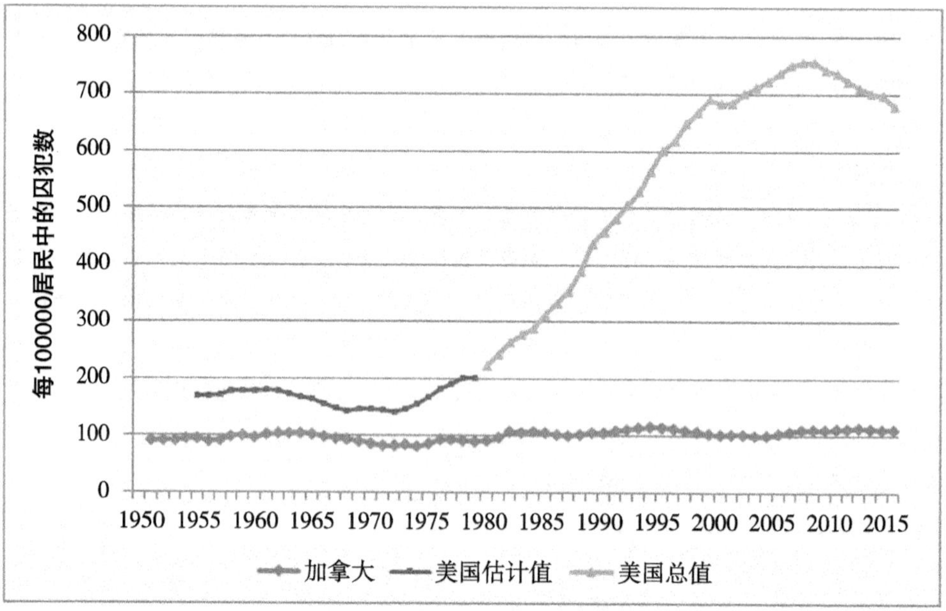

图1　美国与加拿大的监禁率①

除却专门研究监禁模式与趋势的学者，大多数普通民众亦了解美国监禁率激增的状况，尤其是在与加拿大监禁率变化趋势的对比下。然而鲜为人知的是，

① 本文全部图表数据均来自 Statistics Canada, Canadian Socio-Economic Information Management System（CANSIM）（2018），https：//www150. statcan. gc. ca/n1/en/type/data? subject _ levels=35。

在20世纪70年代初期，加拿大与美国的监禁率变化趋势是类似的。在刑事司法历史上，如果不从19世纪后期起算，加拿大的监禁率在至少二十年间一直保持相对稳定。[①] 同样，美国的监禁率也维持了几十年的相对稳定，尽管其比率（每10万居民）比加拿大高出50%左右。[②]

对于当下研究目的更为重要的是，从20世纪70年代中期开始，两个国家的监禁率均有所上升。上升的原因及两国的反应各不相同。对于加拿大人来说，监禁适用的扩大化令人担忧。正如笔者在别的文章中所述，[③] 加拿大人从来未曾坚定或强烈地支持"通过高监禁适用率减少犯罪"的政策。自20世纪初，许多来自加拿大的报告得出结论：监狱在减少或控制犯罪方面几乎未起到任何作用。对于一些被判有罪的人而言，监禁看似是必要的。但一份又一份的研究报告指出，且加拿大的监禁数量过多，应当有所节制地使用监狱。[④]

不出所料，各方要求采取措施降低监禁率的呼声业已引发关注。在加拿大，联邦政府对刑法负责。因此，不同于美国和澳大利亚，加拿大拥有全国统一的刑法，但主要由省和地区政府负责刑事司法的管理。值得注意的是，监禁的职责由联邦政府和省（或地区）政府共同承担。具体而言，处于审前羁押（是指刑事被告在得到最终判决结果前被羁押的状态）的罪犯和被判处两年以下监禁刑的罪犯由各省和地区负责关押，而被判处两年或两年以上监禁刑的罪犯则由联邦政府负责。这种区别的重要性如图2所示。

---

① The Criminal Law in Canadian Society, Gov't of Canada (1982). 这一重要的政策声明所包含的数据表明，在1890年至1950年，加拿大的监禁率大约为82到110（每10万人）。上述比率与加拿大1950年后的数据一致。

② 由于美国1980年以前的在押人口数据是不可靠的，故而笔者根据1980年以后在押人口占总人口数的比例（而不是监狱人口）估计在押人口。

③ See Cheryl M. Webster & Anthony N. Doob, *Penal Optimism: Understanding American Mass Imprisonment from a Canadian Perspective*, in Kevin Reitz eds., American Exceptionalism in Crime and Punishment, Oxford University Press, 2018, p. 121.

④ See Cheryl M. Webster & Anthony N. Doob, *Maintaining Our Balance: Trends in Imprisonment Policies in Canada*, in Karim Ismaili et al. eds., Canadian Criminal Justice Policy, Oxford University Press, 2012.

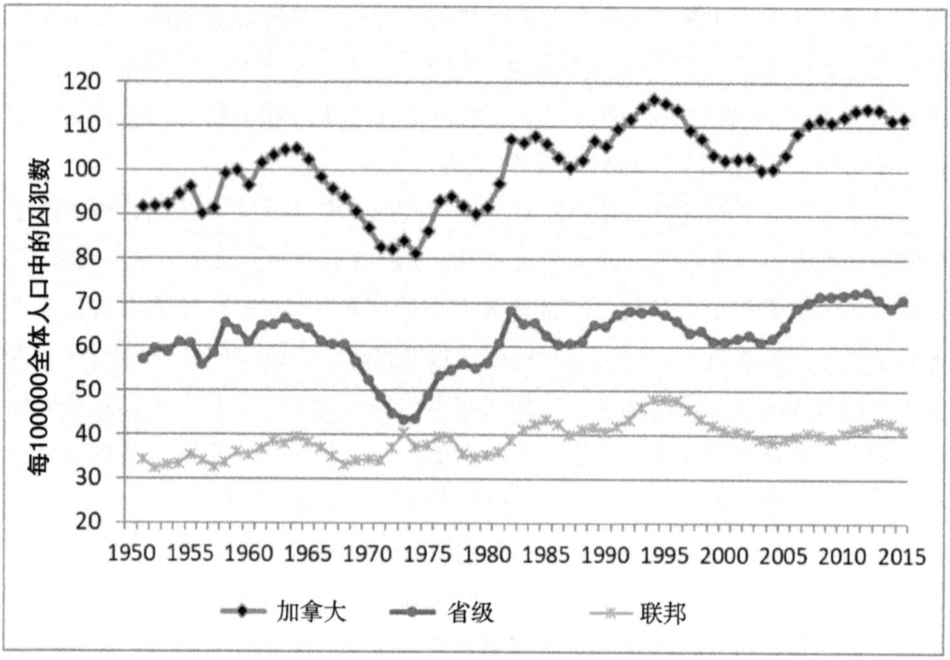

图 2　加拿大联邦和省每 10 万居民的监禁率①

1974—1994 年，加拿大的总体监禁率增长了 43%，每 10 万居民中的被监禁人数从 81 人上升到 116 人。在国际范围中，这一增幅与同期美国的增幅相比可能显得微不足道——每 10 万居民中的罪犯数量从 155 人增至 564 人，增幅为 264%。但就加拿大国内而言，如此增长幅度使负责监禁的机关感到不安。省级政府和地方政府的官员尤其震惊于美国不断增加的监狱人数，如果加拿大的监禁率继续追随美国趋势，他们十分担心自己是否有能力予以处理。②

对于加拿大各省和各地区的矫正长官来说，比率基本上无关紧要。相反，具体数字非常重要。这一时期的增长不容小觑。1974 年，省级监狱平均关押了 9978 名罪犯。③ 20 年后，这个数字上升到 19812，增长了 99%。上述事实主要

① Statistics Canada, Canadian Socio-Economic Information Management System (CANSIM) (2018), https://www150.statcan.gc.ca/n1/en/type/data? subject_ levels=35.

② Cheryl M. Webster & Anthony N. Doob, *Punitive Trends and Stable Imprisonment Rates in Canada*, Crime And Justice, Vol. 36: 297, p. 333 (2007).

③ Statistics Canada, Canadian Socio-Economic Information Management System (CANSIM) (2018), https://www150.statcan.gc.ca/n1/en/type/data? subject_ levels=35.

由加拿大的人口增长所造成。但是从犯罪矫正的角度来说，增长是由于人口增加还是惩罚性加强的司法体系所致并不重要。无论原因为何，监狱容量都需扩张。①

尽管如此，影响并没有很快显现。在之后的几十年里，多个委员会以典型的加拿大方式审查刑法的一般作用，尤其是监禁刑在加拿大治理犯罪和惩罚罪犯方面应当发挥的作用。② 在继续重申必须限制适用监禁刑的情况下，不断有人建议多加适用以社区矫正为重心的替代性监禁措施。③ 然而，直到 1990 年，联邦（保守党）政府才发布了一套关于量刑和矫正的政策文件，④ 随后不久便提交了一项量刑法案，二者都支持限制监禁的适用。不过，对于笔者当下的研究目的而言，更值得注意的是，该政策文件主张发展中间制裁。文件中还指出：

我们同样担心，加拿大严重依赖监禁刑罚……对大多数犯罪来说，监禁并非最有效的惩罚。监禁性制裁尤其应当注意对原住民的尊重。多加适用以监禁为后盾的中间制裁，能够为原住民社区提供更多参与解决共同问题的机会。 ⑤

虽然保守党政府 1990 年的立法提案在 1993 年选举前没有通过，但随即上任的自由党政府在 1994 年提出了自己的量刑法案，⑥ 其中包括一项新的附条件监禁刑规定。作为加拿大量刑程序法定改革的一部分，这项新的刑事制裁于 1996 年通过，对各省和地区所关注的监禁水平问题作出直接回应。具体而言，

---

① 敏锐的读者可能会正确地指出，如果以 1964 年的总体生育率（每 10 万人有 105 人）作为基准生育率，增幅会小得多。然而，对监狱管理者来说，最重要的指标是罪犯总数，而不是监禁率。即使以 1964 年为起点，省和地区监狱的平均罪犯人数也为 12559 人。这个数值在 1964 年到 1974 年有所下降，但到 1977 年甚至超过了 1964 年的数值。到 1994 年，平均有 19812 名罪犯被关押在省级和地级监狱，比 1964 年增加了 58%。

② Cheryl M. Webster & Anthony N. Doob, *Punitive Trends and Stable Imprisonment Rates in Canada*, Crime And Justice, Vol. 36：297, p. 333（2007）.

③ 重要的是，审前羁押候审人口的增加［详见图 3 和本文第四部分（一）］所起的作用在很大程度上被忽略了，这主要是因为它没有被注意到。1978 年（有数据的第一年），审前羁押罪犯占监狱总人数的 14%，1994 年为 16%。

④ Solicitor General of Canada, Directions for Reform：Sentencing（1990）; Solicitor General of Canada, A Framework for Sentencing, Corrections and Conditional Release（1990）; Solicitor General of Canada, Corrections and Conditional Release（1990）.

⑤ Ibid.

⑥ 35th Parliament, 1st Session, Bill C-41（1996）, http：//www.parl.ca/DocumentViewer/en/35-1/bill/C-41/royal-assent.

附条件监禁刑是指在地方而非联邦矫正管辖权范围内，量刑法官允许犯人在遵守各项法律规定和法庭命令的条件下，于社区执行两年以下有期徒刑的判决。

在早期，这一新制裁措施被认为是成功的。实践表明，这一制度的施行引起羁押人数显著下降，且未伴随大幅度的“法网扩张”。[①] 因此，该制度曾被推广为域外其他司法管辖区的参考模式。简言之，对于如加拿大般志在寻求有效方法以限制或减少不断增长的监禁率的国家而言，这项刑事制裁具有极大意义。

本文建议重新审视附条件监禁刑。自附条件监禁刑引进起，其经历二十多年的司法实践，政治和司法事件与决定的研究背景更加广泛，纵向数据更加丰富，我们有充分的条件来介绍这一制裁措施的发展。在这个更大的框架内，笔者认为，尽管加拿大为实现早期目标与承诺已进行多次尝试，但附条件监禁刑的目标基本未能实现。为此，笔者在第二部分讨论附条件监禁刑在获得加拿大公众与司法机构的双重合法性认可方面所面临的各种挑战。第三部分考察该制度于近期保守党政府执政期间（2006—2015 年）面对刑罚民粹主义时存在的弱点，这可能由公众对这一制裁措施的不信任所致。第四部分审视可能说明附条件监禁刑在减少监禁适用方面取得成功（或并未成功）的实证数据。最后，在第五部分，笔者以加拿大经验可为域外司法管辖区提供的经验教训作为总结。为使本次讨论更具广度，笔者探讨了这一制裁措施可能带来的不可预见的后果。笔者尤其认为，虽然将附条件监禁刑加入现有制裁措施清单可能收效甚微，但降低其可用性则可能会产生一些适得其反的结果。

二、难以捉摸的合法性探求

附条件监禁刑的产生基础不够稳固，这种说法较为保守。实际上，有学者

---

① 译者注：“法网扩张”指对于本可以不判刑的罪犯，因附条件监禁刑看起来较轻而轻率地判刑，导致判刑率实则增加。Julian*v.* Roberts，*The Evolution of Conditional Sentencing*，Criminal Review，Vol. 3：267，（2002）；Julian*v.* Roberts & T. Gabor，*The Impact of Conditional Sentencing*，Candian Criminal Law Review，Vol. 8：33，（2003）；Julian*v.* Roberts & T. Gabor，*Living in the Shadow of Prison*，British Journal of Criminology，Vol. 44：92，（2004）；Julian*v.* Roberts，*The Virtual Prision*，Cambridge University Press，2004.

认为这种量刑改革从一开始就注定要失败。[①] 笔者认为，并不能断然否定这种宿命论立场。附条件监禁刑在颁布后几乎立即面临着对其合法性的反复质疑，且这种质疑从未完全消除。

（一）糟糕的立法起草

规定附条件监禁刑的一系列条款，从一开始即成为《加拿大刑法典》中起草水平较差的部分。[②] 在这份长达75页的法案中，首次出现既包括起草目的和原则声明，又试图在刑法中设立一个独立连贯的章节以涵盖量刑各个方面的情况。[③] 公众对附条件监禁刑的关注似乎少于对其他更为中心的量刑问题的关注。较有代表性的是，一名高级司法官员对这一新型制裁措施草案批评道：这一立法内容为扩大非监禁替代措施而不顾立法的整体性，看起来就像一个与《加拿大刑法典》总体上不协调的"事后添加物"。[④]

此外，联邦政府承担着减少监禁的巨大压力。在议会讨论新量刑法案的同时，一个联邦—省—地区委员会于1995年成立，"以确定有效处理不断增长的监狱人口的办法"[⑤]。在失控的监狱人口增长问题引起广泛关注的情况下，各方需要就提出紧急解决办法达成共识。委员会的建议得到一致支持。讽刺的是，监禁率实际上在1994年达到顶峰（详见图2）。然而在1995年，无人知晓监禁率即将下降。因此，委员会的一份报告以使用加粗字体并符合当时观点的方式作出声明：

在确定最恰当的监禁适用方式时，应明确区分暴力和非暴力罪犯。建议所有司法管辖区积极寻求以社区为基础的监禁替代方式，为公共安全提供最佳的

---

① Dawn North, *Conditional Sentencing At The Crossroads* (25 May 2018) (unpublished Ph. D. Prospectus, Simon Fraser University), (on file with authors).

② Criminal Code, R. S. C. 1985, c. C-46 (Can.).

③ An Act to Amend the Criminal Code (Sentencing) and Other Acts in Consequence Thereof, R. S. C. 1995, c. C-41, s. 742 (Can.).

④ Dawn North, *Conditional Sentencing At The Crossroads* (25 May 2018) (unpublished Ph. D. Prospectus, Simon Fraser University), (on file with authors), p. 7.

⑤ Ministry of The Solicitor General, Corrections Population Growth, Report for Federal/Provincial/Territorial Ministers Responsible For Justice (Augest 1996).

*短期和长期贡献。*①

草案中规定附条件监禁刑的条款部分在最初起草时存在缺陷，中间制裁在议会的立法过程中没有得到什么关注。缺乏认真辩论的主要原因是，议会奇怪而令人意外地将注意力置于法案中另一个基本无关紧要的问题上。草案中有一项条款规定："证据表明该罪的犯罪动机基于受害者的种族、国籍、肤色、宗教、性别、年龄、精神或身体残疾或性取向、偏见或仇恨……应当视为加重情节。"②

结果显示，的确没有人仔细审查这项立法。不出所料，这项新法案在获得王室批准后不久便必须进行修改。③《1996 年刑法改革法案》中规定，法官此后不仅需要保证判决不会危及社区安全，而且需要与《加拿大刑法典》具体章节中的量刑基本宗旨和原则相符，这可能是为了强调罪刑相当。④ 随后，更多修正案接踵而至。

其中最引人注目的修订是针对一项原始立法中的规定漏洞，即失踪的附条件监禁刑服刑人员。例如，某些搬到加拿大其他地区的服刑人员，未被宣布不必再遵守附条件监禁刑附带命令，直到刑期结束后他们才被发现，这一问题存在处理困境。根据原法律，一般默认为这些罪犯已经就附条件监禁刑服刑完毕。换言之，只要罪犯没有被捕，失踪期间的服刑时间就不会停止计时，直到附条件监禁刑最初确定的结束日期为止。

为了回应这一问题，在 1999 年，立法增加了一项规定，即在发出逮捕令或罪犯已被逮捕或被迫出庭时，暂停执行附条件监禁刑判决。⑤ 虽然其他的修正案没有那么令人尴尬，往往只需要作一些细微的词汇修改，但是损害很可能已经造成了。一项立法颁布后，随即进行多次修改，会损害制裁的可信度，进而

---

① Ministry of The Solicitor General, Corrections Population Growth, Report for Federal/Provincial/Territorial Ministers Responsible For Justice (May 1996) (Can.).

② An Act to Amend the Criminal Code (Sentencing) and Other Acts in Consequence Thereof, R. S. C. 1995, c. C-41, s. 718. 2 (a) (i) (Can.).

③ David Cole & Melvyn Green, *M. Kleiman*, *When Brute Force Fails: How to Have Less Crime and Less Punishment*, Punishment & Society, Vol. 14: 368, pp. 368-372 (2012).

④ Criminal Law Improvement Act, R. S. C. 1996, c. C-17 (Can.).

⑤ An Act to Amend the Criminal Code, the Controlled Drugs and Substances Act and the Corrections and Conditional Release Act, R. S. C. 1996, c. C-51 (Can.).

损害其在加拿大人眼中的合法性。

（二）明显矛盾的立法术语

即使经过立法修正，附条件监禁刑仍面临严峻挑战。最明显的是，其名称——附条件监禁刑——几乎可以肯定是一个严重的错误。这个名称源自对其实用性的直观描述：

当某人被判有罪，除了可被判处最低监禁刑期，同时法院

1. 判处两年以下监禁，并且

2. 满足在社区服刑不会危害社区安全的条件。

*法院可以……令罪犯在社区服刑，但罪犯须遵守根据第742.3条发布的附条件监禁刑中的附带命令所要求的条件。*①

换言之，这是一种不在监狱服刑的“监禁判决”。公众对于此种判决的接受程度很可能随惩罚条件的增加而提高，② 然而这无关紧要，附条件监禁刑仍然是一种不进监狱的监狱服刑判决。这种矛盾只会进一步削弱其合法性。

该制裁方式的适用目的起初即明确为减少监禁的适用。由于省级监狱人数增长得太快（详见图2），以此替代两年以下的监禁是可以理解的。重要的是，刑期低于两年的限制表明，附条件监禁刑并非严重案件的徒刑替代措施。尽管如此，对于许多加拿大人来说，在对严重或暴力犯罪（如抢劫、性侵犯和过失杀人罪）将被判处监禁刑的习惯性预设下，又给予这些人处非监禁刑的可能性，这被视为一张“出狱自由卡”。

“附条件”这个词没有用。它或许意味着自由是有条件的，违反释放条件的罪犯立即就会被监禁。尽管此种解释在书面意义上是准确的，但并不一定符合加拿大的实际做法。相反，违反条件的情况往往会得到调整（如改变条件或增加条件），而不是一旦违背附带命令就立即交付监禁，③ 如此进一步加强了公众认为该项制裁过于宽大的看法。

事实上，通过对比违反附条件监禁刑判决的后果与“暂缓判决与缓刑”

---

① Criminal Code, R. S. C. 1985, c. C-46, s. 742. 1 (Can.).

② Julianv. Roberts, Dan Antonowicz & Trevor Sanders, *Conditional Sentences of Imprisonment: An Empirical Analysis of Optional Conditions*, 30 Criminal Reports (5th) 113 (2000).

③ Julianv. Roberts, *The Virtual Prision*, Cambridge University Press, 2004.

（一种存在了几十年的社区制裁）① 的后果，此种看法得到强化。② 基本确定的是，虽然在实践中并非一旦违反附带命令就会被监禁，但附条件监禁刑的立法是为了使违反该项制裁措施的附带命令比违反缓刑条件更容易被监禁。尽管立法目的如此，但违反缓刑附带命令（加拿大将违反缓刑附带命令的行为本身规定为一种犯罪行为）的人很容易被逮捕、拘留直至审判，随后将受到最高四年的监禁处罚——这在附条件监禁刑的执行中是不可能的。

（三）缺少惩罚性的制裁措施

公众很容易认为，原始立法规定的附条件监禁刑的惩罚性，不足以证明其可以用来代替监禁措施。这一结论源于两项理由：其一，对于该法律规定的任何正规解读均表明，法官分两步作出附条件监禁刑的决定：首先判处一个固定期限的监禁刑（有期徒刑），然后再单独决定该刑期是否应当在社区执行。这种两阶段的判决过程造成一种“刑罚悖论”。正如格默尔（Gemmel）解释的那样：

*法官必须先确定监禁是在当时情况下唯一合理的制裁措施，然后决定罪犯是否应当在社区中服刑。执行附条件监禁刑几乎是对要求监禁的初始判决的一种弱化。*③

---

① 译者注：在加拿大，暂缓判决（suspended sentence）是一种特殊的判决形式，罪犯被定罪但法官暂缓对其宣告刑罚，罪犯被释放但需要在一定期限内遵守缓刑命令（proabtion order），因此，暂缓判决必须与缓刑（probation）共同作出，即暂缓判决与缓刑（suspended sentence and probation）。加拿大的缓刑（probation）不同于我国的传统理解，其并非单独判决，而是主要强调在法院作出暂缓判决、附条件释放（conditional discharge）等特殊判决时对罪犯附带要求的观察考验期。在考验期内，罪犯一旦违反缓刑命令，将因违反缓刑命令罪受到单独指控。同为非监禁制裁，附条件监禁刑和暂缓判决与缓刑的主要区别在于附带命令的严厉程度、违反附带命令的结果与制裁目标的不同。其中，附条件监禁刑的附带命令对罪犯的要求更为严格，在违反规定时，附条件监禁刑罪犯将被收监执行剩余监禁刑期，而违反缓刑规定的罪犯将被以违反缓刑罪或依原罪与违反缓刑罪共同量刑。在制裁目标方面，暂缓判决与缓刑强调对罪犯的改造，而附条件监禁刑是在对罪犯判处监禁刑的基础上作出的，体现出对罪行的谴责性评价，兼具改造目的与谴责目的。See *Types of sentences*, LawFacts (Sept. 16, 2020), http://lawfacts.ca/criminal/sentences.

② Jack Gemmell, *The New Conditional Sentencing Regime*, Criminal Law Quarterly, Vol. 39: 334, (1997).

③ Ibid. p. 337.

不难想象，大多数加拿大人会质疑或者完全否定监禁与非监禁制裁之间的惩罚对等性。

其二，附条件监禁刑的原始规定中没有任何内容明示或暗示要求实施惩罚性附加条件，尽管同一法律中的第718条第1款明确规定："判决必须与犯罪的严重程度和罪犯的责任程度相称。"① 我们有理由相信，法官在确定惩罚性或限制性条件（如居家监禁）方面往往具有创造性，但这些附加条件最初并未在立法中得以讨论。久而久之，附条件监禁刑有时会被公众媒体称为"居家监禁"，但这并未解决其所造成的刑罚悖论。

综上所述，这些规定所依据的假设是，附条件监禁刑判决能够通过法律规定被赋予相同刑期监禁判决的同等惩罚性，构成对于附条件监禁刑之初始合法性的致命打击。重要的是，加拿大政府从未认真尝试教育公众或培训法官（或刑事司法系统的任何其他人员），以使其了解该立法条款的正确解释，也并未释明附条件监禁刑恰当的适用方法。同样重要的是，该法律实际上并未规定可能适用附条件监禁刑的犯罪行为。正如几年前，两名当时正在审理刑事案件的安大略省高级法官所说："受形势所迫而非慎重决策，政府只是象征性地向加拿大舆论界人士、司法部门、警察和媒体'预售'这一实质性改革。"②

不出所料，法官们与加拿大普通民众都对这项刑事制裁改革的价值毫无兴趣。根据1998年的一项调查，55%的加拿大审判法官报告称，自附条件监禁刑施行以来，他们至多做出过十次附条件监禁刑判决。③ 值得注意的是，那些未适用这种刑罚的法官不太可能报告称，在实现罪刑相当或其他任何刑罚目的方面，附条件监禁刑与正常的监禁刑罚一样有效。此外，偶尔适用这种制裁的法官也不认为附条件监禁刑得以充分执行。同样重要的是，大多数（83%）加拿大法官认为公众几乎均不理解这项制裁的性质。④ 实际上，只有55%的法官认为，在了解附条件监禁刑性质的公众中支持其适用的人占多数。⑤ 更能说明问

---

① Criminal Code, R. S. C. 1985, c. C-46, s. 718. 1 (Can.).

② David Cole & Melvyn Green, *M. Kleiman*, *When Brute Force Fails: How to Have Less Crime and Less Punishment*, Punishment & Society, Vol. 14: 368, p. 369 (2012).

③ Julianv. Roberts, Anthony N. Doob, & Voula Marions, *Judicial Attitudes to Conditional Terms of Imprisonment: Results of a National Survey*4 (2000).

④ Ibid. p. 18.

⑤ Ibid. p. 19.

题的是，仅有20%的受访者称从未考虑过“附条件命令可能对公众舆论产生的影响”①。事实上，法官们知悉附条件监禁刑的正式立法会破坏公众对量刑的信任。

不出所料，加拿大最高法院在2000年采取行动，通过做出一项判决②试图挽救附条件监禁刑，以便使其发挥降低监禁率的作用。在笔者看来，这是一次勇敢的尝试。最高法院引用该院的一项既有判例，指出：

*加拿大的监禁率……在工业化民主国家中排名第二或第三……并且监禁成本高昂，往往过于严厉且效果不佳，不仅涉及其所宣称的罪犯改造目标，而且事关更加广泛的公共目标……1996年的量刑改革……必须将其理解为对过度适用监禁措施的回应，因此必须给予其作为补救规定的适当效力。*③

为此，加拿大最高法院在R. v. Proulx案中对于如何确定附条件监禁刑的期限作出善意解释，并澄清附条件监禁刑需要惩罚性条件。具体来说，最高法院利用“目的性”解释替代文义解释。④ 也就是说，法官不必再严格遵守两步走的决策程序，开始被允许或鼓励作出比他们想要替代的监禁刑期限更长的附条件监禁刑。⑤ 此外，最高法院区分“暂缓判决与缓刑”与附条件监禁刑的科刑目标，⑥ 前者的主要目的为犯罪改造，而后者旨在同时实现改造目的与威慑或谴责目的。⑦ 因此，最高法院建议，应当正式规定包括居家监禁与宵禁在内的惩罚性附加条件。⑧ 同时最高法院强调，在业已证明罪犯违反规定的情况下，应当推定适用监禁刑。值得注意的是，加拿大最高法院判决未在可适用犯罪类型方面限制附条件监禁刑的司法自由裁量权，附条件监禁刑可适用于满足最低法定要求的任何犯罪。⑨

---

① Julian*v*. Roberts, Anthony N. Doob, & Voula Marions, *Judicial Attitudes to Conditional Terms of Imprisonment: Results of a National Survey*4 (2000), p. 21.

② R. *v*. Proulx, [2000] 1 S. C. R. 61 (Can.).

③ R. *v*. Proulx, [2000] 1 S. C. R. 61 (Can.), p. 16.

④ Ibid. pp. 55-62.

⑤ Ibid. pp. 51-54.

⑥ Ibid. pp. 55-57.

⑦ Ibid. pp. 41, 67, 80.

⑧ Ibid. pp. 32, 103.

⑨ Ibid. p. 127.

虽然这一判决试图解决附条件监禁刑立法存在的几个原始问题,① 但笔者认为，该项制裁措施已经出现了无法挽回的影响。公众对于规定附条件监禁刑的法律及其合法性的信任自始即被削弱，最高法院的干预也很可能无法使其完全恢复。尽管量刑法官至少从中获得一些指导，但附条件监禁刑仍然存在其他更加现实的挑战。值得注意的是，经规定且应当遵守的附带命令条件作为刑罚的一部分，其监管与执行无法得到保证。②

更重要的是，没有充分理由证明围绕附条件监禁刑的公众舆论有所改善。即使在这项制裁生效后不久的“蜜月期”，一项针对安大略省居民的调查发现，就算经过详细解释，公众也并未很好地将附条件监禁刑与普通缓刑区分开来。③此外，已有证据表明，公众对于适用附条件监禁刑的支持程度，因犯罪行为的不同而有很大差异。大约71%的受访者表示，他们可能或肯定倾向于对造成身体伤害的攻击类犯罪适用附条件监禁刑，而只有44%的人可能或肯定支持在非法入室类犯罪中适用附条件监禁刑，40%的人同意将附条件监禁刑适用于性犯罪。④ 这项调查的关键点之一是，向受访者所描述的是理想状况下的附条件监禁刑，其中包括居家监禁，但不包括该制裁的适用目的。且受访者还被告知，一旦违反附加条件，罪犯将被收监执行剩余刑期。⑤ 对于大多数加拿大人来说，他们并未得到关于附条件监禁刑的详细解释，可能认为这项制裁非常宽松。进一步讲，几乎可以肯定的是，他们未曾知悉最高法院所强调的执行期间违反所附条件的惩罚措施。

---

① Allan Manson, *The Conditional Sentence: A Canadian Approach to Sentencing Reform or Doing the Time Warp Again*, Criminal Law Quarterly, Vol. 44: 375, (2001).

② Julianv. Roberts, Cathy Hutchison & Rebecca Jesseman, *Supervising Conditional Sentence Orders: The Perceptions and Experiences of Probation Officers in Ontario*, 29 Criminal Reports (6th) 107 (2005).

③ Voula Marinos & Anthony N. Doob, *Understanding Public Attitudes Toward Conditional Sentences of Imprisonment*, 21 Criminal Reports (5th) 31 (1999).

④ Voula Marinos & Anthony N. Doob, *Understanding Public Attitudes Toward Conditional Sentences of Imprisonment*, 21 Criminal Reports (5th) 31 (1999), p. 3.

⑤ Ibid.

三、沦为刑事民粹主义的牺牲品

显然，附条件监禁刑存在问题。公众的疑虑始终没有消除。毫无意外，这项制裁措施非常容易受到政治操纵。在准备2000年联邦选举平台的材料时，联邦保守党就该项制裁措施的实施目标，作出“进步保守党政府将取消对某些特定罪行（包括性犯罪或暴力犯罪）适用附条件监禁刑”的承诺。① 加拿大联盟党②同样明确宣称：

加拿大人已经厌倦说一套做一套的刑事司法系统。有些判决可能听起来很严厉，但通过引入合并判决、附条件监禁刑、缓刑或仅执行1／6刑期的假释，判决效力会被削弱。加拿大人需要相信我们的司法系统会将罪犯赶出街头。

加拿大联盟政府将通过下列措施打击职业犯罪：

·取消对暴力罪犯的附条件监禁刑；

·对惯犯或性侵犯实行终身监督；

·有过第三次暴力犯罪的或性犯罪的罪犯自动确认为具有犯罪倾向的危险者身份；

*·对多重暴力犯罪实行连续执行判决而非合并判决。*③

具有现实意义的是，限制附条件监禁刑的提案置于其他三项提案之前，后者所处理的罪犯罪行往往更加恶劣，可能受到更加严厉的制裁。

2004年，加拿大举行了另一次联邦选举。此次中右翼政党重新联合为加拿大保守党。他们的平台文件《追求更好》中有一节标题为“提高安全性要

---

① Progressive Conservative Party Of Canada, Change You Can Trust: The Progressive Conservative Plan For Canada's Future 21 (2000).

② 加拿大联盟党实质上是右翼改革党，于1993年选举前从保守党中分裂出来，后来又与保守党联合组成加拿大保守党（2006—2015年执政）。

③ Candian Alliance, A Time for Change: An Agenda of Respect for All Canadians 18 (2000), https://www.poltext.org/sites/poltext.org/files/plateformes/can2000all_plt_en._14112008_173717.pdf. 从文本上看，这些政治承诺被置于“判决中的真相”副标题下，而这一标题本身属于“使我们的社区更安全”的分标题，更上一级标题是“我们的司法系统已经变得不公正”，再上一级标题则为“更安全的社区，更强大的社区”。

求”。[1] 其中附条件监禁刑的语义背景是：“目前附条件监禁刑居然允许儿童性侵犯、杀人犯、强奸犯和危险驾驶者可以在家而非在监狱服刑，这是不合理的。必须取消其对情节严重的罪犯的适用……”[2]

需要注意的是，保守党的批评忽略了这样一个事实，即不能对那些被判谋杀罪或二次犯危险驾驶罪的人适用附条件监禁刑，因为附条件监禁刑不适用于可能判处两年及以上监禁刑罚的罪犯。因此，他们所批评的几个罪名本来就不存在可能适用附条件监禁刑的情况。笔者认为不必夸大他们的观点，党派之争的辩论中不免夸大其词，保守党了解限制附条件监禁刑是一个很好的宣传点。

的确，自由党政府对待附条件监禁刑装模作样的态度，无意中助长了刑事政策的政治化。事实上，在 2004 年，普通攻击罪以外的侵害人身犯罪案件大约仅占所有附条件监禁刑判决的 22%，附条件监禁刑判决在所有刑事判决中所占比例在 2006 年选举前达到最高。[3] 同年，性侵犯罪和武器犯罪分别占所有附条件监禁刑判决的 3%和 2%。在 2012 年和 2013 年，保守党在多数党政府的参与下实施了他们所希望的改革，仅使这些比例略有变化。到 2015 年，普通攻击以外的侵害人身犯罪在附条件监禁刑判决中占比 18%，其中性侵犯罪占比 2%，武器犯罪占比 3%。[4]

更重要的是，大多数附条件监禁刑并不适用于公众关注度高的案件。尽管如此，自由党在选举宣传中还是把宽大判决作为一个很好的拉票话题。确实，倘若人们缺乏认知，附条件监禁刑的总体适用情况、主要适用的犯罪类型，在站队式的宣传中皆无关紧要。

也许更有说服力的是，在 2005 年，自由党与少数党政府共同就附条件监禁刑提出另一项修正案。[5] 除却一些细微的措辞变化，政府还提议在一些严重犯罪和暴力犯罪中限制适用此类判决——这是附条件监禁刑自施行之初便具有的困扰。具体来说，该提案指出，在决定是否适用附条件监禁刑时：

---

① Conservative Party of Canada, Demanding Better 36 (2004).

② Ibid.

③ Statistics Canada, Canadian Socio-Economic Information Management System (CANSIM) (2018), https://www150.statcan.gc.ca/n1/en/type/data?subject_levels=35.

④ Ibid.

⑤ 38th Parliament, 1st Session, Bill C-70 An Act to Amend the Criminal Code (Conditional Sentence of Imprisonment) (2003).

法院不得命令具有以下情节的罪犯在社区内执行其刑罚，除非法院认为在特殊情况下如此更符合司法公正：

1. 严重的人身伤害犯罪……；

2. 恐怖主义犯罪；

3. 有组织刑事犯罪；

4. 根据犯罪性质与情节，社会谴责在量刑目标中居首位。

*若法院因特殊情况而命令罪犯在社区服刑，其应当将这些情况记录在案。*①

如果这项修正案获得通过，除了为附条件监禁刑在遭受攻击时提供辩护工具以外，它的实际影响可能微乎其微。笔者采访的一位资深自由派国会议员，将其称作对立法的“微调”。无论如何，修正案通过的三十三天后，少数党政府在信任投票中败下阵来。

但是，犯罪政治化的闸门已被打开。在随后（2006 年）的竞选活动中，保守党在其竞选平台上承诺进行一场“严厉打击犯罪”的海啸。值得注意的是，对附条件监禁刑的修订是十四项犯罪提案中的第二项（第一项是承诺引入一系列强制性最低刑罚）。具体说来，保守党提议“停止对严重犯罪（包括特定的暴力犯罪和性犯罪、武器犯罪、重大毒品犯罪、对儿童犯罪以及造成死亡或重伤的危险驾驶）适用附条件监禁刑和居家监禁”②。

优先考虑附条件监禁刑，反映了其在面对刑罚民粹主义时的脆弱性。鉴于公众长期以来关注附条件监禁刑的适用（尤其是对更为严重或暴力的犯罪），对其予以抨击仍然是一件容易的事。实际上，自由党已经为保守党提供一个可以左右公众舆论的现成问题。长期以来，加拿大人一直认为国家对刑事犯罪的制裁过于宽松，尤其是涉及以减少监禁为目的的社区服刑问题，这种附条件监禁刑判决符合“轻刑化理论”所提倡的全部特征。

不出所料，保守党在 2006 年提出的限制附条件监禁刑的立法提案，是他们

---

① 38th Parliament, 1st Session, Bill C-70 An Act to Amend the Criminal Code (Conditional Sentence of Imprisonment) (2003), pp. 2-3.

② Conservative Party of Canada, Stand Up for Canada: Federal Election Platform 22 (2006).

选举后的第一个犯罪法案。[1] 该法案禁止将附条件监禁刑适用于所有可能判处十年及以上有期徒刑的犯罪。基于加拿大的法定最高刑，以十年刑期作为分界点将排除许多财产犯罪，包括所有入室盗窃、所有涉及价值5000美元或以上物品的盗窃或诈骗以及其他许多不那么严重的犯罪。最后，迫于敌对党派的压力，少数党政府显然并未期待长久执政，[2] 仅限制人身伤害犯罪、恐怖主义犯罪或组织犯罪等最高刑期为十年及以上的部分罪名适用附条件监禁刑。

假设很少有加拿大人了解刑事立法规定的最高刑罚，人们会认为这些新的限制已经足够，然而事实并非如此。2009年，保守党政府出台进一步的限制措施，但未获议会通过。[3] 不过两年后在议会的多数同意下，保守党通过法案已取缔大量犯罪适用此种刑罚选择，只有存在各种原则性例外且符合下列情形时，才可适用附条件监禁刑：

1. 不属于以公诉程序起诉且最高刑期为十四年或终身监禁的犯罪；

2. 不属于以公诉程序起诉且最高刑期为十年或以上的恐怖主义犯罪或犯罪组织罪；

3. 不属于以公诉程序起诉且最高刑期为十年的下列犯罪：

（1）造成人身伤害；

（2）涉及进出口、运输或生产毒品；

（3）涉及使用武器；

4. 不属于以公诉程序起诉的由下列条款规定的任一犯罪……（随后列出了11项罪行，包括性侵、入室及更为严重的盗窃）。[4]

保守党政府已经实质扼杀了附条件监禁刑。毫无疑问，上述限制触及该项制裁措施自1994年开始施行时所关注的重点问题。简言之，这一制裁措施的主要存在理由已经失效。

---

① 39th Parliament, 1st Session, Bill C-9 An Act to Amend the Criminal Code (Conditional Sentence of Imprisonment) (2006).

② Paul Well, The Longer I'm Prime Minster (2013).

③ 40th Parliament, 2nd session, Bill C-42 Ending Conditional Sentences for Property and Other Serious Crimes Act (2009).

④ Criminal Code, R. S. C. 1985, c. C-46, s. 742. 1 (Can.).

四、无法兑现的承诺

附条件监禁刑旨在减少加拿大不断增长的省及地区监狱人数。因此，它被期望适用于那些原本会被判入狱的罪犯。就此而言，在不对其他原有非监禁刑罚（如缓刑）作任何改变的条件下，关押人数或收监人数明显降低，一般即可确定成功适用附条件监禁刑。

笔者认为，关于监禁的适用是否因新设立的附条件监禁刑而减少，这一问题在很大程度上难以获得充分的实证性检验。第一，附条件监禁刑在全国同步实施。如此这般，没有司法管辖区可以作为不实施附条件监禁刑的对照组。

第二，适用附条件监禁刑系基于需要同步适用其他措施来减少监禁适用的严重压力。因此，要想排除同期其他旨在减轻监禁压力的措施所造成的影响，包括排除同一立法中的其他部分所产生的影响，这是非常困难乃至不可能实现的。前述立法性解释要求判决体现罪刑相当，并且应当遵守适用于监禁以外其他刑罚的一般量刑原则。①

第三，加拿大的总体犯罪率与暴力犯罪率皆在 20 世纪 90 年代中期达到顶峰，并在此后持续下降。② 可以预见的是，被起诉的成年人数量也减少了。同样，加拿大的省级和地区监禁率自 20 世纪 70 年代初开始上升后，于 1994 年达到顶峰，到 2003 年已经回落到 1987 年的水平。③ 重要的是，随着时间的推移，因为适用附条件监禁刑时监禁率已经开始下降，这种看似自然的波动构成另一种与附条件监禁刑的作用相反的解释。根据这一解释，加拿大的联邦监禁率也在 1994 年达到顶峰，并自此开始类似的长期下降。④ 上述现象与省和地区的趋势类似，但只能替代省（和地区）级监禁的附条件监禁刑并不会对这一现象产生影响。

第四，20 世纪 90 年代初，加拿大各省和地区的入狱率都不稳定。需要说

---

① Criminal Code, R. S. C. 1985, c. C-46, s. 718. 2 (e) (Can.).

② Anthony N. Doob & Cheryl M. Webster, *Weathering the Storm? Testing Long-Standing Canadian Sentencing Policy in the Twenty-First Century*, 45 Crime & Justice. 359 (2016), Fig 2.

③ Ibid.

④ Ibid.

明的是，在附条件监禁刑施行之前的1990—1995年，从马尼托巴省的入狱人数下降52%，到不列颠哥伦比亚省的入狱人数上升62%，各地被判刑人数的变化差异较大。① 然而，任何对比前后时期的实证分析基本上均假定：至少在适用附条件监禁刑之前的入狱率是稳定的。在附条件监禁刑判决生效前监狱数据不稳定的地区，前后比率变化可能由以下两个原因造成：一是在某些比率已经下降的省份，适用附条件监禁刑之前早已存在下降趋势；二是其他省份的比率仅仅回退至附条件监禁刑适用前的水平。更简单地说，1996年以后任何监禁率的下降可能仅反映1996年以前已经下降的比率，反言之，1996年以前的高监禁率是一种异常现象，之后只是恢复到正常比率而已。

概言之，关于引进附条件监禁刑后监禁的明显减少，诸多解释相互矛盾。鉴于将这些矛盾解释排除在解释因素之外非常困难，笔者认为，不应当过度强调附条件监禁刑的监禁缓解效果。但附条件监禁刑是否成功地减少加拿大的监禁，这可能是一个愚蠢的问题。显然，一些原本将被判处监禁刑的罪犯业已接受附条件监禁刑判决。因此，需要证实的关键并非附条件监禁刑能否略微降低监禁率，而是其适用对于监禁率的重要意义。

（一）既有研究

不幸的是，很少有实证研究检验这一更为复杂的问题。迄今为止，最复杂的尝试可能是由罗伯茨（Roberts）和加伯尔（Gabor）② 共同完成、后由罗伯茨（Roberts）深入扩展③的一项研究。对比适用附条件监禁刑前后的四年，这些学者发现，在他们获取数据的九个司法管辖区中，有八个地区出现这样的情况：每一万名被指控（未被判刑）的成年犯人最终入狱的比率有所下降，总体下降了13%。④ 此外，他们还发现不同司法管辖区的监禁率与附条件监禁刑的适用

① Statistics Canada, Canadian Socio-Economic Information Management System (CANSIM) (2018), https://www150.statcan.gc.ca/n1/en/type/data? subject_ levels=35.

② Julianv. Roberts & T. Gabor, *Living in the Shadow of Prison*, The British Journal of Criminology, Vol. 44: 92, (2004).

③ Julianv. Roberts, *The Virtual Prision*, Cambridge University Press, 2004.

④ Julianv. Roberts & T. Gabor, *Living in the Shadow of Prison*, The British Journal of Criminology, Vol. 44: 92, p. 100 (2004).

数量呈负相关关系（r=-0.45）。① 随着附条件监禁刑判决数量的增加，监禁率（每一万名被起诉的成年人）出现下降。

正如研究者所称，这些结果证明适用附条件监禁刑能够降低监禁率。但困难之处在于如何排除致使监禁率降低的其他因素。实际上，在分析期间存在许多能够引起数据波动的其他因素：犯罪率下降、被起诉的成年人数减少、实施制裁前的几年内入狱率相当不稳定、明确要求法官采取所有可行的制裁办法以减少监禁适用。这些因素中的任何一个皆可以构成与“附条件监禁刑降低监禁率”相反的解释。值得赞扬的是，罗伯茨（Roberts）和加伯尔（Gabor）承认，“除了附条件监禁刑的引入外，监禁率下降的大部分原因是由其他变量造成的”②。

作为这个问题的另一例证，人们可能会注意到审前羁押率中也存在同样的趋势——这一现象在上述研究发表数年后才得以凸显。图 3 展示了这个问题。

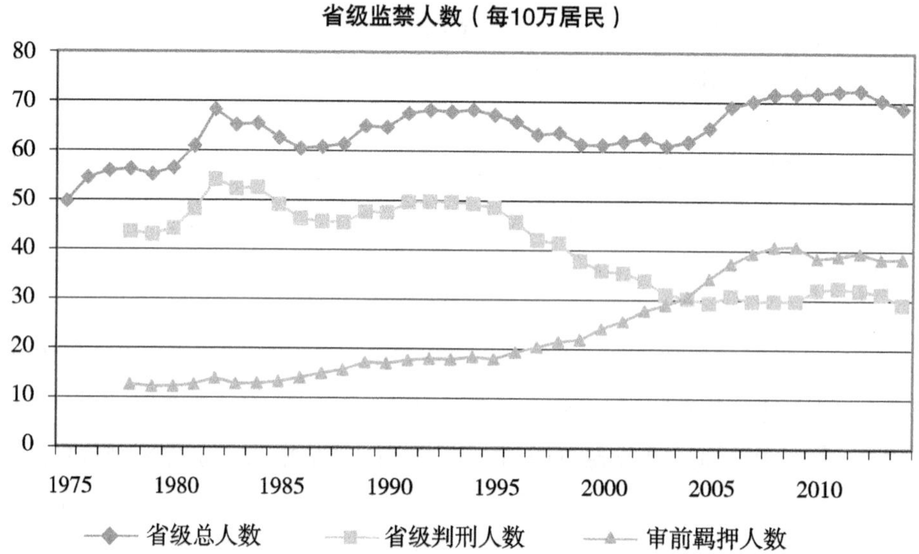

图 3 加拿大各省每 10 万居民的监禁率（1975—2014 年）③

① Julianv. Roberts & T. Gabor, *Living in the Shadow of Prison*, The British Journal of Criminology, Vol. 44: 92, p. 100 (2004).

② Ibid.

③ Statistics Canada, Canadian Socio-Economic Information Management System (CANSIM) (2018), https: //www150. statcan. gc. ca/n1/en/type/data? subject_ levels=35.

省级被判刑人数随着时间的推移呈现稳步下降的趋势——最明显的是在20世纪90年代初到21世纪中期，而在同一时期，加拿大的审前羁押候审人数却呈现增长趋势。到2005年，审前羁押候审人数的增长已经成为一个严重的问题，其中大部分是等待审判的人，也有一些等待科刑的人。事实上，审前羁押人数的长期上升趋势在2005年超过了监禁人数。在2004年，这两组省级罪犯的审前羁押刑期将在量刑时进行折抵。由此，鉴于一些罪犯在判刑前已经服完整个监禁刑期，那么被判入狱服刑的人数必然减少。同样，由于减免审前羁押，刑期减少或缩短，监禁刑判决的数量也会随之减少。

基于这般背景，在罗伯茨（Roberts）和加伯尔（Gabor）① 调查期间，审前羁押人数的增长是省级被判监禁刑人数减少的另一个有力解释。结合先前提出的其他原因，充分评估附条件监禁刑对监禁刑之影响的想法难以实现。尽管已有许多案例对罪犯处以附条件监禁刑来代替监狱服刑，但难以衡量对于附条件监禁刑的具体影响。一方面，由于无法将新制裁措施的影响与其他共同作用且可能更具解释力的因素（如延长审前羁押期限）区分开来，罗伯茨（Roberts）和加伯尔（Gabor）作出被判入狱比率整体下降13%的解释②是不客观的。另一方面，虽然监禁率的变化与新制裁措施的适用比率呈负相关关系，但该相关性数值与传统的统计显著性标准（$r=-0.45$，$df=7$，$p=0.227$）存在一定差距，只能作牵强解释。③

（二）附加分析

也许是由于量刑模式的变化存在多种并存的解释，在过去的二十年里，几乎没有学者对附条件监禁刑的影响进行后续的实证分析。在克服附条件监禁刑的内在困难方面，笔者尚未取得任何实际进展。同既有研究相比，笔者收获的唯一成果是发现制度施行时间的重要性。无论是在获得更广泛的纵向数据方面，还是在观察附条件监禁刑的后续变化方面，制度施行时间均可为检验附条件监禁刑的影响提供另一种有利视角。一言以蔽之，目前尚无有力证据证明，附条件监禁刑对于省和地区的监禁率产生任何显著影响。支持这一结论的论据可以

① Julianv. Roberts, *The Virtual Prision*, Cambridge University Press, 2004, p. 100.

② Ibid.

③ Ibid.

分为两个方面：

1. 附条件监禁刑的适用

附条件监禁刑在量刑选择方面的作用极为有限。表 1 统计了加拿大刑事法院所判处的最严重刑罚的分布情况。

表 1　最严重刑罚的分布情况（加拿大，报告中的司法管辖区）①

	2006（无限制时期）	2015
监禁	34.2%	38.3%
附条件监禁刑判决	4.2%	3.6%
缓刑	28.6%	25.7%
罚款	25.3%	24.2%
其他	7.7%	8.2%
总计	100%	100%
总监禁比（每 100000 人）	108.6	112.0
省/地区比率	68.9	70.9

为简要分析附条件监禁刑的总体适用状况，笔者选取 2006 年和 2015 年的量刑数据。选择这些数据是有目的的。2006 年的数据代表立法限制适用该项制裁之前的状况，2015 年的数据则代表颁布各种限制性规定之后的阶段。值得注意的是，即使在议会限制附条件监禁刑的适用范围之前，附条件监禁刑在被判有罪并科处刑罚的刑事案件中也仅有 4.2%的适用比例。这一比例在 2015 年下降至 3.6%。显然，附条件监禁刑从未得到量刑法官的重用。

然而，不同司法管辖区于附条件监禁刑的适用上存在差异。表 2 列明所有作出“有罪”判决案件中最为严厉的刑罚。分析数据来自六个最大的省份，这些省份要求法官在量刑时必须考虑适用附条件监禁刑。进一步分析表 1 可以发现，笔者目前搜集的数据来自三个不同阶段：2007 年以前尚未引入任何限制的阶段（表中标记为“初期”）；2007—2015 年的阶段（王室于 2007 年 5 月 31 日批准第一项立法修改）；2015 年以后的阶段（最后一项限制规定于 2012 年 3 月 13 日生效）。

① Statistics Canada, Canadian Socio-Economic Information Management System (CANSIM) (2018), https://www150.statcan.gc.ca/n1/en/type/data? subject_ levels=35.

表 2　附条件监禁刑（作为判决中最严厉刑罚）量刑时的相对重要性（括号内为参考年份）①

	司法管辖区（按人口规模排序）					
	安大略省	不列颠哥伦比亚省	阿尔伯塔省	曼尼托巴省	萨斯喀彻温省	新斯科舍省
罪犯监禁比：初期（标注的年份）	33.2（1995）	34.5（2000）	28.9（1995）	33.8（2005）	24.1（1995）	21.2（1995）
罪犯监禁比（2007）	35.0	40.0	38.5	33.3	24.2	26.1
罪犯监禁比（2015）	34.8	48.5	44.3	46.3	35.0	28.3
罪犯附条件监禁刑判决比：初期（标注的年份）	3.1（1998）	8.9（2000）	2.0（1998）	3.9（2005）	5.6（2001）	6.3（1999）
罪犯附条件监禁刑判决比（2007）	4.7	7.5	2.2	4.4	8.6	8.8
罪犯附条件监禁刑判决比（2015）	4.1	5.8	1.8	3.4	8.6	8.9

注：由于无法获得数据，“初期”的参考年份不同。

最值得注意的是，在所有司法管辖区，无论处于哪个时期，有罪案件中适用附条件监禁刑的比例皆不高。事实上，与六省中监禁和缓刑（表中未显示）的适用状况相比，这一比例更加不值一提。各地对附条件监禁刑的适用亦不统一，其中阿尔伯塔省的适用率最低（从未超过 2.2%），而新斯科舍省的适用率最高（在 2007 年和 2015 年几乎达到案件总数的 9%）。

---

① Statistics Canada, Canadian Socio-Economic Information Management System (CANSIM) (2018), https://www150.statcan.gc.ca/n1/en/type/data? subject_ levels=35.

同样，附条件监禁刑的适用情况也因犯罪类型而异。表 3 展示加拿大最大省份安大略省的年度数据，附条件监禁刑判决约占所有刑事案件的 40%。在表格中，所有已判刑罪犯因所犯罪行而接受监禁和附条件监禁刑的比例均有显示，并按照不同的犯罪类别进行细分。

表 3　按犯罪类型划分的所有被判刑罪犯接受监禁和附条件监禁刑的百分比（安大略省）①

	所有犯罪		暴力犯罪		财产犯罪		司法犯罪		毒品犯罪	
	监禁	附条件监禁刑	监禁	附条件监禁刑	监禁	附条件监禁刑	监禁	附条件监禁刑	监禁	附条件监禁刑
1994	34.4%		35.9%		38.5%		55.8%		31.0%	
1995	33.2%		34.6%		37.5%		53.7%		26.5%	
1996	34.2%		36.4%		38.2%		53.8%		26.6%	
1997	34.3%		33.7%		38.1%		51.6%		29.3%	
1998	37.4%	3.3%	35.1%	4.3%	41.5%	5.2%	57.4%	2.6%	27.0%	5.9%
1999	36.5%	3.9%	33.8%	4.9%	40.8%	5.7%	55.9%	2.9%	23.5%	8.9%
2000	37.2%	3.9%	34.6%	4.5%	40.9%	5.9%	57.9%	3.1%	22.9%	9.7%
2001	36.0%	4.2%	33.4%	4.5%	39.5%	6.2%	55.6%	3.4%	21.6%	10.9%
2002	36.8%	4.6%	32.6%	5.1%	40.4%	6.2%	55.1%	3.5%	26.6%	17.0%
2003	36.5%	5.2%	30.7%	5.3%	39.0%	6.7%	52.9%	4.5%	35.5%	36.7%
2004	34.3%	5.6%	28.9%	6.3%	37.2%	7.1%	48.3%	5.1%	27.3%	22.9%
2005	34.6%	5.2%	28.7%	5.9%	37.3%	6.4%	48.9%	5.4%	27.9%	20.3%
2006	33.5%	4.7%	27.7%	5.4%	36.4%	5.7%	46.4%	4.9%	29.3%	17.8%
2007	35.0%	4.7%	29.5%	5.2%	38.2%	5.9%	47.9%	4.6%	29.9%	19.1%
2008	33.6%	5.1%	29.0%	5.3%	36.1%	6.1%	46.6%	5.2%	30.0%	22.5%
2009	32.9%	5.2%	29.4%	5.2%	35.5%	6.6%	45.9%	5.8%	28.6%	24.8%
2010	33.3%	5.2%	31.9%	4.7%	37.3%	7.0%	48.2%	5.5%	26.4%	24.7%
2011	35.7%	5.7%	32.9%	4.9%	40.2%	7.3%	50.2%	5.7%	25.7%	26.8%

① Statistics Canada, Canadian Socio-Economic Information Management System (CANSIM) (2018), https: //www150. statcan. gc. ca/n1/en/type/data? subject_ levels=35.

续表

	所有犯罪		暴力犯罪		财产犯罪		司法犯罪		毒品犯罪	
	监禁	附条件监禁刑	监禁	附条件监禁刑	监禁	附条件监禁刑	监禁	附条件监禁刑	监禁	附条件监禁刑
2012	36.1%	5.2%	34.6%	4.5%	39.9%	6.9%	52.0%	5.5%	24.7%	20.8%
2013	35.9%	5.0%	34.6%	5.0%	40.3%	6.7%	49.5%	5.9%	26.4%	17.0%
2014	35.5%	4.4%	33.8%	4.7%	40.3%	6.1%	48.2%	6.0%	27.5%	10.7%
2015	34.8%	4.2%	34.3%	4.5%	38.5%	5.8%	46.4%	6.0%	29.1%	8.9%

注：(1) 由于加拿大不同统计表的数值略有差异，本表的数值与表2的数值存在一些正常幅度内的差异（最大差异=0.2%）。(2) 由于不明原因，2003年记录的毒品犯罪率大幅下降，但监禁和附条件监禁刑并未随之下降（2002年案件为4250起；2003年案件为1930起；2004年案件为3442起），应当谨慎对待2003年的数据。

在表格内的四种犯罪类型中，附条件监禁刑在毒品犯罪中的适用频率远高于暴力犯罪、财产犯罪或司法犯罪。十八年间，毒品犯罪分子接受附条件监禁刑的比例通常高于20%，而在其他犯罪类型中这一比例勉强达到7%。然而，鉴于毒品犯罪在所有定刑案件中所占比例通常不足9%，即使其有针对性地适用附条件监禁刑，在所有案件中也仅能代表少数情况。

除却描述附条件监禁刑的总体适用状况，表3中的量刑数据还有助于探究上届保守党政府的各种法定限制条件所产生的影响。具体来说，笔者所要寻找的是差异之处，即进行立法限制后附条件监禁刑在适用方向或程度上的改变。最初的立法修订（2007年中期）并未产生明显效果。实际上，与修订前后的几年相比，监禁数量有所上升，而非预估的降低。

与之有别，2012年修订的法定限制条件似乎产生略为明显的影响。除司法犯罪中出现轻微增长外，其他所有犯罪类别的定刑罪犯接受附条件监禁刑的比例似乎均有所下降。话虽如此，只有毒品犯罪在该项制裁的适用方面发生实质性变化。的确，至少安大略省的数据可以说明，附条件监禁刑判决在任何时期的判决中都未占很大比例，特别是同正常监禁和缓刑对比。

参见表2可知，这一观点似乎也得到更加广泛的支持。尽管在初期至2007年这一阶段，5/6的司法管辖区中附条件监禁刑判决案件的占比有所上升，在

2007—2015 年，4 个司法管辖区中附条件监禁刑判决案件的占比出现下降。然而，除不列颠哥伦比亚省（从 7.5%降至 5.8%）外，其他三个省份降幅很小。还有两个省份的情况没有变化。尤其是考虑到 2012 年的限制措施，其触及附条件监禁刑的核心问题，却并未对其适用产生实质性影响，进一步表明附条件监禁刑从未在量刑中发挥过重要作用。

2. 减少监禁的成效

纵然附条件监禁刑的适用率不高，却不必然指其在减少监禁方面无效。但是，表 3 反映的情况不甚乐观。在调研期间，安大略省罪犯被监禁的比例似乎没有出现明显的断层。最值得注意的是，可能除毒品犯罪外，没有数据能够证明自 1996 年开始适用附条件监禁刑后，被判处监禁的罪犯比例出现明显下降。同样，在对附条件监禁刑施行各种限制条件之后，亦未发生普通民众所预想的监禁率上升。这很容易使民众认为附条件监禁刑对于减少监禁没有任何实质性的作用。这种无效性至少能够在一定程度上反映这样一个事实，即附条件监禁刑仅占量刑的一小部分。

表 2 中的数据似乎也证实了附条件监禁刑适用效果的不足。由于首次规定的限制条件只适用于 2007 年中期之后所犯罪行，从附条件监禁刑适用初期到 2007 年，判处监禁的有罪判决所占比例理应出现下降。但事实上，在这项制裁实施的将近十年间，除了曼尼托巴省和萨斯喀彻温省的监禁率保持稳定之外，其他四个司法管辖区的监禁率均有所上升。

与之相反，在 2007 年至 2015 年，监禁率应当有所上升。因为两套限制适用附条件监禁刑的规定于 2015 年全面生效，预测结果基于此种情况应当发生改变。但在五个省份中，被判处监禁的有罪案件占比出现增长。而且这种增长并非微不足道，只有安大略省和新斯科舍省的占比没有变化或者仅有微弱增长。尽管适用附条件监禁刑看似对于减少监禁没有显著影响，但事实上，取消这项制裁似乎造成监禁率的上升。

总之，量刑数据所体现的趋势无法证明附条件监禁刑能够有效实现其核心目标之一：减少加拿大的监禁适用。然而，有观点可能认为校正数据更为恰当。鉴于附条件监禁刑以替代监禁制裁为明确目的，就实证分析而言，二级数据来源可能更适用于检验这项制裁对于加拿大监狱人口的直接影响。

然而，数据存在一些固有局限性。如前所述，审前羁押人数问题必须得到重视，这是一个影响数据结果的因素。研究期间，许多省份的审前羁押人数不断增加，其中最终被判处“监禁”之人的服刑时间会相应减少。这样一来，入狱服刑的罪犯人数减少，由于在被定罪之前监禁处罚已经执行完毕（或者至少已经执行大部分刑期），使得他们不必再度入狱服刑。此外，人们还必须意识到监禁数量无法完全与附条件监禁刑的判决数量等同。自最高法院 2000 年就 Proulx 一案作出判决后，可以预料到附条件监禁刑的考验期往往长于它所取代的监禁判决。此外，那些刑期不足两年且在实际的省或地区监狱服刑的罪犯，通常可以获得总计三分之一刑期的减刑。①

考虑到这些应当注意的问题，表 4 列出加拿大的日均矫正人数（省和地区级监狱关押罪犯中的日平均数量）和年度总量（省和地区级监狱关押罪犯的年度总计数量）。表中的数字代表每 10 万人中的相应比率。

表 4　省和地区日均矫正人数和年度总量（每 10 万人口的比率）②

	第一栏：附条件监禁刑日平均数	第二栏：省级日均判刑数	第三栏：省级日均审前羁押数	第四栏：附条件监禁刑年度总量	第六栏：省级年度判刑总量	第七栏：省级年度审前羁押总量
1990	—	47.6	17.0	—	375.0	322.6
1995	24.9	48.6	18.0	49.6	362.2	368.3
2000	34.2	35.7	24.2	56.4	246.3	414.5
2005	43.2	29.6	34.3	57.9	245.9	425.2
2010	39.9	32.1	38.5	53.5	218.8	417.0
2015	24.8	28.2	41.6	35.1	198.3	377.9

注：（1）附条件监禁刑的日平均适用量和年适用总量是 1997 年的数据。（2）由于数据缺失，新斯科舍省、新不伦瑞克省、西北领地和努勒维特省被排除在外。（3）由于数据缺失，不包括阿尔伯塔省。

能够明显看出，附条件监禁刑的日平均适用率数值（第一栏）较高，特别是与省级日均被判刑率（第二栏）相对比。然而，这种差异不能说明附条件监

① Prisons and Reformatories Act, R. S. C. 1985, c. P-20, s. 6 (1).

② Statistics Canada, Canadian Socio-Economic Information Management System (CANSIM) (2018), https://www150.statcan.gc.ca/n1/en/type/data?subject_levels=35.

禁刑被频繁适用。相反，只是由于两种措施缺乏直接可比性。附条件监禁刑不但通常比监禁刑的刑期更长，而且不能因减刑、临时缺席和假释获得减刑，它与被判刑率之间不适合进行直接对比。

若要证明附条件监禁刑能够有效减少监禁，第二行和第三行的数据或许能够提供有力支持。自 1996 年开始实施这项制裁后，每十万人中被判处附条件监禁刑的人数增加 9.3（24.9 至 34.2，这里的数字指的是每十万人中的数量，下同，不再一一注明）。与此同时，被判刑人数相应下降，下降幅度为 12.9（48.6 至 35.7）。即使将审前羁押率的上升（18.0 至 24.2，增加 6.2）考虑在内，也无法完全解释被判刑总人数的减少。事实上，即便去除审前羁押人数的影响，1995—2000 年日均被判刑率的实际降低量为 6.7（12.9 减去 6.2），这一数字基本上可以用附条件监禁刑的日均适用量增加 9.3 进行解释。6.7 与 9.3 之间的差异则可以解释为对某种法网扩张状况的反映，即对本来会受到非监禁制裁的罪犯适用附条件监禁刑。

然而，上述解释存在双重问题。首先，该解释忽略了关于判刑数量下降的其他合理解释。例如，在同一时期，暴力犯罪率下降，被起诉的人数减少。更有说服力的是，对平均值的回归计算表明入狱率在 1994 年达到峰值后可能会出现自然下降。

其次，利用这些数据证明附条件监禁刑能够有效减少矫正人数的观点是忽略了其他数据的。以相同逻辑考察同等期间内的年度总适用数据，难以得出相同结论。即使从每十万人中被判刑人数减少的 115.9（362.2 减至 246.3）去除审前羁押人数增加的 46.2（368.3 增至 414.5），被判入狱比率仍然降低了 69.7。该降低不能归因于适用附条件监禁刑，因为其比率仅上升了 6.8（49.6 至 56.4）。显然，还有其他因素发挥作用。

同样，可能有观点指出，2005—2010 年的附条件监禁刑比率出现下降（43.2 至 39.9）。3.3 的下降比率似乎可以解释为被判刑人数比率增加 2.5（29.6 至 32.1）所造成。如果不考虑日均审前羁押人数 4.2 的增长率，这或许可以解释判刑率的整体下降。还可以将 2010—2015 年附条件监禁刑日均适用率的大幅下降（39.9 至 24.8）与同期判刑率仅下降 3.9（32.1 至 28.2）进行对比。除却附条件监禁刑日均适用量的减少会导致日均被判刑人数的增加，日均被判刑人数的增加更可能是由日均审前羁押人数增加 3.1（38.5 至 41.6）所导致。

表5展示加拿大四个最大省份执行附条件监禁刑的日均省级罪犯人数，这些省份的人口是加拿大总人口的86%，这是证明附条件监禁刑是否对于监禁率具有显著影响的最后一个例证。

表5 执行附条件监禁刑的省级罪犯比例①

	1995	2005	2015
安大略省	0%	6.0%	4.2%
魁北克省	0%	20.4%	10.5%
不列颠哥伦比亚省	0%	13.6%	8.0%
阿尔伯塔省	0%	11.7%	8.1%

该表显示执行附条件监禁刑的罪犯比例，其中包括在押人员和社区服刑人员。可以明显看出，随着1996年附条件监禁刑的适用，四个司法管辖区中罪犯比例均有所上升。并且，在这四个省中，有三个省的比例增幅明显。以不列颠哥伦比亚省为例，2005年该省约有14%的罪犯执行附条件监禁刑。就该项制裁的适用及其对监禁的潜在影响而言，这些数据似乎令人鼓舞，直到我们将它们与在社区服刑的省级罪犯的日均数量进行比较（详见表6）。

表6 省级罪犯在社区服刑的比例②

	1995	2005	2015
安大略省	87.4%	87.4%	84.7%
魁北克省	76.7%	77.1%	72.7%
不列颠哥伦比亚省	86.0%	84.2%	82.1%
阿尔伯塔省	75.0%	79.4%	70.5%

如果附条件监禁刑在替代监禁制裁方面发挥实质作用，我们应当能够看到社区服刑人员的比例有所增加。但在这4个省中，有3个省似乎均未出现此种状况。从1995年附条件监禁刑实施初期到2005年附条件监禁刑实施的近十年，

---

① Statistics Canada, Canadian Socio-Economic Information Management System (CANSIM) (2018), https://www150.statcan.gc.ca/n1/en/type/data?subject_levels=35.

② Ibid.

安大略省和魁北克省的社区服刑比例基本保持不变。在不列颠哥伦比亚省，这一比例实际上有所下降。尽管自1995年至2005年，该司法管辖区执行附条件监禁刑的省级罪犯增加13.6%（详见表5），然而在同一时期，该辖区中社区服刑矫正人员的比例实际下降。

上述现象似乎佐证法网扩张解释说。事实上，如果人们意识到附条件监禁刑对于社区服刑罪犯比例具有应然促进作用，不仅系其可通过替代其他监禁刑罚增加社区服刑人数，而且基于该项制裁的刑期可能超过相应监禁刑以及罪犯无法获得减刑，便能够提升法网扩张理论的合理性。

同样值得注意的是，阿尔伯塔省是1995—2005年间社区服刑罪犯比例唯一增长的省份。然而，在2005年，该司法管辖区中执行附条件监禁刑的罪犯占比11.7%（详见表5），在社区服刑的人数比例却只上升4.4%（由75%上升至79.4%）。即使如此，仍然会有人主张附条件监禁刑至少对于减少该省的监禁数量起到部分作用（尽管似乎主要由于法网扩张而增加社区服刑的罪犯比例）。此类观点忽略了这样一个事实，即在社区矫正人数增加的同一时期，该省监禁人数基于其他因素的显著影响出现大幅下降（32%）。① 省级矫正人员中监禁人数的减少与社区服刑人数的增加，为社区服刑的矫正人员比例的上升提供另一种具有说服力的解释。该种说法与附条件监禁刑替代适用监禁措施无关。

在重申附条件监禁刑缺乏具有连贯性与可测性的监禁减少效果之余，表5与表6还强调保守党政府限制适用该项制裁所带来的影响。从引入立法限制的2005年到2015年，省级矫正人员执行附条件监禁刑的比例下降；此外，表5与表6共同反映社区服刑的罪犯比例也有所下降。附条件监禁刑的功能性削减最终可能造成监禁刑适用的增加。

---

① Cheryl M. Webster & Anthony N. Doob, *Penal Reform "Canadian Style" Fiscal Responsibility and Decarceration in Alberta, Canada*, Punishment & Society, Vol. 16: 3, pp. 3-31 (2014).（值得注意的是，该省省长将司法部的预算削减20%。一座监狱因此被关闭，警察对起诉对象更加挑剔，检察官对接受刑事诉讼的对象更加挑剔，法官对被判入狱的对象也更加挑剔。）

五、可预见的挑战：无法预估的后果

加拿大附条件监禁刑的发展历程，或许可以很好地概括为一个错失的机会。与那些自 1996 年提高入狱率的国家不同，加拿大刑法以及与一系列刑事制裁措施相关的刑事司法政策正式文件皆体现出限制监禁适用的特征，这由加拿大社会长期以来深度质疑监狱治理犯罪之有效性的司法文化背景所决定。[①] 基于此种背景，施行附条件监禁刑完全具有合理性。但我们没有理由相信这是减少监禁的唯一有效的策略。

不幸的是，加拿大政府跌跌撞撞地闯入这项刑事司法政策的大门。这项新型制裁的立法形式自始即存在明显缺陷。更为明显的是，提交给议会的法案未经认真且深思熟虑地起草。根据私下的讨论，笔者认为法案提出前并未进行过任何意见征询。此外，在议会程序中也未能进行有意义的讨论与争辩。因此，法律一经颁布便需要立即进行修改。事实上，这项法律被修改了四次，不仅降低其可信度，也损害其在法官与普通加拿大民众眼中的合法性。

但法律规定亦不成熟。在适用附条件监禁刑的过程中，更为重要且可以预见的问题是公众担心该项制裁措施过于宽大，但立法似乎并未对此进行关注与回应。事实上，从具有明显矛盾性的名称开始，附条件监禁刑便体现出“轻刑化”理论提倡的所有特征。尽管罗伯茨（Roberts）、安托诺维奇（Antonowicz）和桑德斯（Sanders）[②] 已经证明，人们在充分了解附条件监禁刑的相关信息后会更加认可其合法性，但那些负责设立该项制裁的人似乎并不关注向民众普及制裁后果，尤其是其中更具惩罚性特征的部分。可以预见的是，民众普遍不支持附条件监禁刑，那些本就认为加拿大判刑过于宽大的人对其反感将尤为

---

① Cheryl M. Webster & Anthony N. Doob, *Maintaining Our Balance: Trends in Imprisonment Policies in Canada*, in Karim Ismaili et al. eds., Canadian Criminal Justice Policy, Oxford University Press, 2012; Cheryl M. Webster & Anthony N. Doob, *Punitive Trends and Stable Imprisonment Rates in Canada*, Crime And Justice, Vol. 36: 297, p. 333 (2007).

② Julianv. Roberts, Dan Antonowicz & Trevor Sanders, *Conditional Sentences of Imprisonment: An Empirical Analysis of Optional Conditions*, 30 Criminal Reports (5th) 113 (2000).

强烈。①

政治进程也难以将附条件监禁刑打造成为合法制裁措施。附条件监禁刑实施不足一年便举行了大选。在 1997 年的选举平台上，自由党提到：

*应当区别对待未成年人、初犯和严重暴力犯。我们已修订量刑法律，鼓励法庭区分需要入狱的严重暴力犯罪，以及能够在社会上进行较为轻微的非暴力犯罪的更有效矫正。崭新的自由党政府将对低风险、非暴力的罪犯提出监禁的替代方案……*②

值得注意的是，此处并未提及“附条件监禁刑”的名称或对其予以描述。附条件监禁刑与不太严重的非暴力犯罪之间的直接联系，可能十分有助于教育公众该制裁的作用与价值，并消除公众对于不当宽大处理的恐惧。同样，尽管最高法院在 2000 年对 Proulx 案进行干预，但仍然没有具体阐释更加严厉的附带条件，例如作为该项制裁措施组成部分的居家监禁。相反，最高法院只是简单提到惩罚性存在争议的社区服务。

令人遗憾的是，法官们几乎未获得任何培训，尤其是在附条件监禁刑的适用范围，以及如何确定与其所替监禁刑相称的社区服刑期限这一自始令人困惑的方法性问题等方面。从更广泛的意义来说，虽然适用此项制裁源于对监禁过度适用的原则性担忧，但显然，政府并不愿意为了确保其成功而去做艰难的决定。也就是说，法律的起草方式并不以实现监禁率下降为目的。相反，立法语言仅应当被视为一种远大抱负，其并不具有规定性，甚至算不上假定。对于有关法律适用范围的基本原则性问题，也没有明确的正面准则或负面清单的规定来解决。③ 事实上，该法律没有规定任何机制限制附条件监禁刑在以下两个方面的滥用：如何在新增加的法定情形（而非由原来的监禁刑转换为附条件监禁刑）或严重暴力案件中适用该项制裁；立法也没有要求法官对特殊情况提供最基本的书面解释。简单地说，政府选择不制定具体政策。

---

① Voula Marinos & Anthony N. Doob, *Understanding Public Attitudes Toward Conditional Sentences of Imprisonment*, 21 Criminal Reports (5th) 31 (1999).

② Liberal Party of Canada, Securing Our Future Together (1997).

③ 例如，即使在加拿大最高法院专门解释立法附条件监禁刑的时间要长于其替代的监禁刑之后，法律从来没有进行改变以反映这种变化，也没有过具体包括引用软禁或社区服务以外的其他明确惩罚性条件。

也许唯一没有被错过的机会就是保守党将这一制裁用以实现其政治目的。保守党政府利用公众对过分宽大的附条件监禁刑的担忧并大力限制其适用。由于在该项制裁的实际适用过程中，并没有任何系统性措施用以向公众介绍其性质，因此在保守党开始限制附条件监禁刑时，反对者寥寥无几。

如果加拿大的附条件监禁刑实验就此结束，这将是一个令人失望和不幸的故事。在量刑活动中，附条件监禁刑从来都不是重要角色。并且，它似乎并未对降低加拿大的监禁率产生任何显著作用。在司法实践中，它的主要用途似乎是替代缓刑判决。简单来讲，从任何角度皆难以认定适用附条件监禁刑取得成功。

但这个故事也可能出现令人意外的转折。鉴于这些令人悲观的调查结果，人们自然也许会设想，由保守党政府的限制所造成的附条件监禁刑实质失效，仅仅意味着量刑实践回到1996年以前的状态。但事实证明，这个假设并不一定成立。实际上，这可能造成两种新的现象。

首先，值得注意的是，表2显示在社区制裁措施的组合中引入附条件监禁刑或许不会减少监禁，但将其移除则可能会导致监禁的增加。乍看起来，2012年后监禁率的上升可能是因为作为监禁替代措施的附条件监禁刑不再适用于大量符合条件的犯罪。但即使在该项制裁所谓的全盛时期，监禁也并没有真正减少。反而使一些从未面临监禁风险的案件"升级"至适用附条件监禁刑，导致"法网扩张"。事实上，格默尔（Gemmell）已然告诫法网扩张之风险，因为法官们会将附条件监禁刑视为一种强硬版的缓刑命令，在缓刑命令适用不成功的情况下，只好把其当作缓刑的替代品。①

另外，取缔这一制裁可能留下利用监禁方有可能填补的刑罚空白。对于曾经被"升级"至适用附条件监禁刑的案件，一些法官可能会简单地将其"升级"为适用普通监禁刑而非降至缓刑。也就是说，对于二十年前可能被处以普通社区制裁的案件，附条件监禁刑的限制性规定可能会讽刺性地增加监禁的适用。尽管这只是一种推测，但并非完全没有可信度。对此，一些人可能会试图将其解释为降低监禁门槛，从而增强法官们适用监禁刑的意愿。这一问题可以

① Jack Gemmell, *The New Conditional Sentencing Regime*, Criminal Law Quarterly, Vol. 39: 334, (1997).

留到下次再作详细讨论，简略来讲，这种解释可能与加拿大长期以来限制监禁适用的理念，以及加拿大司法部门对“重刑”政策的抵制不相符合。①

其次，新形式的缓刑已经出现，尽管其主要被适用于特殊情况。笔者坚信，谨慎的法官有时会将附条件监禁刑作为严肃的尝试，以避免监禁对某些特定的罪犯产生严重的负面影响。如果没有这项制裁措施，有关上诉法院仍将监禁指定为预期制裁措施，那么，当面对一个应当判处监禁却由于种种原因不适合执行关押的罪犯时，法官将陷入两难境地。

几十年来，《加拿大刑法典》允许暂缓宣告刑罚并将犯人置于缓刑状态。这通常被认为是一种简单的缓刑，其中暂缓量刑部分没有得到真正的重视。也就是说，尽管有人被合法地处以“暂缓判决与缓刑”，但实际上，其中缓刑执行部分才是重点。

最近，一些法官已经开始重视这一问题。他们明确表示，在“暂缓判决与缓刑”的执行中，一旦罪犯违反缓刑条件便会根据原罪重新判刑，而重新判刑基本上都涉及监禁。通过这种方式，缓刑变得更具惩罚性，特别是附加更为严格的附带条件，例如居家监禁和电子监测。细心的读者肯定会注意到，这种更为严厉的缓刑与附条件监禁刑存在很多相似之处。

值得注意的是，最近已有几个案例适用“暂缓判决与缓刑”。在安大略省的一起案件中，由于 2012 年颁布的立法限制，法官被禁止对可卡因贩运适用附条件监禁刑。② 在长达 46 页的判决书中，格林（Green）法官作出结论，该判决对这项罪名来说是罕见甚至前所未有的，即直接处以监禁刑不太合适，但又不符合附条件监禁刑的条件，所以只能另找条文适用非监禁的刑罚，即暂缓判决与缓刑。③ 但在如此判决的同时，格林法官提醒读者，这一判决更具有惩罚性：一旦罪犯在缓刑考验期内违反所附条件，将对其重新量刑且基本上是对其

---

① Anthony N. Doob & Cheryl M. Webster, *Weathering the Storm? Testing Long-Standing Canadian Sentencing Policy in the Twenty-First Century*, 45 Crime & Justice. 359 (2016), Fig 2.

② R. *v*. McGill, [2016] ONCJ 138. (Can.).

③ 就像格林法官一样，我们并不是说该案件中适用的缓刑像附条件监禁刑一样普遍。但有趣的是，其他地方也采用了这种方法。R. *v*. Sellars, [2017] B. C. S. C. 2236. (Can.). 另见不列颠哥伦比亚省上诉法院审议的一系列案件，在这些案件中，“打电话毒品”贩运指控被判处缓刑，对这些指控不再适用附条件监禁刑。R. *v*. Voong, [2015] 374 B. C. A. C. 166. (Can.).

直接处以拘留，就如附条件监禁刑中违背所附条件一样。

在这种情况下，我们的讨论似乎已经回到原点。具体而言，在十多年里，传统的暂缓判决被适用于不适合判处附条件监禁刑的案件。在某种程度上讲，法官只是改变暂缓判决与缓刑传统意义上的概念与实施方式，不再重点强调这种刑罚的恢复性司法性质，而是赋予其更大的惩罚性——这正符合附条件监禁刑的施行目的。有人认为这种所谓创造性判决的变通做法，可以说破坏了立法意图。① 笔者认为，这会使公众对附条件监禁刑存在的初衷产生怀疑。

如果这个故事有什么寓意，加拿大附条件监禁刑的经验表明，这种制裁可能无法真正减少监禁，充其量只能起到一些无法衡量的削弱作用。要想使其实际发生效力，必须存在明确的新型制裁需求。即便如此，仅仅增加监禁的替代方案是不够的。由于公众对宽大处理犯罪具有自然关切的敏感性，这些替代措施的制定需经完备的指导，其适用也应当得到充分的训练。

笔者再次强调，了解一个问题的背景很重要。尽管大多数加拿大人都可能将附条件监禁刑的引入视作失败，但站在更为广大的视阈下，情况或许没有那么糟糕。一方面，这次量刑实验或许可以视作“正确方向指引下的失败”。其施行系出于对监禁率不断上升的担忧，以及对限制适用监禁这一长期信念的坚定支持。当然，与我们邻国美国相比，美国监禁率激增却没采取什么措施，加拿大这种积极寻求解决办法的做法值得肯定，即使附条件监禁刑是失败的，但任何为寻找监禁替代措施所做的认真、有原则、有理性的努力都值得称赞。

另一方面，加拿大关于附条件监禁刑的经历，也可能被解释为一次无法避免的失败。也就是说，我们难以获得成功的各种原因可能不是加拿大这个国家的问题，相反，我们的失败则可能反映这种以监禁为后盾的中间判决在世界范围内普遍存在的问题。正如前贤所讨论的那样，② 刑罚相当并不完全基于对待等量报应的严肃态度，也由更多涉及量刑目标的定性问题所决定。简单地说，

① Dawn North, *Conditional Sentencing At The Crossroads* (May 25, 2018) (unpublished Ph. D. Prospectus, Simon Fraser University), (on file with authors).

② See, e. g. Voula Marinos, *Thinking About Penal Equivalents*, Punishment & Society, Vol. 7: 441, pp. 441-455 (2005); see generally Arie Freiberg, *Affective Versus Effective Justice: Instrumentalism and Emotionalism in Criminal Justice*, Punishment & Society, Vol. 3: 265, pp. 265-278 (2001).

在监狱外服刑的性质决定了即使是特别严厉的附条件监禁刑，也难以像监禁那样强烈或明确地体现公众对犯罪的谴责。对于某些犯罪（也可能是某些罪犯）而言，监禁往往就是惩罚的代名词。

虽然加拿大议会在无意中把水搅得更浑了，但作为监禁和缓刑之间可行的制裁手段，附条件监禁刑的逻辑或原理在本质上就是模糊不清的。即使是在一个核心价值观相较其他类似国家更具社群主义、更少暴力且更富有同情心的国家中,① 这项制裁在大多数情况下也可能与我们设想的刑罚目的不符。最后，正如笔者在其他文章中所讨论的那样,② 减少监禁的最有效策略依然以社会观念的变迁为基础，应当寻求一种创造道德上之改变的方法，让整个社会觉得把人关进监狱是一件“坏事”。③ 届时，即使没有新的刑罚措施，监禁率也会降低。

（初审：李铖瑜；校对：古雪）

---

① Cheryl M. Webster & Anthony N. Doob, *Punitive Trends and Stable Imprisonment Rates in Canada*, Crime And Justice, Vol. 36：297, p. 333 (2007).

② Anthony N. Doob & Cheryl M. Webster, *Creating the Will to Change*, Criminology & Public Policy, Vol. 13：772, pp. 772-775 (2014).

③ Michael Tonry, *Making American Sentencing Just, Humane, and Effective*, 46 Crime & Justice, Vol. 46：441, pp. 441-504 (2017).

《中财法律评论》稿件征集公告

《中财法律评论》是由中央财经大学法学院主办、中国法制出版社公开出版的法学学术集刊，由全日制学生自主负责文章的编辑和审校。自2008年创刊以来连续出刊，至今已出版13卷，其品质的连续性在国内同类出版物中名列前茅。作者群体除国内外主流法学院校的研究生，更有优秀中青年学者、法官等实务工作者。

《中财法律评论》坚持学术自由、自主、自律之原则，坚守学术初心，致力于为作者开放“有品格的平台”，为读者输送“有价值的思想”。本集刊旨在打造一流的学生自办学术集刊，不断提升自身的学术品格和学术影响力，现面向广大法学研究者和法律从业者征集稿件。

本刊长年收稿，不对来稿做字数上限要求（鼓励富有真知灼见的长文），不以任何形式向作者收取费用。所有投稿在形式上应当符合国家著作权规定、公认学术规范和本刊编辑体例；在内容上应当选题新颖合理、论证充分有力、逻辑清晰明了、结构严谨周密、数据真实可靠，具有一定的学术创新性和必要的学术深度。

对实务的仔细研磨和对理论的深入剖析是法学研究走向精细化不可或缺的两面，因应时代发展，对新兴领域的探索亦已成为法学研究的发展重点。为此，本刊将根据收稿情况，设置“实务探微”“理论纵深”“各科专论”等主题版块，且接收优质译稿。此外，欢迎来稿以对外文文献的充分阅读和认真研习为前提展开的“介绍性”研究，亦欢迎富有比较法基础和可行性的“启示性”研究，但反对不加甄别的“拿来主义”。

为提升学术品格及贯彻学术标准，公正、严谨地对待每一篇来稿，本刊实行三审终审制。对所有符合基本学术规范、具有基本探讨价值的文章，无论录用与否，本刊均会提出较为具体的书面审查意见和修改建议。作者可以对初审意见进行理性回应，若修改后达到“通过初审”要求，编辑委员会将对稿件进行复审。对于重要的或有争议的稿件，编辑委员会将在与编辑部之外的专门研究人员协商讨论后，以文章质量为依据决定是否录用。本刊一贯坚持唯以文章学术质量论的用稿原则，请勿以任何方式影响审稿。

来稿请投递至本刊知网采编服务平台：https：//zcfp. cbpt. cnki. net/，并附作者姓名等身份信息。编辑部将在收稿后一个月内针对您的来稿回复初审意见以及修改建议。作者应当在收到“修改后用稿”意见后，按照本刊要求做必要的内容和格式修订，本刊编辑部保留对来稿进行文字性和技术性修改的权利。在确定用稿后，本刊将通过邮箱向作者发送用稿通知书扫描件，在正式出版后向作者寄送样刊2册。

投稿人向《中财法律评论》投稿，即视为已知悉并接受此稿件征集公告。